ISBN 978-1-5283-9450-5
PIBN 10975046

English
Français
Deutsche
Italiano
Español
Português

www.forgottenbooks.com

Mythology Photography **Fiction**
Fishing Christianity **Art** Cooking
Essays Buddhism Freemasonry
Medicine **Biology** Music **Ancient
Egypt** Evolution Carpentry Physics
Dance Geology **Mathematics** Fitness
Shakespeare **Folklore** Yoga Marketing
Confidence Immortality Biographies
Poetry **Psychology** Witchcraft
Electronics Chemistry History **Law**
Accounting **Philosophy** Anthropology
Alchemy Drama Quantum Mechanics
Atheism Sexual Health **Ancient History**
Entrepreneurship Languages Sport
Paleontology Needlework Islam
Metaphysics Investment Archaeology
Parenting Statistics Criminology
Motivational

Paul DISTELBARTH

FRANCE VIVANTE

TEXTE FRANÇAIS DE L'AUTEUR

IIme PARTIE :

IMAGES DE FRANCE

EDITIONS «ALSATIA» PARIS

I

PREMIER CONTACT

Par un enchevêtrement curieux de faits, je fus invité, en décembre 1931, à prendre la parole lors d'une grande manifestation que le Cartel de la Paix de Dijon devait organiser en janvier 1932 ; on me demandait de traiter la question anxieuse des relations franco-allemandes.

Profondément bouleversé par l'expérience de la guerre, j'avais vécu depuis plus de dix ans à la campagne dans une solitude presque complète. Jamais de la vie je n'avais pris la parole publiquement ; et il s'agissait, bien entendu, de s'exprimer en français. Je connaissais cependant fort bien la France, et je savais bien que la volonté du peuple ne trouvait pas son expression dans la grande presse, dont les articles servaient seuls de mesure à mes compatriotes. J'acceptai.

A cette époque, la France entière était soulevée par une forte vague d'aspiration vers la Paix, vers une paix véritable méritant son nom. Marc Sangnier, Marcelle Capy et d'autres avaient entraîné les esprits dans une vraie croisade. Partout se formaient des « Cartels de la Paix ». On appelait ainsi l'union — peu étroite d'ailleurs — de toutes les organisations qui, dans une ville, entendaient travailler pour la paix et pour l'entente entre les peuples. La politique en était exclue ; les opinions religieuses ou philosophiques des participants n'y jouaient aucun rôle. On y trouvait naturellement en première ligne les organisations des Anciens Combattants, ensuite les partis de gauche, la Ligue des Droits de l'Homme, qui, en France, porte un autre visage que feue sa caricature allemande, des sociétés pour le progrès civique ou scientifique, des associations professionnelles, le personnel de l'enseignement. Les présidents des sociétés formant ce cartel de la paix en constituaient le comité. L'institution n'était pas nouvelle ; dès 1922, ont avait fondé un cartel de la paix à Bordeaux, qui, en 1932, ne comptait pas moins de vingt sociétés avec un total de plus de deux cent mille membres. Dans la France entière il existait, au début de 1932, environ cinquante cartels régionaux, dont les plus importants étaient ceux de Rouen, composé de trente-trois sociétés ; de Lille, de dix-sept ; d'Amiens, de vingt et une. Le peuple français avait placé, à ce moment, tous ses espoirs dans la Conférence du Désarmement.

A la fin du mois de janvier 1932, j'arrivai à Dijon ; c'était un vendredi, à une heure de l'après-midi. J'avais voyagé jusqu'à Strasbourg dans un wagon surchauffé, ensuite dans un wagon glacé dont les fenêtres ne fermaient pas ; je n'avais pas mangé et je grelottais de froid. A la sortie de la gare, j'étais reçu par une délégation, — dont l'image est gravée à jamais dans ma mémoire — délégation de deux hommes qui, pour se faire connaître, tenaient un journal allemand largement déployé devant eux. L'un d'eux était un professeur de lycée pensionné, d'un type qui, en Allemagne, a depuis longtemps disparu, mais que l'on trouve encore en France : le précepteur type, à la jaquette noire, au regard pénétrant et incorruptible aiguisé par des lunettes, avec une barbiche blanche ; même sans le vouloir, on se le représente le doigt levé. L'autre, un tourneur en fer, tout noir de cheveux et de barbe, qui pendant sa jeunesse avait travaillé en Allemagne et se rappelait quelques mots d'allemand. Ce dernier m'interpella. Tous les deux furent visiblement soulagés lorsqu'ils constatèrent que j'avais l'air d'un homme ordinaire, — pas « boche », — et que je m'exprimais passablement en français.

A un bon Français de la province, l'idée ne viendra pas qu'un homme, à une heure, n'ait pas encore déjeuné : tout le rythme de la vie repose sur la régularité des repas ; seul un fou y déroge. Il y a partout, sinon des wagons-restaurants qui sont un luxe, dans tous les cas des paniers contenant des repas froids, quand on n'est pas assez économe pour emporter des provisions ! Il ne fut donc pas question de manger. En revanche, on me conduisit devant une grande affiche qu'on me montra avec fierté, sur laquelle j'étais présenté au bon peuple de Dijon, comme le « célèbre pacifiste allemand ». Je n'étais, en aucun cas, ce qu'on appelait en Allemagne « pacifiste » où ce mot a un autre sens qu'en France. J'ai toujours été de l'avis — et je le suis encore — que la section allemande de la « Friedensgesellschaft » a fait à la cause de la paix beaucoup plus de mal que de bien. C'est à son action maladroite qu'est dû, pour une bonne partie, le discrédit où étaient tombées les idées de la paix en Allemagne. Plus tard, cette section a même voulu me citer devant les tribunaux. Inutile de souligner qu'on ne pouvait vraiment pas parler de « célébrité ». Mon courage tomba bien bas. A vrai dire, j'étais profondément désespéré, et j'avais, en plus, faim et froid. Comment cela finirait-il ? Dans quel engrenage avais-je mis la main ? Et, pire encore, l'opinion publique en France était très montée contre l'Allemagne, parce que Brüning venait de déclarer que, dorénavant, l'Allemagne ne payerait plus de réparations. On avait même parlé de mobilisation.

J'entends encore la voix du tourneur sur fer me déclarant alors : « Nous voulons que vous appreniez à connaître le peuple français, tel qu'il est vraiment, et non pas tel que les journaux le dépeignent. C'est pourquoi nous avons pensé que vous mangerez, chaque midi et chaque soir, dans une famille distincte : tantôt chez des riches et chez des pauvres ; tantôt chez des gens simples et chez des gens cultivés ; tantôt chez des ouvriers, des patrons, des commerçants, des chrétiens, des juifs et des libres-penseurs. Chaque jour je vous dirai où vous mangerez. »

La manifestation du Cartel de la paix était prévue pour le samedi soir. Le dimanche de la semaine suivante, les Anciens Combattants pacifistes devaient tenir leur congrès annuel et l'on m'avait prié d'y parler aussi. J'avais donc une semaine entière devant moi.

Quand on sait ce qu'il en coûte aux Français d'inviter un étranger dans leur famille, on appréciera mieux la signification de cette résolution. C'était une grande preuve de confiance donnée à un inconnu, — à un ex-ennemi, — justifiée par le seul fait que lui aussi avait fait la guerre. J'en étais conscient et cela redressait mon courage.

En attendant, on m'avait conduit à un café où un certain nombre de camarades m'attendaient pour m'« éplucher ». En Allemagne, il n'est pas de bon ton de fixer un homme du regard ; c'était même jugé comme une offense, qui, avant la guerre, suffisait aux étudiants pour provoquer quelqu'un en duel. En France, il faut s'y habituer. Même quand un ministre vous reçoit, son regard sera fixé sur votre visage sans jamais le quitter ; pendant que vous parlez il épiera les moindres mouvements, qui, peut-être, lui trahiront ce que vous pensez au fond de votre cœur. Dans ce café, j'étais sur la sellette : les regards me scrutaient. Quand, après un certain temps, les yeux commencèrent à se faire moins enquêteurs, je pus croire que j'avais passé l'examen avec une note satisfaisante.

J'étais logé chez un employé des télégraphes, qui, absent, assurait son service. Je fus accueilli par sa femme et ses filles, de façon très aimable, mais non sans une certaine gêne. La fille aînée m'avait cédé sa chambre.

Vers la fin de l'après-midi, le secrétaire du Cartel de la Paix, Chamfrault, qui avait tout organisé, vint me chercher. C'est chez lui que je devais prendre mon repas pour la première fois. Nous nous entendîmes bien dès la première heure. Dans sa petite maisonnette, à la limite de la ville, sa femme nous servit un repas soigneusement préparé. Il régnait dans cette demeure une atmosphère de bienveillance sincère, un peu réservée, qui caractérise la province française, atmosphère dans laquelle tout devient plus clair, plus simple, plus facile, où tout n'apparaît que « mal à moitié » comme on dit en allemand.

Je fis la connaissance d'un « pacifiste » français, militant enthousiaste de la paix. Le mot « pacifiste » n'a pas, je l'ai déjà dit, en France, le même sens qu'en Allemagne. Chez nous, c'est un mot étranger qui ne dit rien au sentiment naturel, et que l'on peut par conséquent traduire selon son esprit. En France, ses deux racines « paix » et « faire » sont compréhensibles à chacun. Tout bon Français veut être « pacifiste » ou au moins « pacifique ». Le « pacifisme », dans le sens qu'on donne à ce mot en Allemagne, est ce qu'on appelle en France le « pacifisme bêlant » : ce sont des gens qui ne cessent de crier bêtement « paix ! paix ! paix ! » ce qui rappelle le bêlement des moutons.

Pour la première fois j'appris ce que sont les Anciens Combattants français. Comme tout le monde en Allemagne, j'avais vu en eux des super-patriotes, ivres de victoires et implacables, germanophobes par essence. La réalité était tout autre.

Après le repas, nous allâmes dans l'hôtel des sociétés, où les camarades A.C. pacifistes tenaient leur réunion hebdomadaire. Je leur fus présenté : beaucoup de mains se tendirent vers moi, des regards bienveillants m'accueillirent.

La manifestation devait avoir lieu le lendemain soir. Il y aura du chahut, disait-on. La municipalité, à majorité nationaliste, avait refusé une salle publique. Amis et ennemis se trouvaient serrés dans une salle de restanrant, espèce de boyau long et bas. Les camelots du roy commencèrent immédiatement par faire du tapage, mais les Anciens Combattants qui l'avaient prévu et avaient formé une chaîne de leurs hommes les plus forts, saisissaient les jeunes gens au collet et se les passaient un par un comme des poupons. C'était gai à voir. Dès que les crieurs les plus véhéments furent mis à la porte, le silence se fit.

Le premier orateur fut Robert Jardillier. Il était à ce moment-là simple professeur d'histoire d'un lycée et militant socialiste. Il a été élu député en 1932, maire de Dijon en 1935, et nommé ministre des P.T.T. en 1936. (Je lui avais prédit une ascension rapide.) Il fut cent fois interrompu, mais para à toutes les objections avec l'habilité d'un escrimeur parfait. Son éloquence fit la plus grande impression sur moi. Mais je me sentais désarçonné. Où m'étais-je hasardé ? Je devais parler le troisième. J'avais bien composé, dans ma solitude et avec tout l'amour dont je me sentais capable, un beau discours, que j'avais appris par cœur. Cependant, le pacifisme, son idéologie et sa phraséologie m'étaient entièrement étrangers. J'étais un néophyte parmi les prophètes. Le public par bonheur, voulut bien m'écouter avec indulgence. Une seule fois il y eut une interruption, mais je n'en saisis pas le sens. On m'avait donné de 35 à 40 minutes pour parler, mais, comme il était tard, le président me fit signe d'abréger. Le malheureux ne savait pas dans quel embarras il me plongeait. Mon manuscrit était devant moi sur la table. Je le saisis, je tournai quelques feuilles et repris au petit bonheur. Les auditeurs ne s'en aperçurent pas. Après le mien, il y eut encore un discours brillant de Jacques Kayser, vice-président du parti radical, suivi de la « contradiction » qui fut brève. Somme toute, on pouvait être content.

De nombreux reporters étaient présents. Durant toute la nuit, mon hôte télégraphia leurs comptes rendus à Paris, à Lyon, à Nancy. La grande presse voulut cependant ignorer la manifestation, et même les journaux locaux, surtout de droite, se contentèrent de publier de petits entrefilets.

* * *

Durant la semaine suivante, je fus introduit dans une douzaine de foyers. Tous les jours, le camarade tourneur me donnait les adresses des familles, chez lesquelles je devais manger la soupe. Cela me semblait devoir être un peu pénible, de me rendre auprès de gens que je n'avais jamais vus, de monter les escaliers, de frapper aux portes comme un mendigot ; mais partout je fus accueilli avec tant de cordialité que j'en ressentais au contraire un véritable bonheur. On était tout de suite amis, et on parlait sans arrière-pensée. Après avoir vaincu leur aversion contre l'étranger, — contre le « boche » qui devait manger à leur table, — ces Français moyens le considéraient, sans restriction, comme un « camarade » et le traitaient en « camarade».

Tous étaient des Anciens Combattants, et l'expérience de la guerre, qui des deux côtés des barbelés avait été en somme la même, fournissait la base sur laquelle il devenait facile de se comprendre et de s'entendre. J'appris ce que les soldats français avaient

pensé de leurs adversaires. Des mots me frappaient que
j'ai entendus plus tard d'innombrables fois, mais qui
à ce moment-là ne laissaient pas de me surprendre :
« Si la guerre a prouvé une chose, c'est qu'il n'y a que
deux peuples guerriers en Europe : les Français et les
Allemands ! » — « Si nos deux peuples voulaient travailler la main dans la main, la paix serait assurée en
Europe à jamais ! » — « On nous avait montré les soldats allemands comme des poupées mécaniques, qui se
rendraient quand les officiers seraient tombés ; nous
n'avons pas mis longtemps à constater le contraire ! »
— « Le poilu français n'aimait pas qu'on parlât mal de
son adversaire ; la presse a dû en tenir compte. » J'étais
sous l'impression que, pour beaucoup de camarades
français, ce fut une satisfaction, une libération même,
de pouvoir causer sans ambages de toutes ces choses
avec un ancien ennemi. Ils aimaient à raconter les
petits accidents de la vie monotone des tranchées ; ils
remémoraient des cas de fraternisation avec les Allemands, cas qui, paraît-il, n'ont pas été rares sur le front
des Vosges. Ce qui me surprit, ce fut de constater que
tous connaissaient les livres de guerre allemands : « A
l'Ouest rien de nouveau » ; « Guerre » ; « Quatre de
l'Infanterie ». Qui, en Allemagne, connaît seulement
les « Croix de bois », de Dorgelès ? Ils en parlaient, et
l'un d'eux me reprochait que la grande peur des
hommes devant la mort y fût passée sous silence, cette
peur que tout soldat, français ou allemand, avait dû
ressentir. A ce moment-là, on donnait à Dijon le film
« Quatre de l'Infanterie ». La femme d'un de mes
camarades l'avait vu et en était revenue toute bouleversée. « Enfin, dit-elle, j'ai vu ce qu'était la guerre ;
j'ai pu m'en faire une idée. Mon mari, quand il venait
en congé, n'en a jamais parlé. »

Il y eut aussi des camarades qui avaient été prisonniers de guerre. Ils ne médisaient pas de l'Allemagne.

« Certes, disaient-ils, les adjudants nous ont chicanés ; c'est le propre des adjudants dans tous les pays. Et la nourriture était mauvaise ; heureusement nous recevions nos paquets de la maison. Mais quel beau pays ! et comme tout est propre et ordonné ! Et il faut dire aussi que le peuple était toujours gentil pour nous. » L'un d'eux avait travaillé chez des paysans en Hesse. Il voulait savoir si l'on continuait à cuire le pain dans le four communal, le samedi. Cela l'avait beaucoup amusé de voir les femmes arriver à la hâte avec le pain blanc sur les tôles et les tartes de fruits pour le dimanche. Un autre avait été en Westphalie. Un jour, la nouvelle arriva que le fils unique du paysan était tombé. « Ce jour-là, dit-il, je me suis caché dans un coin pour n'être vu de personne ; mais la mère vint me chercher, et me prenant par la main me dit : « Ce n'est pas votre faute. » Alors j'ai pleuré comme un malheureux et je me suis juré : Plus jamais cela ! Depuis, je suis pacifiste. »

Tous étaient pacifistes, la plupart même membres de la Ligue des A.C. pacifistes, qui est d'un pacifisme extrême. Mais pour cela, ils n'auraient pas voulu renier leurs expériences, et c'est avec orgueil qu'ils disaient : « Nous sommes les deux seuls peuples guerriers ! » Ils me posaient d'innombrables questions. « Comment ceci était-il réglé chez vous ? et cela ? » Et quand ils apprirent que j'étais « un ficelé », cela ne fit aucunement tort à la bonne entente. En France, c'est comme en Allemagne : quand deux camarades se rencontrent, ils parlent de la guerre, de Verdun et d'Ypres, de Salonique et du Piave. Ils exagèrent un peu, se vantent un peu ; le cœur humain est ainsi fait.

Ce fut réellement avec toutes les couches de la population, qu'on me mit en relation. Si, à midi, j'avais déjeuné chez un commerçant aisé, dans son bel appartement, c'était le soir chez un petit employé de librai-

rie. On escaladait les quatre étages d'une maison archi-
vieille, et l'on se trouvait, dans une mansarde, autour
d'une table qui, pour cela, n'était pas moins bien mise
et où deux petits garçons écoutaient, les yeux brillants,
ce que ce « boche » racontait. Un jour, j'arrivai —
ce ne fut pas de ma faute — avec un retard de trois
quarts d'heure. La belle-mère m'attrappa fort ; mais
c'était seulement à cause du poulet qui n'était plus
croustillant. Quand j'eus donné quelques explications,
on fut d'autant plus cordial pour moi. Et chaque fois
que nous nous rencontrons, nous parlons de ce fameux
retard et de la mauvaise humeur de la belle-mère. C'est
une source toujours nouvelle de gaieté.

* * *

Dans ces huit jours, j'ai davantage appris que pendant
tous mes autres séjours en France. J'ai connu le peuple
de France tel qu'il est, tel qu'il pense et agit. J'ai vu
sa cordialité et sa franchise, son sens de la famille, son
culte de l'amitié, sa probité, mais aussi sa structure
sociale et économique. Tout ce que j'ai appris plus
tard n'était, au fond, qu'un élargissement, qu'une confirmation de cette expérience première. Et qui sait si,
jamais avant, un autre Allemand a eu la possibilité de
voir une carte d'échantillons aussi variée de familles
françaises, et ceci dans leur foyers si soigneusement
voilés aux yeux indiscrets. C'est la guerre qui a accompli ce miracle : l'expérience de la guerre et l'immense
aspiration vers la paix qui en est née.

* * *

Ce n'est pas pour rien que Dijon se réclame du titre
de « capitale gastronomique » de la France. J'appris à
connaître et à apprécier l'art culinaire de la Bourgogne.
Je compris que savoir faire la cuisine n'est pas unique-

ment une question d'argent, mais bien un « art », et que ce n'est non plus une affaire de seule jouissance matérialiste, mais l'expression d'une haute culture. La femme du petit employé savait préparer les mets avec autant de maîtrise que le chef de cuisine des « Trois Faisans », naturellement sur un plan plus modeste et avec moins de raffinements. Il est vrai qu'il y a à cela une condition : c'est d'avoir à sa disposition un grand choix de vivres à des prix abordables. Tous ces gens avaient en outre de nombreuses relations avec la campagne. Le cousin de Bresse avait envoyé le poulet ; celui du Jura, le beurre et le fromage ; la belle-mère fournissait les œufs ; on avait loué une rivière peuplée de truites ; quand, « à la maison », on tuait le cochon, on pouvait compter sur le lard et sur un jambon. Il n'en était pas autrement pour le vin. Le célèbre vignoble bourgignon commence à peu de kilomètres de Dijon : chacun avait des amis, des cousins, des frères, un parrain, un beau-père qui le fournissait de vin. Et, entre amis, on se sert bien ; quant aux marchands, ils doivent se contenter de ce qui reste. Ce réseau dense et soigneusement entretenu de relations amicales est tout à fait caractéristique pour la vie française.

* *

Le notaire d'un village de la Côte-d'Or, fameux par ses crus, avait assisté à la manifestation du samedi. Il forma, dans les deux jours, un cartel de la paix dans son village et organisa, pour le mardi, une manifestation pacifique, où je devais parler. Il fit publiquement inviter par les agents de police la population de la campagne environnante, et c'est ainsi que je pris la parole à Gevrey-Chambertin, dans cet endroit qui produit le vin rouge le plus célèbre de notre vieux globe. Les vignerons étaient venus en grand nombre, curieux de voir et d'entendre un Allemand. Ce fut la première fois que je me trouvai en face de paysans authentiques, vignerons bourguignons, aux esprits éveillés, aux yeux vifs. Tout se passa fort bien et, après la réunion, nous nous réunissions dans un café, pour « trinquer » ; car, en France, pourqu'une chose soit bonne et valable, il faut trinquer : c'est la vieille libation, l'offrande faite aux dieux. Le maire fit venir une bouteille de Chambertin des caves de la coopérative vinicole, et elle se but en l'honneur de la bonne entente franco-allemande. « Le jour où elle sera faite, c'est là qu'on boira ! » dit-il.

Peu à peu le dimanche approcha. Cette fois, il ne s'agissait point d'une manifestation pacifiste, vue d'un mauvais œil par les bien-pensants, mais d'un congrès d'Anciens Combattants. Pour l'assemblée, on avait mis à leur disposition le théâtre de la ville, et, pour le banquet, la « Salle de Flore », du somptueux palais de Charles le Téméraire. Mon hôte, le télégraphiste, un homme d'une intelligence et d'une culture peu communes, auquel j'en suis reconnaissant, m'avait proposé, en paroles délicates, de revoir le manuscrit de mon discours pour le dimanche. « Les Français, dit-il, réagissent quelquefois de façon inattendue sur certaines paroles qu'un étranger peut employer dans la meilleure intention. Il faut éviter cela. » Je lui donnai mes feuillets qu'il corrigea ; je lui en saurai toujours gré.

Tout d'ailleurs se passa à merveille. A la fin du banquet, il fallut encore une fois prendre la parole. La température était déjà très chaleureuse. Je montai sur la table, pour me faire entendre, et je dis, en quelques mots, ce que j'avais vu et l'impression que j'en gardais. Je remerciai les camarades qui avaient bien voulu m'admettre dans leurs foyers. Beaucoup vinrent me serrer la main. Parmi eux il y avait une « gueule cassée », avec une figure terriblement rafistolée, et de

plus manchot. Il me montra sa carte de combattant en
disant : « Voyez-vous, camarade, je suis invalide à
90 p. c. Mais si aujourd'hui le soldat allemand, qui
est l'auteur de ma mutilation, était ici, je lui donnerais
la main et lui dirais : Viens, camarade, je te payerai
une bonne bouteille ! »

Tous voulurent m'inviter : « Il faut que vous veniez
manger chez nous. » J'aurais pu rester encore quinze
jours. Mais je dus partir le soir même. L'un d'eux cependant ne céda pas. « Il faut au moins que vous veniez
boire une bouteille chez moi, et tout de suite ! Mon
parrain vient de m'envoyer une caisse de Vosne-Romanée 1929. » Impossible de résister. Nous prîmes un taxi
et nous nous en allâmes vers une petite maisonnette
dans le faubourg, au fond d'un jardin entouré de murs :
un clos, idéal du Français. Le chauffeur fut invité à
entrer avec nous. On me montra la maison, l'atelier ;
dans la grande cuisine qui servait en même temps de
salle à manger, nous nous assîmes autour d'une table
recouverte d'une toile cirée. On n'en resta pas à la
première bouteille ; mais, après la deuxième, je refu-
sai ; il fallut donc emporter la troisième en Allemagne,
pour les enfants. C'est là que j'entendis pour la première fois prononcer le terme « Bien élever les gosses »
que j'ai retrouvé partout et toujours, et qui est une
pierre angulaire dans le monde d'idées des Français.
« Bien élever les gosses et boire le dimanche une bonne
bouteille avec de bons amis, quand on n'a pas cela que
vaut alors la vie ? » Ainsi s'exprima mon hôte. Il se
dit ouvrier. « Et qu'est-ce que vous faites ? » — « Des
automates distributeurs de chocolat pour les gares ;
j'ai un ami qui s'occupe de les monter. » — « Mais alors,
vous êtes entrepreneur ! et combien d'ouvriers occupez-
vous ? » — « Un seul, et c'est moi ! » Ce petit dialogue
caractérise mieux la France que bien des livres doctes,
dans lesquels les savants se disputent pour la civilisation

ou la culture, en se lançant, comme des flèches, des citations qu'ils ont recherchées dans la littérature de plusieurs siècles. Mon ami avait un nom fort curieux : il s'appelle « Père et Mère », en trois mots. C'est vraisemblablement un vieux sobriquet. On trouve souvent des noms étranges en France.

Lorsque nous entrâmes dans la salle des fêtes où un bal public suivait le banquet, je trouvai la femme de mon ami Chamfrault et la présidente des Veuves de guerre (celles-ci forment une association spéciale) occupées à coudre un petit drapeau. Quelqu'un avait constaté que dans la salle, largement pavoisée de drapeaux aux couleurs françaises et alliées, les couleurs allemandes n'étaient pas représentées. Un membre, propriétaire d'un magasin de mode, était aller chercher ses clefs et avait rapporté le satin nécessaire. Les deux femmes en firent un petit drapeau allemand. Quand il fut terminé, la présidente des Veuves de guerre me le donna avec ces paroles : « Et dites bien à vos compatriotes que les veuves de guerre françaises n'ont aucune haine contre le peuple allemand ! »

Première rencontre ! Elle m'avait révélé davantage de la France, de la France « vivante », que des années d'un séjour à Paris ne peuvent apprendre à un étranger. La personne « France » avait soulevé son voile et m'avait jeté un regard plein de franchise et d'affection. J'avais fait la connaissance des Anciens Combattants. Je ne savais encore que très peu de leurs organisations, mais j'avais saisi, par l'intuition, que ce sont eux qui sont appelés à faire la paix entre la France et l'Allemagne, la paix véritable.

Quand on travaille pour la réconciliation des deux peuples, on est toujours de nouveau effrayé par le nombre d'obstacles qui s'y opposent. Souvent on y perd tout son courage. Seuls les hommes qui ont vécu les horreurs de la guerre peuvent réaliser cette réconciliation. Les diplomates n'arrivent pas à sortir de l'ornière. Les anciens soldats seuls, eux qui n'ont pas peur, peuvent s'affranchir des préjugés, des ombres du passé et de la frousse paralysante du Destin.

II

CONGRÈS D'ANCIENS COMBATTANTS

Chaque fois que des Français du peuple se réunissent, dans quelque but que ce soit, qu'il s'agisse de tenir un congrès ou de célébrer une fête, l'observateur étranger aura cette impression, sympathique il faut l'avouer, d'un désordre joyeux. Les congrès d'Anciens Combattants ne font pas exception à cette règle.

Il y a des Français susceptibles, qui sont blessés quand on le leur dit. Ils y voient un reproche qu'ils estiment non fondé et contre lequel ils se défendent en toute sincérité. Mais cela ne change rien aux faits.

On n'a qu'à regarder les nouveaux arrivés : ils s'en vont à la recherche de leur hôtel, brandissant joyeusement leur fiche de logement, la vieille valise à la main, s'arrêtant çà et là pour saluer un peu tumultueusement les vieux copains qu'on n'a pas vus depuis un an. Plus tard, on trouvera aussi des groupes qui, au lieu d'assister aux délibérations des commissions, font le tour des cafés, le béret sur la nuque, les visages un peu rouges du bon repas. D'autres, attablés aux terrasses, prenant l'apéritif, arrêtent avec des « Holà » les copains qui passent dans la rue et les obligent à prendre place et à faire comme eux. Et même le cortège officiel, comme il avance lentement dans les rues, sans ordre apparent, tantôt large et serré, tantôt mince et maigre, ayant en tête les grands mutilés sur leurs voiturettes : tout cela est gai et en même temps un peu dissolu. On dirait que ces hommes font exprès de ne pas avoir l'air sérieux. Il est absolument impossible de se les représenter marchant au pas cadencé : une, deux ! une, deux !

Qu'est-ce que cela peut bien faire si l'on a oublié d'annoncer à temps son arrivée ou si le bureau des logements a perdu une fiche ? On ne se fera pas de bile pour si peu et on sait qu'on ne dormira pas à la belle étoile ! Qu'est-ce que cela fait encore si, à trois heures, il ne se trouve encore personne dans la salle où la séance, pourtant si importante, de la Commission des pensions, avait dû commencer à deux heures ? Et si le Ministre paraît très agacé parce que les hauts-parleurs ne fonctionnent pas et que personne, dans le brouhaha du grand banquet, ne fait attention à son discours, il ne peut sérieusement en vouloir à quiconque. Le petit délégué des Hautes-Pyrénées non plus ne peut récriminer, lui qui pourtant avait attendu avec patience la galantine de volaille truffée et doit voir son voisin prendre le dernier morceau ; la jolie servante, dans sa coiffure limousine brodée, lui mettra en revanche une bouteille de champagne sous le nez qu'il pourra vider tout seul. Et qu'est-ce que cela fait si le menu annonce un Riesling alsacien qu'on n'a encore jamais goûté et qu'on vous servira à la place du Bordeaux blanc, qui par-dessus le marché sent la mèche ? On se rattrappe sur le Beaujolais rouge qui est excellent.

« Alles ist nur halb so schlimm » : « tout n'est mal qu'à moitié ». S'il est mauvais en France, s'il est bien mauvais, il est cependant moins mauvais qu'ailleurs.

(Joseph Barthélemy.) Le désordre n'est qu'apparent : petit mouvement de vagues à la surface. Ces mêmes hommes, qui affectent un air de débauchés, sont des pères de familles des plus consciencieux et des plus économes. Ce peuple, qui paraît mépriser l'ordre et la discipline, en est en réalité profondément imprégné ; dans son for intérieur, il est plus discipliné que d'autres peuples. Mais les hommes connaissent leur penchant pour l'avarice et ressentent le danger de devenir mesquins et étroits. C'est contre ce danger qu'ils se défendent, sachant combien ils se ressemblent intérieurement. C'est pour ne pas devenir trop semblables extérieurement qu'ils repoussent la discipline et se cramponnent à leur individualisme. L'Allemand se sent toujours près du chaos : il a besoin d'une discipline de fer qui le préserve de tomber dans le gouffre. Ce danger n'existe pas pour le Français, qui doit plutôt craindre que la vie ne devienne trop uniforme.

Il faut ajouter que les Anciens Combattants plus que les autres Français se sentent indissolublement liés les uns aux autres par l'expérience commune de la guerre. Moins encore que les autres, ils ont besoin de discipline extérieure ; ils la négligent volontairement, un peu trop peut-être. Nous touchons là à un des secrets de la force française. Ce peuple, qui semble si divisé et si scindé et qui a l'habitude de mener ses luttes politiques avec tant de passion qu'on craint à chaque instant de revoir éclater la guerre civile, ce peuple, dis-je, est en réalité beaucoup plus uni que n'importe quel autre et dans les moments de danger il se lève comme un seul homme. Dans le fond de leurs âmes les Français le savent très bien, et c'est pourquoi ils ne prennent pas au tragique toutes ces dissensions et ces querelles politiques, alors que, nous autres Allemands, nous avons besoin de nous sentir les coudes et de marcher au pas cadencé pour avoir le sentiment de notre unité.

L'aversion contre toute discipline extérieure est encore renforcée par le fait qu'elle a un goût de caserne, goût détestable entre tous, et que les nationalistes extrêmes, avec lesquels on ne voudrait pas être confondu, en ont fait une sorte de privilège.

On ne peut imaginer de sélection plus riche et plus variée de types français que dans un congrès d'Anciens Combattants. C'est une coupe complète à travers ce peuple : on peut l'y étudier sur le vif, en prenant tout son temps, pourvu qu'on ait des yeux pour voir et de l'amour dans le cœur. C'est autre chose que de citer péniblement des extraits de littérature pour broder là-dessus une thèse de doctorat. Non seulement il y a des représentants de toutes les couches de la société : le paysan, l'instituteur, le petit fonctionnaire, l'ouvrier, le commerçant, le professeur de lycée et d'université, le cheminot, le maire de village, le directeur d'un ministère, l'ancien ministre ; mais là tous se traitent entre eux sur un pied d'égalité. Le paysan a le même sentiment de sa dignité humaine — sentiment si caractéristique chez le peuple français — que l'ancien ministre et le professeur de droit international. En plus de cela, toutes les provinces et toutes les races sont représentées : les hommes du Nord d'origine franque, les Normands aux cheveux roux et à la figure pourpre, les Bretons, les Gascons, les Provençaux, les Savoyards, les Lorrains, les Basques et les fils de la vieille race autochtone du Centre, qui ont fini par imprimer leur expression de visage à tous les autres, créant ainsi le « type français ». Dans cette variété infinie, on constate toujours à nouveau la profonde uniformité des esprits : c'est une nation remplie d'un même esprit, en dépit de la différence des races, mais cette différence empêche l'ensemble d'être monotone.

La France est le pays des congrès. Les « cent kilos » tiennent leur congrès avec un dîner célèbre, de même que les amis du bon cidre (A.B.C.) ou encore les lieutenants de louveterie qui se survivent à eux-mêmes. Ce qui différencie les congrès des Anciens Combattants de la plupart des autres, c'est qu'ils servent une grande idée, chère avant tout aux Français, celle de la paix. Certes, au premier plan, il y a apparemment la défense de leurs droits et de leurs pensions ; mais si l'on voulait sonder les cœurs et rechercher les profondes raisons pour lesquelles ces gens ont vaincu cette aversion bien française contre le grand nombre et ont créé des organisations d'une envergure qu'on ne connaissait pas en France jusque-là, on trouverait au fond des cœurs ce sentiment : il faut mobiliser jusqu'au dernier homme pour empêcher qu'il y ait encore une fois la guerre. On peut les entendre dire : « On nous a dit pendant la guerre : Tenez ! pour la grâce de Dieu, tenez seulement ! Si vous tenez, cette guerre sera la dernière. C'est pour cela que nous avons tenu ! Pour que nos gosses ne soient pas obligés de revivre les horreurs que nous avons vécues. Et maintenant, nous exigeons que la promesse soit tenue. Maintenant, nous nous dressons comme un seul homme, afin d'empêcher que les fauteurs et les profiteurs de guerre, les défenseurs d'idéaux périmés ne puissent déchaîner une nouvelle guerre. Nous devons être une grande force morale, une digue contre laquelle viendront se briser les vagues de la haine. » C'est cette mentalité qui se cache derrière ce désordre joyeux, mais aussi derrière la lutte pour les pensions et derrière les petites jalousies. Je ne crois pas me tromper en affirmant que les troupes de toutes les grandes organisations d'Anciens Combattants pensent à peu près pareillement, quelque soit la position prise par leurs dirigeants.

Quand je passe en revue les quatre grands congrès de l'Union Fédérale d'Anciens Combattants auxquels je fus convié de prendre part, certainement celui de Dijon, à la Pentecôte de 1932, le premier des quatre, était le plus joyeux, mais aussi celui où le désordre apparent était le plus grand. A cette époque, la crise ne se faisait pas encore sentir dans les provinces françaises ; la cuisine exquise, les vins délicieux apportaient leur part pour créer une atmosphère de gaieté et de bien-être. Mais, chose curieuse, ce congrès est celui qui a produit sur moi l'impression la plus forte et la plus durable. Tout y était bien français : non seulement les joyeux repas et toute l'ambiance de la vieille capitale de Bourgogne, mais surtout les grandes manifestations communes, les délibérations des commissions, auxquelles je fus admis, et la multitude de discussions personnelles toujours vives, souvent passionnées que j'avais avec des particuliers.

Dans cette même ville de Dijon, j'avais fait la connaissance inespérée des Anciens Combattants. Sans rien savoir d'eux, j'avais saisi, par intuition, le rôle qui leur échoit dans la tâche si difficile de la réconciliation de nos peuples.

Maintenant j'appris à connaître une grande organisation, la plus grande de France, du monde peut-être : sa vitalité prodigieuse et l'esprit dont elle est animée. Je me rendis compte, en toute conscience, qu'elle pourrait être la grande alliée avec l'aide de laquelle la tâche pourrait être accomplie ; car il ne suffit pas de faire l'entente franco-allemande par le haut ; il ne suffit pas, en France, qu'un chef donne le mot d'ordre pour que tout le peuple le suive ; en France, il faut procéder par le bas. Les masses populaires sont tout acquises à l'idée de la collaboration franco-allemande. Les résistances viennent des classes intellectuelles. D'un côté se tiennent les hommes qui ont été élevés dans la tradition de la « gloire » et qui ne peuvent se défaire d'un passé riche en victoires et en défaites ; de l'autre côté, les « idéologies » barrent la route au rapprochement. Pour le peuple, ni l'un ni l'autre ne compte. Il veut la paix, la paix tout court. Peu lui importe le régime politique de ses voisins. Si une politique de sincérité et de loyauté arrivait à convaincre les masses populaires que la France n'a rien à craindre de l'Allemagne, ni aujourd'hui ni demain, la volonté de paix du peuple deviendrait si forte que les gouvernants seraient forcés de faire un pas décisif vers l'entente. Les Anciens Combattants seuls peuvent être l'organe de cette volonté. En dehors d'eux, on n'arrivera à rien et tous ceux qui ont voulu procéder par d'autres chemins ont échoué.

Dans tous les congrès d'A.C. auquels j'ai assisté, je n'ai jamais entendu un mot de haine contre l'Allemagne, ni de la bouche des chefs ni de celle de particuliers. On exprimait parfois de la méfiance, oui ; de la haine, jamais. C'est beaucoup. A l'Union Fédérale, c'est Henri Pichot qui s'occupe de la politique extérieure. Jeune instituteur, dont la grand'mère était Alsacienne, il était allé en Allemagne pour apprendre la langue. Sur le champ de bataille, la jambe écrasée, en train de perdre tout son sang, sa connaissance de la langue allemande l'avait sauvé. Il fut soigné dans les hôpitaux allemands, puis échangé. La réconciliation des deux peuples est la grande tâche de sa vie.

Pendant quatre années successives, j'ai entendu Pichot expliquer aux Anciens Combattants, dans de longs exposés, l'attitude de l'U.F. à l'égard de l'Allemagne. Jamais elle n'a varié, pas plus lorsque von Papen eut remplacé Brüning et que tout le monde en France parlait de guerre, que lorsque Hitler eut pris le pouvoir. C'est un des fondateurs de la C.I.A.M.A.C. (Conférence internationale des Associations de Mutilés et Anciens

Combattants). Il s'est rencontré avec des « boches » dès 1923 et leur a tendu la main. Partisan convaincu de la démocratie parlementaire, il n'a pas hésité à se rendre à Lausanne à une invitation du gouvernement von Papen, à un moment où le « gouvernement des barons » servait en France d'épouvantail. Son attitude ne changea pas quand, au printemps 1933, le monde entier frissonnant de la propagande d'atrocités, les Anciens Combattants allemands avaient quitté la C.I.A. M.A.C., sa création à lui dans laquelle il avait placé tant d'espoirs. L'œuvre de la réconciliation semblait compromise. Il s'exposait à s'entendre reprocher l'échec de sa politique et son inutilité à l'avenir. Il aurait pu récolter des applaudissements en attaquant le gouvernement national-socialiste ; mais l'entente avec l'Allemagne, l'Allemagne éternelle, celle qui se cache derrière les formes extérieures, restait pour lui le but à atteindre pour réaliser une paix durable en Europe. « Certes, disait-il, nous avons le droit et le devoir d'être sur nos gardes, mais, le jour où les Anciens Combattants allemands reviendront à nous, il faut être prêt à renouer les relations dans la mesure où cela ne nous expose pas à renier nos convictions et nos amitiés. Nous sommes convaincus qu'aucun A.C. allemand ne veut la guerre. Nous ne croyons pas que cela ait changé parce que les associations allemandes ont maintenant d'autres chefs. »

L'année suivante, à Vichy, étant donné qu'une collaboration officielle n'était pas encore possible, on invitait une équipe de Rugby de l'Allemagne du Sud pour mesurer ses forces avec une équipe française. Et ce match se termina par une grandiose manifestation pour la paix, où les drapeaux français et allemands flottaient paisiblement dans le vent l'un a côté de l'autre.

A Pâques 1935, au Congrès du Touquet, Pichot rendit compte de sa visite chez Adolf Hitler. Il se réclama d'Aristide Briand qui avait dit : « Même avec mon pire ennemi, je puis parler avant de croiser les armes. » Les relations entre l'Union Fédérale et les Anciens Combattants allemands étaient rétablies. Pichot demanda et obtint l'autorisation de les continuer.

· En Allemagne, trop peu de gens savent que de telles forces travaillent en France pour la réconciliation, et l'on ignore surtout leur puissance et leur influence. Mais il ne faut pas désespérer. L'expérience prouve que de fortes personnalités, sachant bien ce qu'elles veulent et poursuivant leur but sans dévier, finissent toujours par s'imposer.

Comme preuve de l'extraordinaire autorité morale de l'Union Fédérale et de son Président, citons ce fait : que personne n'osa attaquer Pichot, qui, revenu de Berlin à la fin de 1934, publia dans l'« Œuvre » un article qui concluait : « Pour nous la guerre est finie. » Tout autre homme que lui aurait été écharpé par la meute des superpatriotes.

Au début de ce chapitre, il a été question de ce « désordre joyeux » qui semble caractériser les manifestations du peuple français. Il a été dit aussi que beaucoup de Français n'aiment point qu'on en parle. En effet, le nombre de ceux qui croient que la France ne peut continuer à vivre dans ce joyeux désordre augmente de jour en jour. Ils sont convaincus que les Français, bon gré mal gré, doivent se résoudre à renoncer à une partie de leur liberté exubérante et se soumettre à une discipline plus rigide. On parle beaucoup en France de « redressement ». Les hommes de droite rêvent d'un redressement national, mais au fond ce ne serait que le retour vers des idéaux plus ou moins périmés. D'autres, et ils sont fort nombreux, exigent un redressement moral : le retour vers une simplicité

et une probité plus grandes, la fin des scandales, l'épu-
ration de la vie politique. Tous sont d'accord sur ce
qu'il faut, avant tout, lutter justement contre le désordre insouciant, responsable de nombreux abus. Il y
a là certainement du vrai, et point n'est besoin de
craindre qu'une discipline un peu plus rigide fausse le
visage de la France. La gaieté, la bonne humeur du
peuple, son penchant pour la blague, l'emporteront
toujours en fin de compte. On a pu s'en rendre compte
en 1934, au Congrès de l'U.F. à Vichy, congrès qui était
certainement le mieux organisé de tous et ne le cédait
en rien à ce qui se fait en Allemagne. La discipline un
peu plus grande, imposée aux congressistes, n'entrava
point la gaieté. L'année suivante, au Touquet, on
entendit souvent l'exhortation : « Un peu plus de discipline, camarades ! » Et à Reims, en 1936, la discipline
était déjà rentrée dans les habitudes.

La discipline des grandes masses populaires allemandes a fait une impression énorme sur l'imagination
des Français. Nul doute que ceux-ci sont en train de
se convertir à la discipline. Elle prendra en France
d'autres formes qu'en Allemagne, et pour des raisons
dont nous avons parlé antérieurement, elle ne sera
jamais aussi rigide. Mais les Français de nos jours comprennent parfaitement que l'avenir appartient non plus
aux individus, mais aux collectivités, et que celles-ci
ne peuvent vivre sans que l'individu renonce à une
partie de sa liberté. Seulement en France on n'obtient
rien par la contrainte qui éveille la résistance. Il vaut
mieux s'adresser à l'intelligence et à la bonne volonté.

* *

Lors d'un congrès d'A.C., un hasard me plaça un jour,
sur la terrasse d'un café, à côté d'un homme très
simple, un paysan de la vallée de la Loire. Il me connaissait parce que j'avais une fois parlé dans son chef-

lieu. Cela lui permit de vaincre sa timidité. Il parla lentement, en cherchant les mots. Au cours de la conversation, il me raconta : « Quand j'avais dix-huit ans, ne sachant encore rien du monde, un ami m'entraîna à une conférence de Jaurès. Cela m'a troublé. J'ai commencé à réfléchir, et j'ai vu que j'étais ignorant. Alors je me suis dit : Il faut s'instruire. Ensuite je compris qu'il fallait choisir une idée. Quand j'eus vingt ans, la guerre éclatant, il fallut partir. Quel malheur ! J'ai fait mon devoir ; mais, — posant la main sur son cœur, — je n'ai pas connu la haine, jamais ! C'est la vérité. » Ces paroles si simples avaient un accent émouvant de sincérité. Il était difficile de rester indifférent.

Si l'on voulait analyser ces paroles, on trouverait qu'elles contiennent tout ce qu'il y a de meilleur dans le peuple de France : Il faut réfléchir ; il faut s'instruire ; il faut servir une idée ! C'est un paysan qui parle ainsi. Et ces mots nous révèlent en outre un des grands secrets de ce peuple, secret ignoré des étrangers et même de la plupart des Français.

Certes, beaucoup d'étrangers ont été frappés de la sensation qu'on éprouve dans la province française : on s'y sent à l'abri. Même à Paris, où cependant les influences étrangères faussent l'image, les hommes sont beaucoup moins énervés que dans d'autres métropoles. Mais aussitôt qu'on a quitté Paris et qu'on s'approche du cœur de la France, on sent l'inquiétude se calmer. Et après être arrivé le soir dans un de ces petits centres provinciaux, à l'écart des grandes voies de communication, et qu'on se réveille dès l'aube en entendant le chant des coqs, on se retrouve dans un monde nouveau, où les grands événements de la politique ont perdu de leur poids et se sont dégonflés de leur importance. On se sent bien protégé contre leur menace. Vous sortez et tout le monde vous sourit ; la bienveillance et la joie de vivre rayonnent dans les yeux ; on vous regarde avec une petite curiosité aimable et point indélicate. On ne voit ni figures brutales, ni morgue. Les gens sont accueillants et commenceront volontiers une conversation. Ils ont d'ailleurs le temps.

On oserait presque affirmer que ces gens ne connaissent pas la haine, ainsi que l'exprimait ce paysan de la Loire. En réalité, ils ne la connaissent que trop bien, mais ils voient en elle un ennemi contre lequel il faut lutter et qu'il faut vaincre tant bien que mal. La haine et l'amour sont pour eux des forces réelles, tout comme les idées. Ils en parlent, comme dans d'autres pays les gens parlent des forces que le nouveau barrage fournira prochainement : comme de quelque chose de vivant et dont seuls les imbéciles peuvent mettre l'existence en doute. On peut les entendre dire : « Ah le grand malheur dans le monde provient de ce que pendant la guerre les forces de la haine ont été déchaînées et que l'on n'a pas encore réussi à les dompter de nouveau. »

Ces mêmes hommes sont sujets aux passions, et à des passions plus violentes, plus sauvages que nous. Sous l'influence quelquefois de ces passions, ils saisissent le couteau ou le pistolet et tuent. Mais cela est autre chose que la haine.

C'est une attitude de bienveillante sympathie qui donne sa note à la province française, notamment au sud de la Loire. Il n'y a pas seulement la douceur du climat, la richesse du sol pour rendre la vie agréable ; c'est davantage l'absence d'envie, de colère, de haine, de malveillance. Et s'il s'y ajoute cette probité dans laquelle les Français voient eux-mêmes une de leurs qualités essentielles.

*
* *

Si les grands congrès nationaux ressemblent aux revues de troupes, les petits congrès régionaux jouent

le rôle de fêtes de famille. Là on peut goûter tout ce
qui fait le charme de la vie française : la cordialité et
la franchise, l'amitié fidèle, la foi dans les grandes
idées généreuses, l'espoir ardent de la Paix, mais aussi
la bonne chère et les vins exquis. La vie y perd sa
pesanteur et devient légère et riante. Une fois, j'eus
pour voisin un grand mutilé auquel il manque les deux
mains. Avec un mécanisme ingénieux il fait jouer ses
mains de bois : en courbant et étendant le bras gauche,
il fait fonctionner la main droite, et vice-versa. On lui
coupait sa viande, son pain, mais, à part cela, il se
servait très habilement de ses prothèses. C'était curieux à voir. Ses yeux riaient. « Toujours gai ? » lui
demandai-je. « Pourquoi pas ? me répondit-il. On vit
et on jouit de la vie. On a une famille, des amis fidèles. Tous les éléments sont réunis pour rendre la
vie belle. » Il le dit avec une expression simple et véri-
dique qui avait quelque chose d'émouvant.

Un fois, on visitait, à l'occasion d'un congrès, un
petit village de la Marche limousine, loin du chemin
de fer. En face d'une vieille église romane en granit
gris, presque millénaire, se trouvait l'école nouvelle,
bien aérée, éclairée par de grandes fenêtres, ornée de
rosiers grimpants en fleurs. L'instituteur avait rassem-
blé toute la jeunesse du village, y compris celle qui
avait quitté l'école. Les jeunes filles, fraîches et jolies,
avaient sorti des coffres les beaux barbichets brodés de
leurs grand'mères et les avaient coiffés : c'était un
spectacle ravissant. En les regardant, un vers de Frei-
ligrath que j'avais appris à l'école me revint à la
mémoire :

« Ihr Schwarzwaldmädchen, braun und schlank »
(brunes et sveltes filles de la Forêt Noire). L'instituteur fit un discours émouvant sur la paix, en soulignant
qu'il ne fallait jamais haïr les anciens ennemis ; puis il
me pria d'embrasser une des jeunes filles en signe de

réconciliation. Des joues roses se tendaient vers moi :
ces enfants charmantes semblaient vouloir être em-
brassées toutes. Je ne me pardonnerai jamais de
n'en avoir embrassé qu'une.

* *

Dans une petite ville du midi, qui, dans un passé tour-
menté, fut une des places fortes du protestantisme, et
a conservé du temps calviniste non point l'austérité,
mais l'amour de la propreté et de l'ordre, le petit congrès départemental coïncida avec la fête du 14 juillet.
Le soir, il y eut un bal public sur le carrefour du faubourg. Je vis danser les jeunes gens du peuple avec
une dignité et une décence rares. Il faudrait les quali-
fier de « chevaleresques » pour bien désigner la façon
dont ils se comportaient. Je me rappelai que la courtoisie et la galanterie étaient nées dans ces parages.
Sans doute avaient-elles été l'expression naturelle du
caractère de cette population. Les parents étaient
assis sur les terrasses des cafés, fiers de leurs enfants
qu'ils regardaient danser. On avait le sentiment que
depuis des siècles rien d'essentiel n'avait été changé.
C'était un spectacle éternel auquel j'assistais. J'entre-
vis le fleuve puissant et ininterrompu des vies humaines
qui se succèdent et se révèlent les unes les autres. Il
n'y avait pas de gaieté exubérante ou bruyante, non !
c'était une immersion profonde et voluptueuse, je
dirai même religieuse, dans le grand fleuve de la vie.
Les fusées du feu d'artifice montaient du vieux pont.
J'étais assis à côté d'un vieux lansquenet, ancien lieu-
tenant de la Légion étrangère, originaire de Nuremberg ; il était content d'avoir rencontré quelqu'un avec
lequel il pouvait s'entretenir dans sa langue maternelle.

Une autre fois, une grande foire avait lieu : Foire du vin et de tout ce qui a rapport au vin et à la viticulture ; vins rouges et blancs, secs, doux et liquoreux ; pressoirs, fûts, pulvérisateurs. Parmi les exposants, il y avait de nombreux camarades. Il aurait fallu s'arrêter à chaque stand, goûter et causer, mais où cela nous aurait-il menés ? Les tentes étaient dressées sous les arbres hauts et rares d'un jardin public : cèdres et magnolias. Des gens joyeux, dans leurs habits du dimanche, se pressaient entre les stands. On se perdait dans la foule et l'on se retrouvait. Un camarade me raconta des histoires d'or caché, de durs écus d'argent entassés, de caves souterraines contenant des centaines de milliers de bouteilles de vin : ces histoires me semblaient être des contes de fées.

Dans une ferme, on vendait, après la mort du propriétaire, le mobilier aux enchères. Tous les baillons avaient été mis en tas, mais personne ne voulait les acheter. On prit une fourche pour les porter au fumier. Un petit paquet en tombait ; c'était un tablier bleu dans lequel se trouvaient enveloppés 300.000 francs de valeurs. Personne n'avait soupçonné que le vieux paysan fût aussi riche. — Deux amis faisaient une excursion ; l'un d'eux avait dans la région un cousin qui possédait une ferme. Ils arrivèrent chez lui vers la fin de l'après-midi ; les portes étaient ouvertes, mais la maison était vide. Un peu plus tard les gens revinrent. On garda les deux visiteurs pour la nuit. Dans la chambre où on les logea, il y avait un berceau avec toute sa literie. « Qu'est-ce que ces deux vieux font d'un berceau ? » La curiosité piquant nos amis, ils relevèrent la couverture : le berceau était rempli de pièces de cinq francs. — Après un décès, on procède à l'inventaire. Suspendus au poutres, il y avait toute une rangée de jambons. « Faut-il les peser ? » demande l'officier ministériel. La paysanne hoche la tête. On prend une échelle et on l'appuie contre une des poutres. Celle-ci semble céder, une petite planche s'en détache et une cache se découvre, de laquelle s'échappent des pièces d'or qui tombent dans la chambre et roulent dans tous les sens. On les ramasse : il y en avait tout un petit monceau.

Un vieux paysan, sentant venir la mort, confia à sa fille l'endroit où il avait caché son magot. Mais la mort, pour cette fois, épargna le vieillard qui reprit son trésor et le cacha de nouveau. Un jour, il mourut inopinément. En vain la fille chercha le magot : elle dut se résigner à vendre trois sacs de blé pour payer les frais d'enterrement. Quelque temps après, le meunier, en vidant du blé sur la meule, trouva un petit sac rempli de pièces d'or et d'argent. Honnête homme, il le porta à la mairie. La fille du paysan en eut connaissance et vint réclamer la trouvaille prétendant que c'était le magot de son père. Heureusement pour elle, elle se rappela les différentes espèces sonnantes qu'elle avait une fois palpées ; cela lui permit de prouver son droit.

Mon camarade racontait des histoires encore si invraisemblables et si fantastiques que personne ne les croirait ; il en savait d'autres, rocambolesques, qu'il est impossible d'écrire.

Il y a, en Allemagne, un recueil de contes de fées, de Bechstein, dont une édition fameuse est ornée de bois de Ludwig Richter. Un de ces contes est intitulé « Die drei Gaben » (Les trois dons). Un pauvre hère reçoit le don d'une somme d'argent qu'il cache sous des haillons sans rien dire à sa femme. Celle-ci, le lendemain, vend les haillons à un chiffonnier. Le même malheur se répète, sous d'autres formes, à trois reprises.

Qui ne verrait là la ressemblance entre ce conte de fée et les histoires de mon camarade ? En vérité, les fées et les lutins sont encore vivants en France. Dans de vieux manoirs tout couverts de lierre, l'on pourrait trouver la belle au bois dormant ; partout des trésors sont ensevelis ; partout vivent des devins et des sorcières. La nuit, le loup-garou fait cent tours, et une balle ordinaire ne peut le tuer : il faut qu'elle soit « bénite ». Un homme, qui faisait le loup-garou et qui voulait racheter son crime par la mort, donna un jour à son voisin une balle « bénite », le priant de tuer le loup-garou quand il passerait la nuit suivante. On vit ensuite que c'était lui-même.

Sur les landes limousines, les gardiennes des chèvres sont assises entre les blocs de pierre grise et les touffes de genévrier. Elles s'y tiennent depuis des siècles, depuis toujours. Elles ont oublié le langage humain, mais elles parlent avec le vent, avec les bêtes, avec les démons. Les forces de la nature leur obéissent. —

En écoutant le conteur, la réalité devenait irréelle, se transformait en rêve. Le soleil cependant continuait à briller ; les hommes qui passaient devant nous, comme dans un film, étaient bien vivants, et les automobiles restaient là, en file devant la clôture. Le passé, le songe, la réalité et le présent ne formaient plus qu'un et il était impossible de les distinguer.

Et la foi restait, éternelle, la foi dans la puissance de l'esprit. L'amour restait, astre brillant, et la haine était éteinte. La personne France était présente, mère et maîtresse en même temps, et de ses yeux souriants et mystérieux, elle caressait le défilé de ses enfants.

III

FÊTE NATIONALE A GAP

Les élections du printemps 1932 avaient donné une forte majorité aux partis de gauche. Cette victoire fit naître un grand espoir dans le peuple français, et on croyait le moment venu de pouvoir réaliser enfin, dans le domaine intérieur, la justice sociale, et, à l'extérieur, la paix fondée sur le désarmement des peuples.

Quand, en France, il est question de paix, on pense toujours à l'Allemagne. Elle est l'hôte invisible ; elle est présente dans toutes les réunions et conférences ; elle est là, même quand on n'en parle pas. Son ombre plane au-dessus de tout ce qui se fait dans le domaine de la politique extérieure.

Un des chefs du parti radical me fit un jour cette observation : « Ce qu'il y a de tragique dans les relations franco-allemandes, c'est le manque de simultanéité. Toutes les fois que, vous aviez un gouvernement prêt à s'entendre, le nôtre était nationaliste. Et quand notre ministère avait de bonnes dispositions, c'est chez vous que la volonté faisait défaut. »

Il y a là du vrai ; mais pour arriver plus près de la vérité il faudrait formuler le problème plutôt de la façon suivante : Chaque fois qu'en Allemagne l'opinion publique fut portée vers l'entente avec la France, la méfiance française se réveilla. « Attention, on veut nous endormir ! Ne soyons pas dupes ! » Et quand ce fut l'inverse, on disait en Allemagne : « Pas si vite que cela ! Vous voyez bien que les Français ont besoin de nous ! En les faisant attendre un peu, nous aurons l'entente à meilleur compte. » De cette façon, toutes les bonnes occasions ont été manquées.

Il y a à cela cependant une raison profonde. A sa base, on retrouvera l'attitude différente des deux peuples en face du problème du temps. Nous autres, Allemands, nous nous tenons sur le seuil du présent, dans cet éternel « devenir » qui, à chaque instant, part de ce seuil, et nous vivons dans l'avenir. Le passé et l'après-demain, si puissants en France, ne nous intéressent guère. Les Français, eux, vivent dans une large bande de temps : le passé reste vivant, n'est point oublié, et le souci de l'après-demain domine tout. Ainsi, quand nous concluons avec la Pologne un pacte garantissant la paix pour dix ans, cela crée en nous le sentiment d'être débarrassés de nos soucis, sinon pour toujours, au moins pour très longtemps. Car, pendant ce temps-là, toute la situation peut changer. Pourquoi se faire tant de soucis à l'avance ? Un pacte de dix ans ne dit rien qui vaille aux Français. Dix ans ? Ce n'est rien. Et qu'arrivera-t-il après ces dix années ? Certes, on ne saurait tout prévoir, mais au moins faut-il songer au plus grand nombre possible d'éventualités pour ne pas être pris au dépourvu. Les problèmes franco-allemands sont séculaires, plusieurs fois séculaires. Comment pourrait-on les trancher par un pacte conclu pour dix ans ? Un tel pacte ne ferait que nous endormir et le réveil n'en serait que plus terrible. Non, non ! Si l'on veut s'attaquer à ces problèmes, il faut les résoudre complètement et une fois pour toutes ; autrement cela n'a aucune valeur. En attendant, nous préférons vivre au jour le jour d'expédients, parer au plus pressé, improviser des solutions transitoires.

Néanmoins, au printemps de l'année 1932 la simultanéité semblait à peu près établie. En France, on s'en rendit si bien compte qu'une véritable vague emportait le peuple vers un rapprochement avec l'Allemagne. Par malheur, en Allemagne on ne le savait pas, car la grande presse parisienne n'en soufflait mot. Celle-ci avait misé sur la victoire de Tardieu et avait d'autres préoccupations. Quand on parlait en Allemagne de cette volonté d'entente du peuple français, on se heurtait à des sourires incrédules ou indulgents. Le peuple ? Cela existe-t-il ? Si oui, qu'il exerce une pression sur le gouvernement pour nous rendre la Sarre ! Un journal démocratique me refusa un article sous le prétexte que la volonté de résistance du peuple allemand contre le traité de Versailles serait affaiblie si on lui racontait que le peuple français n'était pas impérialiste !

L'équilibre fut de nouveau compromis quand le cabinet Brüning fut remplacé par le cabinet Papen/Schleicher lequel, jugé « réactionnaire », ne pouvait aux yeux des Français que « préparer la revanche ».

C'est dans ces conditions que les Anciens Combattants des Hautes-Alpes décidèrent de faire un grand geste symbolique en fixant leur congrès annuel à la date de leur Fête Nationale : le 14 juillet. La journée du patriotisme et du nationalisme devait retentir de protestations de pacifisme. A ce moment-là cela paraissait extraordinaire, et, le comble, c'est qu'ils invitèrent un ex-ennemi à prendre publiquement la parole dans cette manifestation. Pareille chose aurait été impossible jusqu'à là en France.

Le département des Hautes-Alpes est formé par une partie du Dauphiné. Son chef-lieu, Gap, est une jolie ville assez neuve, agréablement située, perchée à 800 mètres de hauteur, dans la vallée d'un affluent de la Durance, grand torrent alpestre qui se jette dans le Rhône près d'Avignon. Je m'y rendis par Lyon et Grenoble, empruntant la ligne de Lyon à Marseille qui franchit la chaîne des Alpes à 1.200 mètres d'altitude par le col de la Croix-Haute. C'est un parcours des plus pittoresques ; malheureusement je ne fus pas favorisé

par le temps : il pleuvait à torrents et la tempête se-
couait les sapins séculaires. De plus, les trains subis-
saient de grands retards à cause du commencement des
vacances. Tout cela ne me paraissait pas de bonne
augure.

L'accueil à Gap fut cependant si cordial et sincère
que l'ennui fut vite oublié. Parmi les Anciens Combattants, il y avait un Alsacien, ingénieur des Ponts et
Chaussées, qui avait fait ses études à la Technische
Hochschule de Charlottenburg. J'ai souvent remarqué
que la question de l'entente franco-allemande tient
particulièrement à cœur aux Alsaciens. Je les ai entendu souvent dire aux Français : « Vous ne pouvez comprendre la mentalité allemande, et nous, nous la com-
prenons très bien. » Ne pourraient-ils, en effet, servir
de trait-union entre les deux cultures ?

Le lendemain matin le soleil brillait dans un ciel
sans nuages.

Tous les montagnards brûlent d'un ardent amour
pour la patrie et pour la liberté. Les Suisses en sont
l'exemple classique. Ces hommes, pour lesquels la terre
est si dure, ne l'en aiment que d'autant plus. Peut-être
n'arriveraient-ils pas à arracher au sol leurs récoltes
pénibles sans cette affection passionnée. Les habitants
des Alpes françaises ne font pas exception. Pendant la
guerre, c'est à eux qu'on a confié les positions les plus
contestées : on était sûr qu'ils les tiendraient. Avec les
Bretons ils ont subi les pertes les plus sanglantes. C'est
pour cela qu'ils sont des ennemis farouches de la
guerre et les patriotes ne pouvaient pas leur reprocher
d'être pacifistes par peur ou par lâcheté. Ils ont acquis
le droit de travailler en faveur de la paix et ils peuvent
même oser transformer la fête nationale en une manifestation pacifiste et y convier un ancien adversaire.
C'est un défi lancé à ceux qui croient avoir le privilège
du patriotisme.

Entre huit et neuf heures du matin, la garnison, formée d'un bataillon de chasseurs alpins, fut passée en
revue. Les soldats défilèrent au pas joyeux des Chasseurs et des décorations furent remises. Mais les spectateurs étaient encore peu nombreux et ne commencèrent à affluer qu'à partir de neuf heures, vers le
grand préau du lycée où la manifestation devait avoir
lieu. Des monts les plus éloignés, les montagnards arrivaient. D'aucuns avaient été obligés de partir dès
l'aube et de marcher plusieurs heures, afin d'atteindre
leur station de chemin de fer. Il n'y a qu'une ligne
traversant le département dans toute sa longueur :
celle de Paris à Briançon.

La manifestation se passa dans un grand et sincère
enthousiasme. Plusieurs milliers d'hommes étaient venus de tous les coins, presque tous étaient des montagnards aux figures hardies, brunies par le soleil des
glaciers, comme sculptées en bois de chêne, aux nez
aquilins, aux yeux sans peur. Volontiers on s'imagine
ainsi les camarades du grand patriote et héros tyrolien,
André Hofer. Ils sont de la même race, cette race
alpine, une des plus vieilles d'Europe, qui, dans les
montagnes, était à l'abri de tous les envahisseurs. Il y
eut quatre orateurs : le maire de Gap, président des
A.C. ; un Anglais habitant la France, le colonel Abbott,
grand artisan de la paix ; puis moi-même, et, pour con-
clure, un des chefs de l'Union Fédérale, délégué de la
France à la Société des Nations, lequel venait de
Genève.

Toutes les autorités assistaient au banquet qui suivit
la manifestation : le préfet, le commandant d'armes,
l'évêque, le député, qui s'était déplacé exprès de Paris.
Il me fallut encore dire quelques mots, que le poste de
Grenoble diffusa.

Au dessert, un vieillard s'approcha de la table d'honneur. « Où est le délégué allemand ? » demanda-t-il,

et, m'ayant repéré, il me dit : « J'ai entendu toutes vos paroles. Ma famille ne voulait pas que je vienne et que je reste des heures sous la chaleur. J'ai quatre-vingts ans, vous comprenez ! Mais mon voisin qui vous a vu hier m'a dit : « Il a l'air sincère, cet Allemand. » Alors je suis venu. J'ai été menuisier, vous savez. Avant la guerre, j'ai toujours eu des compagnons et souvent des étrangers : des Italiens et une fois un Allemand. Cet Allemand était tout aussi bien que les autres. Ne sommes-nous pas tous des frères ? Pourquoi s'entre-tuer ? Ce n'est pas la volonté de Dieu ! Maintenant, s'il n'y avait pas ici tous ces grands messieurs, — il hésita un peu — j'aurais bien voulu vous embrasser. » Nous nous donnâmes l'accolade et le baiser fraternel. Les larmes coulaient des yeux du veillard. Il m'eût été difficile de résister à l'émotion.

Beaucoup de montagnards devaient partir assez tôt dans l'après-midi pour être chez eux avant la nuit. Dans la rue je rencontrai un groupe allant à la gare. L'un d'eux s'arrêta et me dit : « C'est bien qu'on ait invité un Allemand. Avez-vous vu ce que pense le peuple français ? Tous pensent ainsi, tous ! Si les choses allaient à la volonté du peuple, il n'y aurait plus jamais de guerre. Il faut que vous le disiez bien à vos compatriotes ! »

Le soir, on se réunit en petit comité, et dans l'intimité. Comme entrée et pièce de résistance, on servit une soupe gratinée. Nous verrons plus tard ce que c'est. A Paris, il y a de nombreux cafés et restaurants qui portent cette inscription : « Spécialité de soupe gratinée. » Mais ce qu'on vous sert là n'est qu'une piteuse carricature de la soupe gratinée qu'on nous donna à Gap. J'étais placé à côté d'un géant à un seul bras, à la moue terrible, délégué d'un département limitrophe. Quand il parlait, il agitait passionnément la manche vide du bras droit. Il s'empara d'une des sou-

pières et la plaça entre nous deux : « Personne n'y tou-
chera ! s'écria-t-il d'un ton de défi. C'est réservé pour
nous. » Tout à coup il saisit de la main qui lui restait
le bouton de mon veston et me dit : « Je vous ai
écouté ce matin. Très bien ; d'accord ! mais la question
est de savoir si vous êtes sincère. Voilà ! » — Je ne
baissais point les yeux devant son regard scrutateur et
je lui répondis simplement : « C'est à vous de juger. »
Il continuait de me fixer et, brièvement, il me dit : « Je
vous crois sincère. » Depuis cet épisode nous sommes
de bons amis.

Le peuple français a deux grandes mesures dont il
se sert, à l'exclusion de toutes autres, pour juger les
hommes : la sincérité et l'intelligence. « Je vous crois
sincère » est le plus grand éloge qu'un homme du
peuple puisse prononcer à l'égard d'un autre homme,
surtout d'un étranger. Ce que l'on doit craindre le plus
dans la lutte pour l'entente franco-allemande, c'est de
fournir aux adversaires français de cette entente des
prétextes pour mettre en doute la sincérité allemande.
Ces adversaires sont nombreux et puissants, et, tout en
s'en cachant, ils dépensent des millions pour faire
échouer l'entente. Ils ont toujours des « documents »
dans leurs dossiers qu'ils publient aussitôt qu'on semble
devoir faire un pas en avant. Celui qui travaille pour
la réconciliation de nos deux peuples risque à tout
instant d'être dénoncé comme « agent de M. von Neu-
rath » ou « acolyte de Hitler ». Les Français ne savent
dissimuler leur pensée et on sent tout de suite quand
quelque chose « ne marche pas ». Alors il n'y a qu'une
chose à faire : saisir immédiatement le taureau par les
cornes et poser la question de confiance : « Qu'est-ce
qu'il y a ? Que dit-on encore ? Et qui le dit ? » Il
faut, à chaque instant, être prêt à poser son jeu ouvertement et crânement sur la table.

Après le repas on restait longtemps ensemble. La petite société faite des dirigeants de l'A.M.A.C. comprenait des hommes de toutes classes : universitaires, fonctionnaires, commerçants, gens du peuple. Le maire de Gap, M. Muret, présidait. Au début chacun fut invité à contribuer, pour sa petite part, à l'amusement général. Un tel raconta une histoire savoureuse ; tel autre chanta une ballade ; tel autre encore récita un poème dans le dialecte des montagnes. Le répertoire épuisé, on commença à « se mettre en boîte » : c'est un jeu de présence d'esprit et d'éloquence. On commence par provoquer l'un des assistants en racontant une histoire qui éveille en lui des souvenirs plus ou moins pénibles. Cela peut avoir un fonds de vérité ou être une simple blague, peu importe. L'accusé se défend et fait une contre-attaque. Un vrai duel se développe : celui qui a les réparties les plus promptes et les plus spirituelles aura le dessus. La victoire est remportée quand l'adversaire ne sait plus quoi répondre. Alors il a été « mis en boîte ». On ne se ménage pas ! Les accusations et les répliques sont lancées comme des mottes de terre glaise et claquent à la figure de l'adversaire. Inutile de dire qu'il s'agit presque toujours d'histoires de femmes. Les esprits se chauffent et les auditeurs prennent passionnément parti. Chez nous, il en sortirait une inimitié mortelle ; mais ici ce n'est qu'un jeu, un exercice d'esprit, on ne l'oublie pas un instant. Et quand la joute oratoire est passée, on est bons amis tout comme avant. Heureusement qu'on ne boit plus en France après le repas ; autrement cela pourrait devenir plus dangereux.

A minuit, quand le jeu fut terminé, avant de se séparer, le maire, tout à l'heure l'un des batailleurs les plus passionnés, se leva et fit un petit discours formant un contraste bien curieux sur ce que nous venions d'entendre.

« Vous avez vu, dit-il en s'adressant à moi, comment vous avez été reçu par le peuple français. Il en serait partout ainsi, car notre peuple ne connaît pas de haine. Il veut la paix, rien que la paix. Il semble cependant impossible de réaliser cette paix. Pourquoi ? Quelles en sont les raisons ?

« Notre république a une triple devise : Liberté, Egalité, Fraternité.

« La liberté, nous l'avons acquise et nous ne pensons pas que personne ne pourra nous la reprendre. Nous avons même fait quelque chose pour la propagation de la liberté à travers le monde. Personne ne le contestera.

« L'égalité, elle aussi, nous l'avons réalisée tant bien que mal, autant que l'imperfection humaine nous l'a permis. Vous pouvez le voir ici, où des hommes des conditions matérielles les plus diverses sont réunis et où il n'y a pas de différence de classe et pas de morgue.

« Mais c'est la fraternité qui est encore loin d'être réalisée. Quand viendra l'époque de cette fraternité ? Ne sommes-nous pas tous des frères ? Il faut donc que nous en devenions conscients et que nous agissions en conséquence. C'est alors que la paix régnera dans le monde.

« Nous autres Français, nous aimons à voir notre grande tâche dans le travail pour la propagation de l'idée de fraternité. »

Ce sont les grandes idées, les idées généreuses, qui planent sur tout ce qui se fait en France. Cette soirée si joyeuse, si débordante de gaieté ne pouvait se terminer sans que les hommes s'inclinassent pieusement devant elles.

*
*

Les journaux du Sud-Est de la France parlèrent de la journée de Gap et la commentèrent. Les grandes feuilles de Marseille, de Lyon, de Grenoble donnèrent des comptes-rendus détaillés et bienveillants. Quant à moi, j'avais la satisfaction d'y avoir gagné l'amitié d'hommes vaillants et sincères.

IV

LA VEILLÉE DE VERDUN

12 et 13 juillet 1936

Dans un chapitre précédent, nous avons essayé de démontrer comment la politique étrangère de la France est dominée par deux grands courants parallèles : l'un, représentant l'ancienne tradition, vieille de sept siècles, qui tend à maintenir l'Allemagne dans l'impuissance afin d'écarter tout danger pour la France ; l'autre, né de la volonté du peuple, qui, instinctivement, aspire vers une entente avec l'Allemagne, sentant bien que sans elle la paix européenne ne sera jamais assurée.

Le Traité de Versailles fut la dernière grande victoire de la politique traditionnelle, traité inspiré par celui de Westphalie. Mais alors que ce dernier, du point de vue français, fut un véritable chef-d'œuvre qui a rempli sa tâche durant deux siècles, — temps énorme pour pareille œuvre humaine, — le Traité de Versailles est, précisément du point de vue français, une œuvre piteuse, née du désarroi, de l'ignorance, de la haine, ne tenant aucun compte ni des possibilités matérielles, ni des données géographiques. Dès sa naissance, il était manifeste qu'il ne pourrait durer tel qu'il était ; les vainqueurs même au fond de leurs âmes n'y croyaient pas.

Tous les gouvernements français, quelle que fût leur composition, ont jusqu'à présent suivi la politique

traditionnelle. Lorsque Briand voulut sortir de l'ornière, il fut rappelé de Cannes. La force d'une tradition plusieurs fois séculaire est si grande qu'il est
presque au-dessus des forces humaines de s'y soustraire.
Il faudrait pour cela pouvoir renouveler, d'un coup de
baguette, tout le personnel politique et diplomatique.
Et encore ! En effet, le seul but de la politique officielle depuis la guerre a été de maintenir en vigueur
le Traité de Versailles. On s'est ingénié à étayer par
tous les moyens l'édifice érigé sur ses bases.

La volonté du peuple, au contraire, tend vers des
buts tout différents : elle voudrait ériger le règne de
la paix en Europe. A l'heure actuelle ce n'est encore
peut-être qu'un idéal. Il manque à la volonté populaire
les moyens pratiques de réalisation ; elle doit se limiter
à la résistance contre la politique officielle. C'est
d'ailleurs ce qu'exprime son cri : « A bas la guerre ! »
La résistance cependant a été si forte qu'elle a fini par
amener l'écroulement complet de la politique officielle,
écroulement, dont le monde a été témoin en 1936.

Comment cela ?

Toute politique étrangère a deux catégories de
moyens dont elle se sert : l'art diplomatique et la puissance. Si derrière la diplomatie ne se dresse pas la
puissance, elle est condamnée à l'échec. Or, depuis
l'échec de la Ruhr, il a été impossible à la politique traditionnelle française de faire appel à la puissance, parce que la volonté populaire s'y opposait. Je
l'ai compris en 1932, lorsqu'un homme sorti du peuple
me dit : « Et vous croyez que le peuple français ad-
mettra qu'un seul soldat français soit tué pour sauver
le corridor de Dantzig ? Une telle stupidité ? Jamais ! » Tous les gouvernements l'ont su. Ils ont
caché le mieux possible cette faiblesse, mais, à la
longue, la marche des événements l'a révélée. Des
situations se sont présentées, où l'intérêt français

aurait exigé de soutenir la diplomatie par la puissance,. où il aurait fallu agir au lieu de parler. Lorsque Hitler prit le pouvoir en 1933, ses alliés suggérèrent à la France de sauver la Démocratie allemande ; certains allèrent jusqu'à exiger une intervention. Mais il aurait été impossible de faire marcher le peuple français pour un but pareil. Plus tard, du point de vue français, le réarmement allemand aurait dû déclencher une réaction vigoureuse. Il n'en fut rien. Quand Mussolini viola ouvertement et cyniquement le Pacte de la S.D.N., Laval refusa de suivre l'Angleterre dans la voie des sanctions sévères que le monde entier attendait. La réoccupation de la Rhénanie était, pour la politique traditionnelle, la dernière occasion d'agir. La France était dans son droit. L'Angleterre avait annoncé à l'avance qu'elle remplirait son devoir d'alliée. Au sein du cabinet, les opinions étaient divisées. Chose curieuse, c'est le chef de l'Etat-major de l'armée qui s'est opposé à l'idée d'une mobilisation, inévitable si l'on voulait donner du poids à une action.

Le peuple français, nous l'avons vu à plusieurs reprises et le reverrons encore, est profondément hostile à la violence, à l'idée surtout de la violence. Tout en étant le moins « religieux », il est peut-être le plus « chrétien » des peuples d'Europe, celui dans lequel l'esprit de l'évangile est devenu une force vivante. Il est convaincu que « quiconque prendra l'épée périra par l'épée » et que « la terre appartiendra aux hommes doux ». Dans la vie française la violence se heurte tous les jours à des résistances insurmontables. Qu'est-ce que cela prouve sinon que les forces de l'Amour y sont plus puissantes que les autres ?

A partir du moment où la politique traditionnelle n'a plus osé faire usage de la force, elle a été condamnée : le 7 mars 1936 lui a donné le coup de grâce ; chaque jour en fait apparaître les conséquences de plus en plus manifestement. Un grand désarroi s'est emparé des dirigeants, non seulement en France, mais aussi en Angleterre. Incapables d'agir, ils laissent libre cours aux événements. Déjà on parle de guerre ; les techniciens de la vieille politique la croient inévitable. Ils la craignent, certes ! Mais, puisque la guerre est le seul moyen de rétablir leur influence, n'y aurait-il pas, dans le tréfonds de leur âme, une espérance vague, inavouable, qu'une guerre victorieuse vienne à leur aide ? Le cœur humain est ainsi fait.

Les peuples, cependant, et dans tous les pays, repoussent l'idée d'une guerre, et, en France, le peuple est assez fort pour l'empêcher.

Montesquieu, — il y a plus de deux cents ans, — a dit que deux cas seuls justifient une guerre : défendre la patrie ou venir en aide à un allié injustement attaqué. Cela est bien l'avis du peuple français. A part ces deux cas, un gouvernement français aurait beaucoup de difficultés même à mobiliser. Les dirigeants le savent ; s'ils voulaient user de la violence, ce serait la révolution. On dit bien : par la presse on peut tout faire. Non ! pas en France, et aujourd'hui moins que jamais, car la méfiance du peuple contre le « bourrage de crâne » n'a jamais été aussi forte. La grande presse, d'ailleurs, celle qui a toujours soutenu la politique traditionnelle, a perdu, depuis la victoire du front populaire, une grande partie de son autorité.

Le gouvernement du front populaire se trouve donc dans un dilemme tragique. Au fond, il ne demanderait pas mieux que de se réconcilier avec l'Allemagne ; de cela, on peut être convaincu. Les feuilles de l'opposition lui reprochent même ses tendances « germanophiles ». Mais la situation semble s'y prêter de moins en moins. Il est donc condamné à resserrer les liens avec l'Angleterre et à continuer la politique traditionnelle.

La tâche véritable de la France et sa vraie puissance ne se trouvent pas dans le domaine des armes, mais sur un plan plus élevé : le plan spirituel. La France est la patrie des idées, la grande pourvoyeuse de l'humanité. A l'heure précise où nous nous trouvons, un immense problème lui est posé : humaniser le travail et les relations des hommes entre eux, créer un ordre nouveau fondé sur le Droit à la vie. Quand elle aura résolu ce problème, elle marchera de nouveau à la tête de l'humanité.

* * *

Dans ce grand désarroi, le Rassemblement de Verdun a pris une signification toute spéciale. Il a montré le chemin qui sort du labyrinthe, le seul qui conduit à la paix. Des dizaines de milliers d'anciens combattants de toutes les nations belligérantes se sont trouvés sur le sol sacré de Verdun pour prêter, en langues française, allemande, anglaise et italienne, le serment solennel « de sauvegarder et de vouloir la paix ». Il ne faut pas que ce serment reste sans retentissement.

Qui n'a pas vécu cette nuit du 12 au 13 juillet 1936, sur les hauteurs de Douaumont que le vent ne cessait de fouetter de rafales, ne pourra guère se former une idée juste de ce qui s'y passa. Et il est presque impossible de la lui donner. Certes, il serait facile — et même séduisant — d'en tracer une image impressionnante, tantôt sentimentale, tantôt héroïque ou romantique ; mais, tout en restant strictement dans la vérité des mots, on fausserait l'image réelle de cette nuit. Ce qui caractérisa ces scènes grandioses et inoubliables, ce fut précisément l'absence de toute sentimentalité, de tout héroïsme tapageur, de tout romantisme. Pas de présentation, pas d'effet recherché, pas de présidence, pas d'orateurs, pas de vedettes. Qu'on en aurait cependant trouvé ! L'anonymat de la guerre ressuscita.

Devant les morts de Verdun, symbole de tous les morts de la guerre, chacun s'effaça, se tut et médita. Les hommes qui se tenaient devant les croix et les stèles, dans cette nuit de Verdun devenu sereine, et que ne troublent plus ni les détonations des mines, ni le crépitement des balles de mitrailleuses, ces hommes représentaient la foule sans nom comme quand ils étaient combattants, hommes de la guerre : rien de moins, rien de plus. En veillant silencieusement les morts, ils se sentaient aussi humbles, aussi pauvres, aussi anonymes et aussi inconnus qu'autrefois, qu'il y a vingt ans, quand leur malheureuse vie ne tenait qu'à un fil et que chaque nouveau lever du soleil était comme un don du ciel.

La cérémonie fut des plus simples. Des voix impersonnelles alternaient avec des morceaux de musique soigneusement choisis. On y entendit Rameau, Bach, Beethoven, Wagner ; les chœurs de la Passion de Saint Jean, la Symphonie Héroïque, la Marche Funèbre du Crépuscule des Dieux, et ce ne fut possible que grâce aux haut-parleurs. Jamais encore, je n'avais compris quelles nouvelles possibilités artistiques cette technique avait mises à la disposition des hommes ; on put s'en rendre compte dès la montée. Transporté jusqu'à la zone du silence par les autobus verts de la S.T.C.R.P., de Paris qu'on avait mobilisés, on monta à pied de la chapelle Sainte-Fine jusqu'aux hauteurs de Donaumont. Seuls, les mutilés des jambes y furent conduits en voiture. C'est un parcours d'une demi-heure. Personne ne parla et il était interdit de fumer. Les Français, pourtant « indisciplinés », obéirent à cette consigne. La nuit était tombée sur cette zone bouleversée par les batailles, aujourd'hui couverte d'herbes folles et de broussailles. Sur la hauteur, se dresse, resplendissant dans la lumière blanche des phares, l'ossuaire du Douaumont qui abrite les restes de 400.000 combattants, français et allemands unis dans la paix de la

mort. Douze mille kilogrammes d'ossements humains !
qui ne tressaillirait pas en réfléchissant ? Au pied de
l'ossuaire s'étend un immense cimetière de 14.000
tombes. Seules les croix blanches étaient illuminées :
elles semblaient suspendues au-dessus du sol noir. Et
pendant qu'on montait vers ces hauteurs, lentement et
en silence, on passait de temps en temps devant un
appareil qui répandait de la musique sacrée. Sortie du
giron même de la terre elle paraissait vouloir remplir
la nuit d'harmonies surhumaines. Un écho mystérieux
la répétait deux, trois fois jusqu'à ce qu'elle se perdît
enfin.

: Arrivés près de l'ossuaire, les Anciens Combattants
français occupèrent le cimetière, rangée par rangée, se
plaçant chacun devant une tombe pour y monter la
garde. Cela se passa dans un silence absolu, sans commandement aucun, sans le va-et-vient de commissaires
affairés jouant d'importance. Chacun prit sa place et
y veilla. Je me mêlai aux rangs des camarades français ; personne n'y fit attention. C'est Lelong (Pierre-
Eugène) qui dormait sous la tombe dont j'avais la
garde. L'une après l'autre, les délégations étrangères
arrivèrent, drapeaux flottants, silencieuses elles aussi.
Elles prirent place, en rangs serrés, sur le gazon du
centre.

On resta là à méditer je ne sais combien de temps,
alors que la musique alternait avec le glas de la tour
de Douaumont. Puis la Sonnerie aux Morts retentit,
musique émouvante dans la sobriété des tambours et
des trompettes. Au dernier battement des tambours,
chacun s'inclina pour déposer une fleur sur la tombe
où il veillait en disant : « Pour la Paix du Monde ! »
En se redressant, il devait répéter les mêmes mots, ainsi
qu'une troisième fois après s'être redressé. Mais la
plupart étaient trop émus ou trop timides pour les
prononcer à haute voix. Ce ne fut d'abord qu'un mur-

!nure, né dans un coin du cimetière, puis gagnant en force, errant sur la terre, s'enflant, diminuant de nouveau, pour reprendre à l'autre bout. Des voix passionnées interrompirent criant : « A bas la guerre ! » Ensuite des hauts-parleurs sortit une voix d'enfant : « Pour la Paix du Monde ». Les cinq paroles furent toujours prononcées comme un seul mot, avec l'accent sur « paix » ; le ton monta rapidement, s'y reposa un instant et décrût.

Maintenant une voix d'homme chaude et belle dit « L'Invocation aux Morts » :

« O vous tous qui n'êtes plus ;

« Vous, si chers à la mémoire de vos Patries ; si
» chers au cœurs de ceux qui vous ont vus tomber !

« Vous, qui avez combattu ici ou en quelque autre
» champ de mort.

« Vous qui avez été meurtris par le fer, brûlés par
» le feu, précipités du haut des airs ou suffoqués par
» les gaz ;

« Vous qui dormez dans une terre et vous qui avez
» été engloutis ;

« Vous, dont les noms figurent sur des épitaphes
» parce qu'il nous fut possible de connaître les circons-
» tances de votre héroïsme, et vous tous, Inconnus, qui
» le resterez, parce que la gloire vous a trahis plus
» encore que les autres, accueillez les paroles qui vous
» sont dédiées :

« Peut-être à ceux dont la mort fut indicible, con-
» viendrait-il de ne faire hommage que dans le si-
» lence...

« Laissez-nous pourtant vous adresser un souvenir
» fraternel. Permettez à ceux qui furent innocents du
» crime de jeter, en votre nom, l'anathème sur ses
» auteurs et leurs complices !

« Quel qu'il ait été, quelle que soit la piété de vos
» frères survivants ; c'est la civilisation humaine toute
» entière qui vous demande pardon !

« Cette civilisation qui a permis votre martyre et de
» laquelle vous n'avez tiré vengeance qu'en la sauvant.

« O vous dont nous sommes venus ici saluer la mé-
» moire, c'est vous qui nous survivez !

« Vous seuls ne périrez pas !

« La guerre a pu anéantir des villes et des richesses :
» elle a pu accumuler des ruines. Elle a pu faire dou-
» ter de la conscience humaine : il est, malgré tout, des
» êtres qu'elle ne pouvait détruire : ce sont ses propres
» victimes ! »

Soudain un coup de canon tonna et toutes les lumières s'éteignirent. La nuit envahit le pays, lourde
de pluie. La tristesse, immense et désolée, était comme
sortie des tombes et de ce terrible monceau d'ossements humains cachés dans le sein du grand édifice.
Après une minute de silence, qui parut longue, un
second coup de canon ralluma les phares et, dans un
coin un trompette sonna le « Cessez le feu ! » C'est
cette sonnerie qui a effectivement mit fin aux hostilités
de la guerre. Elle fut reprise par d'autres et s'en alla
au loin répandre son message joyeux, son « évangile ».
C'est une sonnerie brève, mais fort belle ; son créateur
a dû être un grand artiste. Elle se termine par une
figure, sur laquelle on voudrait chanter les mots allemands : Gott sei Dank! (Dieu merci !) Gott — sei —
Dank !

Dans ce moment de consolation la voix anonyme
prononça le Serment de la Paix :

PARCE QUE
CEUX QUI REPOSENT ICI ET AILLEURS NE
SONT ENTRÉS DANS LA PAIX DES MORTS QUE
POUR FONDER LA PAIX DES VIVANTS

ET PARCE QU'IL NOUS SERAIT SACRILÈGE
D'ADMETTRE DÉSORMAIS CE QUE LES MORTS
ONT DÉTESTÉ,
LA PAIX,
QUE NOUS DEVONS A LEUR SACRIFICE,
NOUS JURONS DE LA SAUVEGARDER ET DE
LA VOULOIR.

Tous s'écrièrent, cette fois à haute voix et passionnément :

JE LE JURE !

Ensuite le serment fut répété en langue allemande et
les combattants allemands, comme un seul homme
répondirent : « Wir schwören ! » Après eux, ce fut le
tour des Anglais et des Italiens ; ces derniers cependant, esprits mesquins, avaient supprimé le passage qui
se termine par les mots « ce que les morts ont détesté ».
Et chaque fois les Français répétaient avec toujours
plus de passion : « Je le jure ».

Ce serment fut l'événement essentiel de la nuit. Non
pas que les Français le prêtèrent, mais que des Allemands, combattants de Verdun, étaient venus, avec
l'approbation de leur gouvernement et conduits par
l'homme qui le premier pénétra dans le fort de Douaumont, Rolf Brandis, pour jurer, sur le sol français, « de
sauvegarder et de vouloir la paix ». Et ils prirent leur
serment au sérieux. Un tel serment, prêté à un moment aussi solennel et sur cette terre sacrée entre
toutes, devant des dizaines de milliers de témoins présents et de centaines de milliers veillant dans toute
l'Europe près de leurs appareils de T.S.F., ne peut
être violé.

Une petite observation : Alors que les Allemands
disaient : « Wir schwören », les Anglais « We swear »
et les Italiens « Giuriamo », parlant tous au pluriel, les
Français disaient : « Je le jure », chacun en son nom

personnel. Les Français sont des individualistes remplis de méfiance contre tout ce qui se présente sous une
formule collective, et pour cette seule raison on n'en
fera jamais des « citoyens-soviets » ; ils savent que dans
une foule qui dit « nous le jurons » chacun est libre de
se taire ou de faire une restriction mentale ; mais celui
qui a dit : « Je le jure » n'a pas d'excuse. Personne,
sans doute, ne fit attention à cette petite particularité ; elle sembla naturelle. Ce sont cependant les manifestations inconscientes des êtres vivants qui révèlent
le plus de leur âme.

La cérémonie terminée, les foules affluèrent vers
l'ossuaire.   Me tenant à l'entrée, je laissai défiler les
cinq cents Allemands. Ils passèrent les visages émus,
les lèvres serrées.   On voyait combien ils avaient été
touchés au cœur. Le lendemain, tous ceux que je pus
interroger dans la rue me le dirent en paroles expresses.
Ce qui les avait émus le plus, c'était cette volonté de
paix sincère, farouche même, du peuple de France,
volonté à laquelle jusque-là ils n'avaient pas voulu
croire, mais dont ils étaient maintenant convaincus.
Quand ces hommes, venus de tous les coins de l'Allemagne, raconteront, chacun dans son petit pays, ce
qu'ils ont vu et vécu, une grande étape dans la voie
vers la victoire de la paix sera franchie. Ils ne cessèrent d'ailleurs de répéter : « Pourvu que cette stupidité ne recommence pas ! » et ce à l'encontre des
Italiens, qui, même à Verdun, feignirent de vouloir
glorifier la guerre. En effet, nulle part comme ici, on
ne peut se rendre compte de la stupidité de la guerre.
Il faut avoir vu cette ville détruite et réédifiée, ces
villages détruits et non réédifiés, toute cette campagne
désolée, parsemée d'entonnoirs, de blockhaus, de barbelés, abandonnée à tout jamais à la mort, parce qu'il
est trop dangereux d'y travailler, pour comprendre
toute la bêtise de la destruction. Et alors une lueur

point, un faible espoir naît : Des hommes raisonnables
ne pourront recommencer pareille stupidité.

* *

On sait combien il est difficile de faire marcher des
Français en colonnes rangées, surtout cette catégorie
de Français. Ils ne veulent même pas se conformer
aux heures fixes d'un programme. Ainsi, toute la nuit,
des masses combattantes montèrent en pèlerinage vers
l'ossuaire de Douaumont. Il fallut répéter la cérémonie
deux fois. D'aucuns veillèrent la nuit entière sans se
soucier du froid et des averses, car ce fut plutôt une
nuit d'automne que de juillet. Il commença à faire jour
quand tout fut fini.

On descendit dans la plaine en prenant, derrière
l'ossuaire, le vieux chemin des relèves. On y passe devant la « tranchée des baïonnettes ». Tout un détache-
ment, prêt à sortir de la tranchée pour l'assaut, baïon-
nette au canon, y a été enseveli d'un seul coup. Toutes
droites, les baïonnettes sortent de la terre. Pour res-
pecter cette sépulture terrible, on s'est borné à l'abriter
sous une sorte de sanctuaire. Plus on descendait et
plus les esprits commençaient à se détendre. Un tel se
rappelait combien de fois il avait fait ce chemin, soit
en montant, soit en descendant, emportant à l'aller
comme au retour tout son « barda » de tranchée sur le
dos ; tel autre racontait qu'il avait été descendu sur
un brancard. Tantôt l'un tantôt l'autre se risquait à
raconter une petite blague de la guerre. Le vent ne
cessait pas de jeter à la figure des pèlerins nocturnes
ses rafales répétées.

Tout un programme avait été prévu pour le lendemain matin, mais la pluie en rendit l'exécution impossible ; ce qui fut fort heureux, car l'impression de la
nuit en aurait été diminuée.

Vers onze heures, les délégations étrangères déposèrent des couronnes au Monument aux Morts de Verdun. C'est un des plus beaux que je connaisse. Cinq soldats, dans la tenue un peu irrégulière des tranchées, chacun représentant une arme, se tiennent debout l'un à côté de l'autre ; leurs visages éprouvés, résolus, mais point du tout « héroïques », semblent répéter la fameuse phrase : « Ils ne passeront pas ». Lorsque les Allemands se tenaient devant le monument, des combattants français, gens du peuple, se mêlaient parmi eux pour leur exprimer, par des gestes plutôt que par des paroles, leur joie de les voir là. « Plus jamais ça ! » dirent-ils d'un ton moitié interrogatif, moitié affirmatif.

La petite cérémonie terminée, une réception eut lieu à l'Hôtel de Ville de Verdun, beau monument du dix-huitième siècle que les obus ont épargné. Après une évocation émouvante du maire juvénile de Verdun, les membres des délégations prirent la parole. Toutes sortes de gens y affichèrent leurs petites vanités. Qu'est-ce que les Portugais faisaient à cet endroit ? Verdun fut la lutte entre le soldat allemand et le soldat français, lutte acharnée, haletante, poitrine contre poitrine, qui a prouvé que l'un valait l'autre. Les autres auraient dû s'incliner et se taire. Dans toutes les manifestations pareilles on retrouve de ces gens, toujours les mêmes. Un Allemand prit aussi la parole pour affirmer, en mots simples et non recherchés, la volonté de paix de son peuple. A la fin, le Ministre des Pensions, Rivière, mutilé de guerre, fit un discours simple, bref, plein d'idées. Il prit comme devise celle du « Chant de la Cloche », de Schiller : « Vivos voco, Mortuos plango, Fulgura frango ». Cela devait être aussi la tâche de la cloche de Douaumont. Elle avait appelé les vivants et ils étaient accourus par milliers et milliers, tandis qu'elle plaignait les morts jour et nuit ; maintenant que l'horizon était de nouveau assombri de

nuages menaçants, elle devrait briser les coups de
foudre. Ensuite il parla du Droit à la Vie, et comment
la technique mettait tous les biens à la disposition des
peuples, de sorte qu'il n'y avait plus de sens de se les
envier. Il termina, en reprenant pour son compte et au
nom du gouvernement français, le Serment de la Paix.
Un ministre du front populaire échangeant des décla-
rations pacifiques avec des Hitlériens, cela fut aussi
un moment mémorable.

Après un repas en commun des chefs des délégations,
un certain nombre d'Anciens Combattants français et
allemands se rendirent au cimetière allemand de Ville-
devant-Chaumont, qui se trouve dans un petit vallon,
appuyé contre le flanc de la colline, dans une solitude
complète. Très bien dessiné, merveilleusement entretenu, il laisse une impression profonde. Entre les rangées de tombes, les rosiers étaient encore en fleurs.
Sur la demande d'Henri Pichot, Français et Allemands,
sous la pluie battante, chantèrent la première strophe
de « Ich hatt' einen Kameraden ». Le texte se trouve
dans tous les livres d'allemand des écoles françaises.
Pareille chose ne s'était encore jamais vue.

Et cette manifestation pacifique aurait été pour
rien ? N'aurait été qu'une geste vain ? On se refuse à
le croire.

Au fond, cette veillée de Verdun qu'a-t-elle représenté ?

Une grandiose cérémonie religieuse d'un peuple
censé irreligieux ;

Un pèlerinage de milliers et de milliers d'hommes,
venus de tous les coins de l'Europe, n'ayant craint ni
un très long voyage, ni les frais, ni la fatigue, pour
faire, dans un lieu sacré entre tous, un vœu, pour prêter un serment, en croyant fermement qu'ils sauve-
raient ainsi la paix ;

Un immense acte de foi de masses anonymes, meurtries dans leur chair et dans leur âme.

* * *

Il ne faut pas mesurer la portée d'un tel acte d'après les effets immédiats, mais il faut songer que dans l'histoire de l'humanité la FOI a toujours été la plus grande puissance.

V

PSYCHOLOGIE DE RÉUNION POPULAIRE

Quiconque désire apprendre à connaître la France, en dehors de Paris, choisira, pour une de ses premières excursions, Rouen, capitale de la Normandie, la ville du moyen âge, la ville-musée, avec ses clochers, ses vieilles rues et ses vieilles maisons.

On a appelé Rouen le Nuremberg français, mais, en vérité, les gens de Nuremberg diraient sans doute : « Nous aimons mieux notre ville bien entretenue, propre, et où tout respire la richesse des vieilles villes impériales. Regardez, s'il vous plaît, la façade de la Cathédrale, comme elle est irrégulière, négligée, rongée par les intempéries ! » A quoi les Rouennais répondront : « C'est précisément ce qui nous déplaît dans vos villes médiévales qu'elles aient l'air de musées qu'on entretient savamment et où les objets sont tous les jours soigneusement époussetés. Vous vous appliquez à conserver un aspect de vie à une momie, alors que chez nous, nous estimons que ce qui a vieilli a le droit d'avoir l'air vieux. La vieillesse n'exclut pas la vie. »

Un journaliste allemand a raconté, un jour, comment il avait suivi, à Chartres, un jeune couple de ses compatriotes en voyage de noces. Consciencieusement, les jeunes gens avaient visité, à l'aide du Bædeker, l'immense œuvre sculpturale d'un bout à l'autre. Arrivé à la fin, la mariée avait résumé son jugement dans les deux mots laconiques : « Alles verwittert » (tout rongé). C'est bien allemand, car le goût allemand exige que toutes les choses aient toujours un aspect neuf. Le meilleur exemple en est fourni par la façon dont les nombreuses églises romanes de Cologne sont restaurées. Pour un Allemand, il est presque impossible d'apprécier la beauté majestueuse d'un monument délabré comme l'est, par exemple, l'église abbatiale romane de la Charité-sur-Loire, un des monuments pourtant les plus grandioses de l'art roman.

Certes, à Rouen, tout n'est pas délabré ni rongé, tout au contraire. On ne devrait point commencer la visite de Rouen par la cathédrale, ou alors on devrait l'approcher non point de face, mais par une des portes latérales, le Portail de la Calende ou celui des Libraires, qui tout en datant du quinzième siècle ont gardé un aspect presque neuf, avec une richesse abondante de statues et d'ornements. On y trouvera un ensemble de plus de 350 médaillons sculptés en pierre, relatant la vie des Saints et représentant des scènes de tous les jours. Dans les églises gothiques, ces médaillons sont toujours particulièrement instructifs, parce que les sculpteurs pouvaient donner libre cours à leur imagination et s'occuper de sujets moins élevés et plus familiers à leur ciseau. Et quand on entre dans la cathédrale par un de ces portails, on a une impression profonde de la grandeur sublime de la nef. Le chœur est orné de nombreux monuments remarquables et de vitraux du treizième siècle d'une beauté extraordinaire. L'un d'eux, donation de la corporation des poissonniers, montre dans un coin un marchand de poissons avec sa baladeuse dans les rues de Rouen et les

bonnes bourgeoises accourant pour faire emplette :
passé vivant.

Mais le monument qu'on devrait visiter le premier
à Rouen, c'est le Palais de Justice, bijou de l'art
gothique du quinzième siècle, l'un des édifices profanes
les plus beaux et les plus grands que ce style ait produit lorsqu'il fut arrivé à sa dernière perfection technique. Il y a de nombreuses cathédrales magnifiques
en France, dont certaines dépassent en beauté celle de
Rouen, mais il n'y a aucun monument profane qui
puisse égaler le Palais de Justice. A l'intérieur, il faut
voir les grandes salles aux riches plafonds en chêne,
sculptés dans la masse : rien n'est collé, rien n'est appli-
qué. Dans la grande salle du Parlement, — on nom-
mait Parlement jusqu'à la Révolution les cours de justice suprêmes, — on peut admirer les gros piliers en
chêne sculpté, sur lesquels reposent les poutres, et on
peut se rendre compte que ces piliers sont des troncs
de chaîne massifs montés tels qu'ils étaient arrivés de
la forêt et auxquels le sculpteur n'a donné leur forme
que sur place. Il faut voir encore les églises de Saint-
Maclou et de Saint-Ouen, la Tour de l'Horloge. Il
faut monter avec le tramway sur les hauteurs d'où l'on
admire le panorama grandiose de la vallée de la Seine,
le fleuve majestueux, la ville coincée entre l'eau et les
collines qui l'environnent.

Rouen, au fond, est le contraire d'une ville-musée ;
sa richesse en monuments du moyen âge ne l'empêche
pas d'être une ville moderne. C'est avant tout un des
plus grands ports de France que les grands bateaux
peuvent atteindre avec la marée montante et un grand
centre industriel pour le tissage du coton, dont une
branche est désignée sous le nom spécial de « Rouen-
nerie ». De même qu'à Paris, l'ancienne ville est
habitée par une population bourgeoise, alors que les
villages des alentours hébergent une population

ouvrière très radicale dans ses opinions politiques. Comme Paris, Rouen est entourée d'une banlieue rouge, et il existe une forte tension entre la ville et les faubourgs.

* * *

Pour le 15 juin 1932, le Cartel de la Paix de Rouen avait organisé une grande réunion publique dans le Cirque, lequel peut contenir de trois à quatre mille hommes. Le Cartel de la Paix de Rouen était à ce moment-là le plus nombreux de France, comprenant trente-trois associations diverses. On voulait manifester en faveur de la paix et de la bonne entente entre les peuples. Le grand orateur de la journée devait être Jouhaux, secrétaire général de la C.G.T., un des hommes les plus importants de France, pas moins haï, à ce moment, des communistes que des « bien pensants ». Un des membres du Comité du Cartel de la Paix, un Ancien Combattant qu'un hasard m'avait donné comme voisin dans un banquet, m'avait demandé si j'aurais le courage de prendre la parole à cette occasion. Cela lui parut osé, mais il pensait qu'on pourrait le risquer, si je n'avais pas peur. C'était peu après la chute du ministère Brüning en Allemagne. L'opinion publique française était fort montée contre le gouvernement «des barons». «C'est la guerre ! » avait-on dit, comme tant de fois au cours des dernières années.

Le risque, en effet, s'avéra plus grand qu'on ne l'avait prévu. Les ligues patriotes, Croix de feu et Briscards, les Camelots du Roy protestèrent publiquement, dans les journaux et par des affiches, contre cette aberration de laisser parler un Allemand à Rouen, à l'heure où l'Allemagne « préparait sa revanche ». Ils sommèrent l'Administration d'empêcher un tel scandale, faute de quoi... Le député-maire de Rouen, M. Métayer, refusa de céder à la pression, mais me fit prier d'éviter tout ce qui pourrait exciter les esprits.

Lorsque la soirée fut venue, le Cirque était archi-plein longtemps avant l'heure. Le centre était occupé par les troupes du Cartel de la paix. On n'y avait rigoureusement admis que des amis sûrs. On n'avait pas oublié le grand scandale du Trocadéro, où, en automne 1931, les Camelots du Roy avaient pu saboter la grande manifestation pacifiste internationale, parce qu'on y avait vendu des places numérotées et que les camelots avaient acheté en bloc toutes les places à pro-ximité de la tribune des orateurs. On était devenu prudent : il ne fallait pas d'adversaires près des ora-teurs ! Les galeries étaient occupées par le peuple des faubourgs.

Devant les entrées les Croix de feu distribuaient des papillons protestant contre la venue à Rouen d'un Allemand, qui ferait mieux de prêcher la paix en Alle-magne qu'en France où tout le monde était pacifique. Et les communistes, de leur côté, protestaient avec la dernière énergie contre la venue de Jouhaux, dans le-quel ils voyaient un traître à la cause ouvrière. Voilà de belles perspectives !

A l'intérieur du cirque régnait un bruit d'enfer. Per-sonne ne prêta attention quand l'assemblée fut déclarée ouverte. La courte harangue lue par le président du Cartel de la Paix, un vieillard de 80 ans, se perdit dans le vacarme. A cette époque, l'emploi des hauts-parleurs n'était pas encore généralisé : il fallait dominer une assemblée par sa voix. Depuis, il est devenu beaucoup plus facile de parler en public.

Deux membres du Comité lurent encore des décla-rations pour expliquer le but poursuivi par les organi-sateurs de la soirée. On ne les écouta pas. Puis ce fut mon tour.

En France, il n'y a pas de chaire pour l'orateur. Lire un manuscrit devant ce public houleux est chose impossible. On est là debout au bord de l'estrade, devant la table où s'est installé le bureau dont la formation est exigée par la loi. On a une petite fiche dans le creux de la main contenant quelques mots significatifs, sorte de mots de réplique comme au théâtre, et puis en avant ! A moitié fait qui bien commence.

Lorsque je m'avançai, les amis, placés autour de l'estrade, m'accueillirent par une salve d'applaudissements. Dans la salle, le public commença à faire attention. Peu à peu le bruit s'apaisa. Mais il me fallut recommencer à trois reprises avant que ma voix, assez forte de nature, réussît à dominer le vacarme. Puis, soudain, le silence se fit. C'était le moment décisif : l'orateur gagne alors son public ou il est perdu. S'il réussit à s'imposer, il pourra parler à son aise ; on le suivra ; sinon — et une petite maladresse peut tout compromettre — ce ne sera pas la peine d'insister.

J'ignore ce qui serait arrivé si un jeune Croix de feu n'était pas, bien involontairement, venu à mon aide. Quand je m'adressai à l'assemblée avec l'apostrophe traditionnelle : « Mesdames, Messieurs, mes chers camarades », il cria d'une voix stridente : « Ah non ! Pas ça ! »

Toutes les têtes se retournèrent vers lui. Comment ? Un ancien combattant allemand n'aurait pas le droit d'appeler camarades les combattants français ? C'était trop fort ! Le service d'ordre se précipita vers l'interrupteur et l'entraîna au dehors, bien qu'il se débattît des pieds et des mains. On fit subir le même sort à quelques autres. La galerie était dans les transes. Puis un silence s'établit comme dans une église et tout le monde arrêtait son souffle anxieux de ce qui allait suivre.

Je répétai simplement la même apostrophe et j'ajoutai : « J'ose quand même vous appeler camarades et je suis fier d'être votre camarade ! » Les amis applaudirent et quelqu'un eut la présence d'esprit de crier :

« Un ban ! » Ce mot, comme une étincelle, alluma l'enthousiasme. Le public tout entier fit ces applaudissements rythmés de la façon spéciale appelée un ban en France, et la bataille était gagnée. Après il y eut la « Stimmung » nécessaire et j'aurais pu dire tout ce que j'aurais voulu : condamner le traîté de Versailles, dénoncer Clémenceau et Poincaré, le succès était acquis d'avance. Mais je me rappelai la promesse faite au maire et je m'en tins à ma petite fiche.

Qu'est-ce qui avait fait pencher la balance en ma faveur ? Ceci : qu'un superpatriote m'avait offensé, car, pour le public, cette interruption avait été une offense, un manquement au devoir de la politesse envers un étranger et, qui plus est, une injustice. Dès que le peuple en France est témoin d'une injustice, il se lève et prend parti pour celui qui en est la victime. Peu importe si la cause et même l'homme lui sont sympathiques. J'étais, il faut le dire, le premier Allemand venu à Rouen depuis la guerre et le public était curieux de voir et d'entendre cet homme. Cela n'arrive pas tous les jours. On était quitte à manifester son mécontentement après, mais il fallait laisser parler ce « boche ».

Qu'est-ce qu'on doit dire à une telle occasion ?

Des choses simples, exprimées en paroles simples. Des phrases brèves et claires. Pas de périodes artificielles où un étranger s'égarerait à coup sûr. Des comparaisons frappant l'imagination.

« On m'a reproché de venir en France prêcher la paix alors qu'on prétend que l'Allemagne prépare la guerre de revanche. Mais je ne pense pas même à vous prêcher la paix. Je connais assez la France pour savoir qu'elle ne veut pas la guerre.

« Ce que je veux et ce que je crois nécessaire, c'est de vous faire comprendre ce qui se passe en Allemagne. De vos journaux vous ne l'apprendrez pas. Je ne me suis jamais occupé de politique et ce n'est pas un programme de parti que je viens développer et pour lequel je fais de la propagande. Les dogmes et les théories ne m'intéressent pas. Je m'adresse à votre bon sens et à votre sentiment naturel, en homme qui a fait la guerre et qui ne veut pas que ses enfants vivent ce qu'il vécu.

« On vous fait peur de la volonté de revanche de l'Allemagne. Et vous, en France, après 1871, vous n'avez pas connu de mouvement de revanche ? Qui reçoit une gifle veut la rendre. C'est une réaction instinctive. Seuls des hypocrites peuvent s'en scandaliser. Mais de là à vouloir une nouvelle guerre, il y a loin.

« Qu'est-ce qu'il y a entre nous ? la méfiance ! la méfiance nourrie de malentendus. Un mur de malentendus, toute une montagne s'élève si haute entre nous que nous n'arrivons plus à nous voir. Rappelez-vous ce qu'on vous a raconté au début de la guerre sur le soldat allemand ! Et quelle était la réalité ? Nous ne nous connaissons pas, c'est de là que vient tout le mal. Le mur est trop haut. Ainsi les bourreurs de crâne ont beau jeu.

« On vous raconte que le peuple allemand attend avec impatience le moment de se ruer de nouveau sur la France. Et à nous on dit : « Voyez la France avec sa volonté diabolique d'anéantissement ! Non contente de nous avoir vaincus, elle voudrait nous rayer du monde, si elle le pouvait. Clémenceau n'a-t-il pas dit qu'il y avait vingt millions d'Allemands en trop ? » Voyez cela un peu.

« En Allemagne il n'y a personne qui ne comprendrait qu'une nouvelle guérre entre nos deux peuples serait la fin de la civilisation européenne. Le paysan allemand n'est pas autrement fait que le paysan français : il rêve de labourer son champ en paix et de réaliser quelques petites économies pour la vieillesse. Si vous pouviez venir avec moi traverser les campagnes allemandes, vous le verriez bien. Croyez-vous qu'il existe quelque part un paysan qui veuille partir pour la guerre fraîche et joyeuse ? Ce sont des bêtises de jeunes gens. Le paysan haït la guerre.

« Vous représentez-vous un peuple avec six millions de sans-travail ? Je dis bien : six millions. Ce sont, additionnées, les populations de Paris, de Lyon et de Marseille ; les habitants des trois plus grandes villes de France réunis et condamnés à se croiser les bras et se laisser entretenir par le reste du pays. Voyez-vous cela comme possible en France ? Seul un peuple aussi patient et aussi discipliné que le peuple allemand est capable de supporter un tel état de choses.

« L'Europe est devenue trop petite pour une guerre intérieure. Ce serait une guerre fratricide. Dans le temps, l'Europe était grande. A cette époque, la France était divisée en plusieurs Etats qui se faisaient la guerre entre eux. Le duc de Normandie luttait contre le roi de France, de même que le duc de Bourgogne. Il y avait une frontière entre Rouen et Paris, et c'était un voyage de plusieurs journées pour aller de l'une à l'autre ville. Aujourd'hui le train rapide fait le trajet en une heure vingt. L'Allemagne aussi était un vaste empire. Il n'y a pas plus de 70 ans que des Etats allemands se faisaient encore la guerre entre eux. Aujourd'hui cela est devenu inconcevable. L'Allemagne n'est plus qu'un tout petit pays. Les aviateurs le survolent du nord au sud et de l'est à l'ouest sans même mettre pied à terre.

· « L'Europe est comme une maison aux appartements devenus trop étroits. On n'y change rien en se querellant. Il faut être raisonnable et s'arranger tant bien que mal.

« Actuellement (en juin 1932) il y a la conférence de Lausanne. Il faudra trouver une solution. On a imposé à l'Allemagne, comme indemnité de réparations, des chiffres astronomiques, le tout payable en or. Ç'eût été très bien si l'Allemagne possédait des mines d'où extraire cet or. Mais où doit-elle le prendre ? Elle a voulu organiser son industrie afin de pouvoir se le procurer par l'exportation, mais on ne lui achète pas ses marchandises. Et maintenant on lui reproche même la rationalisation de son industrie.

« La question des réparations sera réglée un jour, et après que restera-t-il entre nous ? Toujours la méfiance ! Ah ! dit-on en France, l'entente, l'union même entre les deux pays, certes ! elle seule pourrait garantir la paix en Europe ! Qui oserait la troubler si nous deux tirons à la même corde ? Mais vous ? Peut-on se fier à vous ! Voilà où gît le lièvre ! Vous voulez qu'on vous remette sur pieds et puis vous allez tomber par-dessus nous ou par-dessus nos alliés. Cela ne peut aller. L'entente avec la France ? dit-on en Allemagne, très bien, nous ne demandons pas mieux ! mais puisque les Français ne veulent pas ! Qu'ils ne veulent pas renoncer à l'hégémonie en Europe ! Cela ne peut aller.

« L'une se méfie de l'autre. Et cependant il y aurait une base pour une confiance mutuelle : l'estime. Pas de confiance sans estime réciproque. Partout où je viens en France, je constate l'estime devant ce que le peuple allemand a accompli pendant et après la guerre. Y a-t-il eu de la haine entre les soldats dans les tranchées ? C'est ridicule à penser. Toi, camarade, dans ton trou plein de boue, as-tu haï le « boche » de l'autre côté du fil de fer barbelé ? Jamais je n'ai entendu parler un camarade français autrement qu'avec estime de ses adversaires allemands.

« Il est vrai que pour avoir de la confiance, il faut avoir du courage. C'est le courage qui manque aux hommes d'Etat. Il nous faudrait des hommes téméraires et qui fussent capables de se défaire du passé pour travailler la main dans la main. Les peuples — ne croyez-vous pas ? — les peuples suivraient ! »

Le « Journal de Rouen », feuille de droite, dut constater que de longs applaudissements avaient suivi le
discours de l'orateur allemand, en mentionnant : « L'assemblée se lève et fait une ovation à l'orateur. »

Si ce jeune superpatriote n'était pas venu à mon
aide, qui sait comment cela aurait tourné ? Car on
peut tuer un orateur par des interruptions, et plus
elles sont froides et objectives plus elles sont dangereuses. Et un étranger est impuissant contre les interruptions qu'il ne comprend toujours pas et qui le
déconcertent.

Lorsque l'orateur suivant, Jouhaux, prit la parole, il
fut accueilli par les sifflements et les huées de la tribune. La foule était déchaînée. Pendant tout le temps
de son discours, les interruptions ne cessèrent un instant. Rompu aux discussions tumultueuses, Jouhaux
para les interruptions par des réparties habiles, même
spirituelles, mais en vain. Sur la galerie, des femmes
crient sans cesse ; le bruit devient si grand que même
sur l'estrade on ne comprend plus l'orateur. Jouhaux
cependant ne cède pas. Il termine son discours, en
l'abrégeant peut-être. Il restait très calme pendant tout
ce temps : de pareils incidents devaient lui être familiers.

Il y eut un troisième orateur. La galerie lui fit le
même accueil parce qu'il était député socialiste. Mais
il parla au nom de la Ligue des Anciens Combattants
pacifistes, et aussitôt qu'il aborda le thème des relations franco-allemandes le silence se fit.

La tempête reprit lorsque le maire de Rouen fit son
apparition à la tribune. Il était venu se renseigner sur
la façon dont la réunion s'était passée ; il voulait aussi
voir cet infortuné Allemand qui lui avait causé déjà
tant de soucis. Mais l'orage passa vite et l'orateur
pacifiste put continuer. Quand, dans une envolée vi-
brante, il demanda que la hache de guerre fût enfin

enterrée pour ne plus servir entre Français et Allemands, l'assemblée applaudit à tout rompre.

Lentement la salle se vida. De petits groupes de
communistes restèrent sur la galerie en chantant l'Internationale : personne n'y fit attention. Les organi-
sateurs avaient passé de mauvais moments, mais « tout
est bien qui finit bien ».

* * *

Psychologie d'un meeting populaire ? Certes ! Mais
autant psychologie du peuple français. Aucune question
n'intéresse l'homme du peuple autant que celle de la
paix. Et le peuple français, dans toutes les provinces,
en Normandie aussi bien qu'en Bourgogne, dans le
Nord comme dans le Midi, est impatient d'avoir enfin
une paix véritable. Qu'est-ce que cette sorte de paix
que nous avons ? dit-on. Elle ne mérite pas même son
nom ! C'est un état de méfiance armée derrière lequel il y a toujours la menace et le spectre de la mobilisation. Voilà pourquoi des hommes de toutes nuances
politiques ont attentivement écouté quand le problème
franco-allemand, problème crucial de la paix, était
discuté devant eux, parce que l'exposé fut fait objec-
tivement et avec des arguments de bon sens. Aussitôt
cependant que les dogmes politiques s'en mêlèrent le
charme fut rompu.

Des trois orateurs, Léon Jouhaux était de beaucoup
le plus brillant : un vrai tribun du peuple. C'est lui
justement qu'on ne laissa pas parler, parce que sa personnalité porte le sceau de la politique. Or, le peuple
de France est las des querelles de parti.

VI

LE PARDON DES TERRE-NEUVAS

C'est le midi de la vieille Gaule, la « provincia Nar-
bonensis », sur la côte de la Méditerranée, qui, sous la
domination romaine, avait commencé à se développer
le plus tôt et avait atteint le plus haut niveau de culture. C'était la perle parmi les provinces romaines, la
Province tout court, et ce nom de « Provence » lui est
resté à travers les siècles. Rien d'étonnant que les
témoins du temps passé y foisonnent.

Mais s'il est vraiment, comme nous l'avons soutenu,
un des traits caractéristiques de la France de conserver
le passé vivant, ce trait doit se montrer là aussi où il
n'existe pas de tradition ininterrompue, là où la continuité de la vie et de l'activité humaine a été un temps
suspendu et où d'autres hommes, par la suite, ont commencé une vie nouvelle. C'est le cas de la Bretagne.

Du fait qu'en Bretagne la vieille langue celtique s'est
maintenue, beaucoup d'hommes sont induits en erreur
en croyant que c'est dans cette contrée que le passé
gaulois s'est le mieux conservé. Un jugement superficiel feint d'en trouver la confirmation dans les monuments gigantesques de pierre nommés Menhir, qui sont
érigés en Bretagne par centaines, par milliers même, en
des alignements réguliers, sans que nous en connaissions
la signification exacte, sans que nous sachions à quoi
ils servaient ni comment les hommes de l'âge de pierre
avait la possibilité technique de les dresser.

Cette opinion, nous l'avons dit, est erronée. La
presqu'île « Armorica », ce qui en celtique veut dire :
« à la mer », se trouva, au cinquième siècle de notre

ère, entièrement dépeuplée et tellement vide d'hommes que pas même les vieux noms de lieux et de rivières n'ont été transmis à la postérité, noms qui pourtant se maintiennent en général, même là où il ne reste ni monuments, ni documents, témoignant de la vie des ancêtres.

Dans ce pays vide et désert arrivèrent, aux cinquième et sixième siècles, par la mer, des clans et des groupes de Bretons d'Angleterre qui fuyaient devant l'invasion des Angles et des Saxons. Ce sont eux qui ont recommencé à peupler et à coloniser le pays. Il est vrai qu'ils parlaient une langue celtique, mais cela ne prouve point qu'ils étaient des Gaulois, race de laquelle les auteurs romains nous ont donné des signes physiologiques tout à fait différents. En tout cas aucune relation n'existe entre eux et les Gaulois de César, ni avec le peuple des menhirs. La rupture entre l'antiquité et les temps nouveaux est nette et complète.

Chose curieuse, c'est la Bretagne qui est de nos jours la province la plus conservatrice de France ; même la langue celtique s'y parle encore. Cela semble bien prouver qu'au fond de cette conservation des choses passées en France il y ait une sorte de climat spécial, indépendant des hommes, semblable au « climat » de certains lieux où les cadavres ne se décomposent pas, tel ce fameux cimetière de Bordeaux. Seulement le passé, qui est resté vivant en Bretagne, ne remonte pas plus loin qu'à la période « des migrations ». On n'y trouve pas de théâtre romain resté affecté aux jeux publics depuis deux mille ans, ni l'assolement biennal du début de l'agriculture.

Rien de meilleur pour se faire une idée de la force conservatrice de la Bretagne que d'aller voir le Pardon des Terre-Neuvas. C'est une expression curieuse qui ne laisse pas deviner, à première vue, ce qu'elle cache. En Allemagne, on appelle Terre-Neuvas (Neufundländer)

une race de chiens ; et les Terre-Neuvas, à qui par-
donnent-ils ?

Il y a quatre siècles, en 1534, Jacques Cartier, un
grand capitaine de Saint-Malo, port breton, découvrit,
au-delà de l'Océan Atlantique, une terre nouvelle qu'il
appela « Terre-Neuve ». Les Anglais en ont fait « New-
foundland » ce qui veut dire : la terre nouvellement
trouvée ; de là vient le nom allemand « Neufundland ».
Pendant le même voyage, Jacques Cartier, dont l'effi-
gie a été répandue en 1934 sur des timbres-poste français, découvrit le Canada. Il remonta le Saint-Laurent,
prit possession de la terre au nom du roi François ᴵᵉʳ
et y fonda la première colonie. L'anniversaire, quatre
fois centenaire, en a été célébré avec grande solennité.
A cette occasion, les Français, ignorant en général ce
qui ne les touche pas de près, ont découvert, à leur
grand étonnement, une partie détachée de leur peuple
qui s'était multipliée sur un autre continent, tout en
gardant les traits essentiels de ce que fut le peuple
français il y a deux ou trois siècles.

Un commerce actif entre la France et les terres
nouvellement acquises ne tarda pas à se développer.
Les navigateurs avaient été frappés par l'abondance
du poisson dans les eaux de Terre-Neuve, notamment
sur le grand banc de Terre-Neuve. Dès 1536, un voilier
de Saint-Malo y mouilla pour pêcher. C'est le début de
cette pêche qui ensuite augmenta d'année en année, de
lustre à lustre, de siècle à siècle pour atteindre son
apogée au début du XXᵉ siècle, peu avant la guerre
mondiale. Elle devint une source incomparable de
richesse pour cette ville de Saint-Malo, qui est restée
le port d'attache des voiliers terre-neuvas. An par an,
depuis quatre siècles, les hommes s'en vont au commencement de mars sur leurs trois-mats-goélettes, à
travers l'Océan, pour ne revenir que fin octobre. Tout
l'été ils restent sur la mer. Quelle école de discipline,

d'abnégation, de courage et de dur travail ! Faut-il
s'étonner, dans ces conditions, que les Bretons soient
devenus les meilleurs marins de la France ? Cependant,
primitivement, ils n'étaient point marins, mais paysans,
exactement d'ailleurs comme les Anglais, peuple de
paysans eux aussi, qui n'ont appris le métier de navigateurs que sous la reine Elisabeth, incités par les
succès des Portugais et des Espagnols.

Avant le départ, quand tous les « Terre-Neuvas »
sont rassemblés au port de Saint-Malo, les pêcheurs
reçoivent, le dernier dimanche du mois de février, le
pardon de l'Eglise pour leurs péchés. C'est cela le
Pardon des Terre-Neuvas.

*　*　*

L'homme naïf ne peut jamais se former une idée
vivante de ce qui fut jadis. Une fois passées, les choses
perdent leur réalité et entrent dans le domaine des
documents et des monuments ; les hommes se transforment en statues. Qui de nous réussit à se représenter les personnages historiques en chair et en os,
trépignant de vie, doués d'un cœur comme le nôtre,
tantôt fier, tantôt découragé, tantôt transporté de joie
et d'espoir, tantôt affligé jusqu'à la mort ? Pourtant
eux aussi, selon la parole de Bouddha, n'ont fait
qu'« aspirer à la joie et craindre la douleur ». Les
voluptés et les peines de la vie leur semblaient bien
plus importantes que ces « actions historiques » dont
ils étaient, souvent malgré eux, les acteurs ; nous, cependant, avons pris l'habitude de ne les voir que dans
ces rôles. Rappelez-vous donc le temps d'avant-guerre :
il n'y a guère plus de vingt ans de cela ! Lequel de
nos jeunes peut se faire une idée juste de ce beau temps
où l'on voyageait à travers le monde entier libre
comme un oiseau, sans papiers ni documents ? Où la
Russie des Tsars et la Turquie d'Abdul-Hamid étaient

décriées parce que ces pays étaient les seuls où il fallait encore un passeport pour y entrer ? Et de nos jours, quand les concurrents partent de Varsovie en ballons libres pour la course Gordon-Benett, ne faut-il pas, au préalable, munir leurs passeports de trente-deux visas pour parer à toute éventualité ?

A Saint-Malo, le jour du Pardon, le voile du passé paraît comme soulevé pour quelques heures. Le passé redevient présent et se révèle à nous dans un étonnant spectacle grouillant de vie intense, spectacle qui, pour les acteurs, n'en est pas un, mais une réalité. En vérité, ce passé ne diffère en rien du présent, ni le présent du passé. C'est ce qui en fait le charme. Tout y est comme autrefois : le paysage, les bateaux, la cérémonie solennelle, les hommes eux-mêmes. On n'y joue pas « au théâtre » dans des costumes garantis authentiques, soigneusement conservés pendant le reste de l'année dans des coffres-forts à l'abri des mites. Si à la Pentecôte, on donne à Rothenbourg le spectacle de la « Coupe magistrale », il est évident que tout n'est qu'un jeu : ni Tilly ni sa soldatesque ne menacent la ville d'incendie et de pillage, et le bourgmestre ne boit pas au-dessus de forces humaines pour sauver sa bonne ville. Mais ici, à Saint-Malo, les hommes que nous voyons se confieront, demain ou après-demain, sur des voiliers antiques, à la vague incertaine et mèneront pendant des mois une vie périlleuse d'une dureté extrême. Tout est resté exactement ainsi qu'il l'a été depuis quatre siècles. Tout est vivant, naturel, clair, on peut y toucher du doigt. Seulement, au lieu de dire mil neuf cent, on pourrait aussi bien dire dix-huit cent ou dix-sept cent et même seize cent, sans que rien d'essentiel n'en fût changé, excepté les habits.

C'est cela qui est extraordinaire dans cette journée du Pardon.

Les petits voiliers à trois mâts sont amarrés au quai en une longue rangée double et triple. Ils se présentent à nos yeux, tels que nous nous les étions imaginés quand, petits garçons, perdus au milieu du continent, nous dévorions, les joues brûlantes, les récits des grands aventuriers. Nous n'avions pas cru jusqu'à présent que cela existât réellement. Voilà le beaupré, les mâts, le foc, les vergues, les volants, les haubans, les échelles de corde, les hunes, la cambuse sur l'arrière-pont, la roue du gouvernail. Rien n'y manque. Tout à l'heure, dans la procession, nous verrons un ex-voto, vieux modèle d'un bateau ancien, la « Stella maris ». Il ne se distingue en rien des bateaux qui sont là, prêts à partir. Demain, ou dans deux semaines, ils s'en iront par petits groupes quand le vent sera favorable. Qui de nous n'a jamais rêvé de grimper un jour sur les vergues ? d'arriser les voiles quand l'orage menace ? de monter la garde dans la hune pour crier de toutes forces : « Terre ohé !!! » quand la côte de nos rêves émergerait des flots ?

Les hommes de ces bateaux ont des visages comme ceux des vieilles gravures sur bois. Et en effet, ils pourraient être aussi bien des hommes du temps de la Guerre de Trente Ans. Ils sont cependant aussi vivants que vous et moi. J'ai parlé à l'un d'eux qui a fait trente-deux fois le voyage et qui est parti pour la première fois à l'âge de treize ans. Son père était allé à Terre-Neuve quarante fois ; avant lui partirent ainsi le grand-père, l'arrière-grand-père. Ce marin qui causait avec moi, n'était pas vieux. Quand son père partit, jeune mousse, pour la première fois, ce fut sous le Second Empire ; le grand-père s'embarqua sous Louis-Philippe ; l'arrière-grand-père sous Napoléon Ier, et le bis-aïeul fit de même à une époque où personne.

dans ce pays, même dans les rêves les plus extravagants, n'aurait cru possible que la monarchie capétienne puisse un jour disparaître. Ainsi tous les ans, en mars, sur des planches fragiles, on franchit l'Océan, « le désert gris et salé », pour stationner tout l'été sur le banc de Terre-Neuve. Jour par jour, mois par mois c'est le même travail fatigant et monotone. Que la mer soit belle ou houleuse, il faut tendre des lignes et les relever (car le poisson se prend à la ligne et non au filet). Un bateau tend quinze cents lignes. La journée se passe en allant, à l'aviron, de l'une à l'autre, capturer le poisson qui a mordu et mettre un nouvel appât à l'hameçon. En automne seulement on rentre avec la pêche de tout l'été. Quelle vie dure, riche de privations et de dangers ! La notion même du temps s'y perd. Mais quel rythme grandiose et majestueux ! quelle longue haleine ! Comme nous sommes loin des ondes courtes et astmatiques qui font danser nos jours enfiévrés ! Voilà un rythme qui se berce en immenses vagues à travers des générations entières.

On comprend qu'une vie toujours en face de l'infini, épurée des sensations fébriles, doit former des hommes, qui, conscients de la fragilité humaine, ont dans leurs yeux une lueur de l'éternité, des hommes silencieux, difficiles à émouvoir, maîtres d'eux-mêmes, sobres, humbles, mais animés d'une force concentrée et « près du cœur de Dieu ». On comprend qu'ils veuillent être en règle avec Dieu avant de partir et qu'ils revendiquent la bénédiction de l'Eglise pour leur esquif, mais on comprend aussi que le départ soit précédé d'une grande foire qui dure trois semaines ; que ces hommes avant de quitter leur femme et leurs enfants ou leur fiancée demandent à vider le calice de la volupté encore une fois jusqu'au fond. Tout cela est humain, naturel, vivant, aucunement pathétique. C'est ainsi et il faut que ce soit ainsi.

Une trentaine d'hommes forment l'équipage d'un bateau. La moitié dort sous l'avant-pont, l'autre sous l'arrière-pont, serrés comme des harengs. Le ventre du bateau est rempli de tonneaux, vides au départ. On se nourrit, outre de poissons frais, de bœuf salé et de conserves de légumes. Le bateau emporte une provision de vin rouge (un litre et demi par jour et par tête). La nourriture est bonne, et doit l'être, pour que les hommes puissent endurer cette vie fatigante pendant de si longs mois. Le scorbut n'existe pas. Le capitaine, en général, est propriétaire ou co-propriétaire du bateau, dont la valeur s'élève à environ 300.000 francs actuels. La morue faisait jadis en France partie de la cuisine fine. Avec le hareng, c'était le seul poisson de mer qu'on put se procurer à l'intérieur du continent. La France fournissait tous les pays d'Europe en morue sèche. Le capitalisme n'a jamais pu mettre la main sur cette branche de l'économie ; les pêcheurs sont toujours partis pour leur propre compte et à leurs propres risques et périls, et jamais pour procurer des dividendes à des capitalistes indifférents. Le capital dont on avait besoin provenait de l'épargne. (Dans ce fait, qu'on retrouve un peu partout, réside pour une grande part la force de résistance de l'économie française en temps de crise.) Jamais non plus, il n'y a eu de grandes entreprises avec des directeurs et des administrateurs, ni tout un appareil coûteux. Par leur travail, les pêcheurs acquerraient une aisance modeste. A l'âge de 45 à 55 ans, après trente à quarante voyages, ils pouvaient se retirer. Le repos était bien mérité.

Pendant les années précédant la grande guerre, il y eut jusqu'à cent cinquante voiliers qui mettaient cap au large. Depuis la guerre, la pêche de Terre-Neuve est en recul. Notre époque préfère le poisson frais, que les wagons frigorifiques distribuent jusqu'aux plus

petits endroits du continent, au poisson séché qu'il
faut d'abord mettre à tremper pendant des heures et
même des journées.

* *. *

Lorsque par la paix d'Utrecht, en 1713, l'île de
Terre-Neuve fut cédée à l'Angleterre, le roi de France
se réserva le droit de pêche sur le grand banc de
Terre-Neuve avec, pour les pêcheurs, le droit d'aller
à terre et d'y sécher le poisson. De ce privilège naquit,
vers la fin du dix-neuvième siècle, un différend assez
sérieux entre la France et l'Angleterre, parce que les
pêcheurs bretons avaient commencé à prendre aussi
des langoustes, ce qui n'était pas dans leur charte, et
qu'ils avaient construit à Saint-Pierre-et-Miquelon une
fabrique de conserves, alors qu'ils n'avaient droit qu'à
des baraquements. Les habitants de Terre-Neuve
voyaient là une concurrence déloyale.

A cette époque il y eut toute une série de litiges
entre la France et l'Angleterre : Fachoda, le Siam,
Madagascar, Terre-Neuve. Les choses semblèrent devoir souvent s'envenimer et la guerre parut inévitable,
mais la bonne volonté d'hommes d'Etat intelligents
dans les deux pays réussit à les régler l'un après
l'autre. Ainsi furent jetés, sciemment de part et
d'autre, les fondements d'une amitié franco-anglaise
solide après tant de siècles d'hostilité héréditaire. C'est
la meilleure preuve que cette funeste « hostilité héréditaire » n'est point une fatalité à laquelle les peuples
ne peuvent échapper. Avec de l'intelligence et de la
bonne volonté, on arrive toujours à la transformer en
amitié et même en alliance. Dans le cas de Terre-
Neuve, la France renonça pour ses pêcheurs au droit
d'aller à terre et les dédommagea. Ils rapportent le
poisson salé dans des barils comme il fut fait depuis
toujours pour les foies.

Mais là est le seul changement qui ait eu lieu dans les habitudes des pêcheurs terre-neuvas au cours de tous ces siècles : tout le reste est demeuré tel qu'il fut à l'époque de la Réforme.

* *

Ces voiliers à l'aspect antique, ces hommes aux visages empreints du sceau de l'infini, il faut les avoir vus dans le cadre de Saint-Malo.

La ville de Saint-Malo a conservé son enceinte intacte de remparts, comme Avignon, comme Aigues-Mortes, comme Carcassonne, mais quelle différence d'aspect ! Ici, il n'y a pas de créneaux, pas de tours surplombant les murailles ; il n'y a qu'un mur aux lignes simples, mais haut, fort et d'une épaisseur formidable, mur fait de ce granit gris-vert sur lequel toute la cité est construite. Le mur ne fait qu'un avec son entourage. Deux ou trois portes seulement le percent. La porte principale est flanquée de deux tours colossales, dont la hauteur ne dépasse pas le mur. Du côté de la mer on voit quelques barbacanes et un fort construit sur une petite île. A la marée basse, on y va à pied sec. La ville est située sur un promontoire granitique rattaché à la terre par un isthme qui n'a que cent mètres de largeur. L'accès est protégé par le château fort des anciens ducs de Bretagne construit dans le même granit, puissant, entièrement intact et, dirait-on, indestructible.

Aigues-Mortes fait rêver des croisades, des Sarrazins, des chevaliers vaillants et des lieux saints ; Avignon évoque les troubadours et les cours d'amour. Les pierres de leurs remparts, en beau calcaire blanc, d'un appareillage impeccable, pourraient être démontées couche par couche et aussitôt servir à la construction de palais. Saint-Malo n'a rien de tout cela ; c'est la forteresse blindée, altière, inattaquable. On n'y rêve pas de galanterie ni de tournois, tout au plus de courses et de piraterie. Ses maisons ne s'accroupissent pas, timides et peureuses, à l'ombre du rempart comme celles d'Aigues-Mortes, mais s'élancent hautes et majestueuses, dépassant de beaucoup les murs qui les sanglent comme une ceinture un peu trop étroite. Ce sont des maisons de bourgeois riches et fiers, construites après un grand incendie ; elles aussi sont en granit, dans ce style sobre du dix-huitième siècle dont la beauté est dans les proportions, et qui, dans son objectivité, nous paraît si moderne. Et s'il prenait fantaisie aux Malouins de démolir leurs remparts, ce serait un dur travail ; quant aux mœllons, ils ne seraient bons qu'à être jetés à la mer.

Le Syndicat d'Initiative de Saint-Malo fait de la propagande pour sa cité en la présentant comme « Nid de corsaires ». Historiquement, c'est exact. Saint-Malo fut la ville des corsaires. De là, ils partirent au long cours, nantis d'une patente royale, et capturèrent tous les bateaux de commerce ennemis qu'ils purent. Ils possédaient des voiliers célèbres par leur rapidité. On s'imagine la joie qui régnait à Saint-Malo quand un corsaire rentrait, avec un butin d'une demi-douzaine de prises ! La course était la seconde source de richesses pour la bonne ville de Saint-Malo.

Néanmoins, ce nom de « Nid de corsaires » donne une idée fausse de Saint-Malo. On croit trouver un « nid », un amas de maisons avec des charpentes de bois et dont les pignons se touchent presque, des ruelles étroites, tortueuses et sales, sentant le poisson pourri. On trouve de ces quartiers à Rouen, à Caen, à Lisieux : on les cherchera en vain à Saint-Malo. Les rues y sont étroites, c'est vrai ! — au moyen âge, seule la Grand'Rue était assez large pour qu'une charrette pût passer, — mais les maisons de ces rues s'élancent droites et d'aplomb. Beaucoup sont de vrais palais bourgeois avec leurs quatre étages et leurs grands toits à la Mansard, courronnés encore de cheminées monumentales. Elles ont la hauteur de maisons de six étages.

Quand on fait le tour de la ville sur les remparts, qui sont comme une large esplanade, on n'a que l'embarras du choix pour admirer. Au-dehors, on est attiré par la vue sur la plage, sur les îlots et sur la mer : c'est un panorama plein de charme et de surprises et dont l'aspect change à chaque coin. Mais il n'est peut-être pas moins intéressant de se tourner vers l'intérieur de la vieille cité. Le regard y plonge dans des rues étroites comme des puits qui, à l'arrière-plan, sont dominés d'une élégante flèche gothique. On longe les maisons de ces rues à la hauteur du deuxième étage. On y voit de grands salons éclairés de lustres vénitiens et on devine de vastes cages d'escaliers aux montées somptueuses décorées de stuc et de plâtre. On ne se fatigue pas de cette promenade autour de la ville, tant le spectacle est varié et attrayant.

* *

L'image serait imparfaite sans les cérémonies de l'Eglise qui s'accomplissent dans ce cadre merveilleux ; elles aussi ont quelque chose d'éternel : elles sont du passé vivant.

Elles commencent par une messe dans la vieille église. Les fidèles sont entassés dans une nef romane, trapue et lourde, aux voûtes d'arêtes massives supportées par des piliers carrés en granit, comme tout ici. Avec cette nef sombre, le chœur élégant, haut, éclairé par de larges baies, forme le plus étonnant des contrastes ; il est du style gothique du quatorzième siècle. Aux pénitents la nef, aux élus ce chœur tout rempli de lumière, ce sanctuaire, vraie habitation digne de Dieu ! Ajoutez à cela le jeu des orgues, le chant de la maîtrise, les sonneries du clairon, les litanies psal-

modiées, les volutes de l'encens ! Un archevêque monte
l'escalier tournant de la chaire en relevant sa robe ;
derrière lui, sur les marches, s'installent des enfants
de chœur. Il parle de la barque fragile qui nage entre
les deux infinités : la mer en bas, le ciel en haut. Cette
barque n'est-elle pas le symbole de la vie humaine ?
Devant l'infini, tout ce qui est de ce monde, tout ce qui
est passager devient petit. Suspendu au-dessus de
l'abîme, qui chaque jour peut l'engloutir, l'homme se
voit rejeté sur les vérités éternelles, seuls appuis certains. J'observe le visage de l'archevêque : il semble
intelligent, empreint de bonté, sans âge ; la voix est
impersonnelle.

Après la messe, le cortège solennel se rend sur un
bastion d'où la vue s'étend sur la mer. Un chœur
chante le « De profundis » et l'archevêque adjure et
bénit la mer. « Exaudi orationem meam ». Ces mots
reviennent à chaque instant, prononcés d'un ton toujours plus pressant. Tout cela est-il bien chrétien ?
Cela ne tient-il pas de la magie, du sortilège ? Mais on
se rappelle que le Christ lui-même a béni la pêche et
calmé les vagues par ses adjurations. Mieux vaut renoncer à la critique et s'abandonner à tout le charme
vivant de cette journée.

Ensuite, la procession traverse toute la ville jusqu'au port situé du côté de la terre. Les rues dis-
paraissent sous le décor des fanions et des guirlandes,
d'avirons et de bouées de sauvetage. En tête, des
mousses portent le modèle de la « Stella maris ».
L'archevêque, dans ses habits orientaux, avec la mitre
et la crosse, s'avance d'un pas léger, presque juvénile.
Quand les mamans lui tendent leur bébé ou poussent
leurs enfants vers lui, il se penche sur eux et leur
donne son anneau à baiser ; c'est comme s'il caressait
les joues des petits. C'est humain, simple et beau. En
Europe orientale, j'ai vu un jour un évêque s'avancer

lentement et gravement, le visage impassible, à travers une foule qui se pressait autour de lui. Hommes, femmes, enfants, vieillards se bousculaient pour baiser sa main qui était comme de cire. Des figures super-stitieuses et serviles se penchaient sur cette main, avides de la toucher comme si le salut de leur âmes en dépendait. Et le majestueux prince de l'Eglise sem-blait mépriser cette foule. On en ressentait un pro-fond malaise. Ici, c'est gai, grâcieux, plein de charme. C'est un autre esprit. « Si duo idem faciunt... » Et les enfants seulement accomplissent la petite cérémonie du baise-main.

Arrivé au port, l'archevêque monte sur une vedette qui le conduira le long de la rangée des bateaux. Ils sont tous pavoisés de fanions de toutes couleurs et sont noirs d'hommes qui se tiennent debout jusque sur les vergues. Chaque bateau reçoit la bénédiction.

L'après-midi appartient à la fête populaire. Rien n'y manque : ni les carrousels, montagnes russes et balançoires, ni la dame sans ventre, l'homme-lion et le veau à deux têtes. Puis ce sont des rôtisseurs de sau-cisses, des marchands de fritures, des étalages de cœurs en pain d'épices. Dans de nombreuses tentes on débite du cidre, du vin et de la bière. Une immense foule grouillante avance lentement entre toutes ces at-tractions.

Pour bien regarder ce spectacle, il faut monter au donjon, couronné de deux poivrières, du château d'Anne de Bretagne. En bas, les vagues de l'agitation joyeuse viennent se briser aux murs de granit. Le tohu-bohu des orgues de Barbarie, les cris des camelots, les murmures de la foule arrivent à l'oreille en sourdine. Comme c'est gai à contempler !

Derrière la foire se dresse la fûtaie des mâts, avec les vergues aux voiles arrisées, les toiles d'araignée des cordages et tout ce bariolage des milliers de fanions.

Quand on est las de ce spectacle, on peut tourner son regard vers la ville pour caresser des yeux les contours de ces murs et de ces portes, de ces maisons hautes et fières aux toits raides. On admirera la flèche gracieuse de l'église qui s'élance si joyeusement dans le ciel au-dessus de la forêt des cheminées. Enfin, le regard se posera, pour y rester longtemps, sur le fonds vert-foncé que forme dans ce tableau la mer éternelle.

Spectacle digne d'être vu,

Journée digne d'être vécue...

VII

LA CUISINE FRANÇAISE

Personne en Allemagne ne parlera de cuisine allemande tout court. Il existe seulement des cuisines régionales : souabe, bavaroise, rhénane, du Holstein, saxonne même. Ce qu'on sert, à travers le pays, dans les hôtels et restaurants, est désigné sous le nom de « cuisine viennoise ». Mais en réalité ce n'est aucunement de la cuisine autrichienne, très apparentée d'ailleurs de la bavaroise, mais de la cuisine de Bohême, enrichie d'un certain nombre de mets d'origine hongroise. Car à Vienne ce furent depuis toujours les filles de Libussa qui tinrent le sceptre de la cuisine, et la bonne viande vint de la Hongrie.

Est ce qu'on a le droit de parler de la cuisine française tout court ?

Certes, en France aussi, chaque province a sa cuisine régionale. Il y a celle de Lyon, qui prétend à un rang favori ; puis les cuisines : bourguignonne, provençale, périgourdine, normande et ainsi de suite. Tous ces noms réveillent des souvenirs caractéristiques.

Non seulement chaque région a ses spécialités, mais il en est de même de chaque ville. Certaines maisons gardent jalousement certaines recettes. Il y a à Lyon un célèbre petit restaurant où l'on ne mange qu'un petit nombre de plats spéciaux et dont la préparation, par la tradition et l'expérience, a pu être poussée à la dernière perfection. Il existe aussi une carte gastronomique de la France dans laquelle il est noté ce que chaque endroit peut offrir au gourmet. Il y a pas mal de gens qui font un voyage pour déguster telle ou telle spécialité à l'endroit où elle a été inventée, surtout depuis que l'automobile facilite ces randonnées. Des bureaux de tourisme organisent des voyages gastronomiques à travers toute la France en cars de luxe. Certains mets sont indissolublement liés au nom d'une localité ou d'une région : les escargots de Bourgogne, les poulets de Bresse, la bouillabaisse de Marseille, les tripes à la mode de Cæn, le foie gras truffé du Périgord, les huîtres d'Arcachon ou de Marennes. Nous avons déjà dit que Dijon prétend à la gloire d'être la capitale gastronomique de toute la France.

Partout en France, l'art de préparer les mets a été développé au plus haut degré de perfection. Il s'agit là, sans aucun doute, d'un des principaux talents innés de la population autochtone, qui ne voulut jamais se contenter de dévorer simplement sa proie pour se remplir le ventre, mais essayer de la préparer de façon à flatter le palais. Dans des bourgs éloignés, il peut vous arriver de trouver à la porte de l'unique hostellerie une plaque en bronze attestant que M. un tel est sorti lauréat du grand concours gastronomique de l'Automobile-Club de France ou même qu'il a été membre du jury hors concours dans telle compétition. Vous pouvez alors entrer en confiance. De nombreuses

associations veillent jalousement à ce que cet art ne
tombe pas en décadence. Il y a des annuaires, incor-
ruptibles, n'acceptant pas d'annonces, où auberges et
restaurants de France sont classés et jugés, avec indication du prix des repas. Des membres honoraires et
de nombreux amateurs tiennent cette littérature au
courant. Il est toujours bon de se munir d'un de ces
annuaires et de le placer à côté de son assiette : on
n'en sera que mieux servi.

Mais, en dehors de ce classement par régions, il y a
une grande tripartition plus importante encore : celle
de la cuisine au beurre, à l'huile, à la graisse. Elle
aussi varie selon les régions, mais elle est surtout déterminée par la géographie. Partout où il y a de
grands pâturages, où le bétail est élevé sur une grande
échelle, comme en Normandie, en Auvergne, dans les
Charentes, on consomme du beurre. C'est naturel, car
il y en a en abondance. Le long de la côte méditer-
ranéenne on emploie, pour des raisons similaires,
l'huile d'olives. Et là où la petite propriété rurale prévaut, où l'olivier ne pousse pas et où il n'y a pas de
grands troupeaux, le paysan élève le porc qui lui donne
sa graisse. Il est de bon ton de préférer en tous lieux
la cuisine au beurre. C'est une simple erreur. Le
Périgord, pourtant réputé pour sa cuisine, véritable
terre sainte des gourmets, fait la cuisine à la graisse
de porc. Il existe encore la variété de la cuisine à la
graisse d'oie ; mais c'est plutôt une question de bourse
que de principe. Les vrais gourmets, les « vrays des
vrays », prétendent qu'à côté de la graisse d'oie rien
ne vaut et qu'il n'est pas la peine de parler des autres
cuisines. D'ailleurs en Bourgogne aussi la cuisine est
accommodée en grande partie avec de la graisse et
cela n'a rien d'inférieur contrairement à l'opinion
des snobs.

A ce propos, il faut avoir vu les oies du Périgord et des régions limitrophes pour en parler. Un hasard me fit visiter un jour la foire de Noël d'Albi. A l'ombre de la célèbre cathédrale, il y avait la foule des pay‑sannes offrant des centaines et des centaines d'oies grasses à des prix très modiquès. Des oies fantas‑tiques ! Et, en nombre plus grand encore, des foies d'oies, portant tous une estampille verte attestant qu'ils étaient sains ; chacun était de la grandeur d'un joli poulet. Avec ces foies on prépare les pâtés truffés — car le Périgord est aussi la patrie des truffes, — pâtés renommés qui fondent sur la langue et que l'odorat apprécie.

Pour en revenir à la question de la cuisine française en général, il n'y a pas de doute qu'elle existe. Chaque cuisine régionale lui a apporté ce qu'elle a inventé de meilleur ou de plus économique. C'est comme une im‑mense tapisserie, dont la cuisine lyonnaise au beurre forme le canevas et dans lequel les régions ont brodé les ornements bariolés de leurs propres inventions. Le tout forme un chef-d'œuvre aux couleurs riches et variées.

Le caractère spécial de la cuisine française est dé‑terminé par deux circonstances favorables. La pre‑mière, c'est la grande richesse de matières premières qu'on trouve, durant toute l'année, dans un pays qui réunit tous les climats, à commencer par le subtropique pour finir avec celui des hautes montagnes, richesse qui est augmentée par le grand nombre de cours d'eau et par la proximité de mers poissonneuses. La deu‑xième, c'est justement la richesse de recettes expéri‑mentées qui, provenant des régions les plus diverses, ont été réunies au courant de tant de siècles. Ce trésor de recettes est soigneusement classé, revisé, tenu au courant. Il existe toute une académie gastronomique pour s'en occuper.

La tendance des Français à rationaliser et à tout soumettre à l'arbitrage suprême de la Raison, ceci même pour des questions que d'autres nations croient futiles, a grandement contribué à développer l'art culinaire. Il y a un grand principe en vogue depuis environ cent ans, c'est-à-dire depuis l'invention des chemins de fer, c'est que tout aliment récolté, sacrifié ou capturé aujourd'hui doit parvenir assez tôt à Paris et dans les grandes villes, pour pouvoir être consommé demain, au plus tard après-demain. Tous les transports sont organisés en vue de cela. La création des wagons frigorifiques et surtout l'invention du camion automobile plus rapide que le train de marchandises ont beaucoup facilité cette organisation. Mais le chemin de fer ne s'est point endormi. Ainsi les expéditions d'huîtres du bassin d'Arcachon — les huîtres sont accessibles à toutes les bourses en France — sont arrangées de telle façon que, durant la saison qui comprend les mois composés d'un R, de véritables trains d'huîtres partent tous les jours d'Arcachon, avec un horaire fixe, desservant le pays entier. L'expéditeur sait exactement l'heure à laquelle il doit expédier les paniers pour Lille ou Nancy ou Paris pour qu'ils arrivent à destination à telle ou telle heure, et de même le réceptionnaire sait qu'il doit se présenter à la gare à une heure déterminée pour prendre livraison de son colis. Ces trains, composés de wagons à quatre essieux avec freins à air comprimé, circulent à des vitesses commerciales variant de 60 à 80 kilomètres. Il en est de même pour l'expédition des raisins de table.

Le penchant pour la rationalisation a trouvé une autre expression dans la localisation de la production à certains endroits où les conditions géographiques ou climatiques sont particulièrement favorables. Cette spécialisation a été développée en France à une époque, quand personne n'y pensait en d'autres pays. Dans les environs de Paris, chaque village a ainsi ses spécialités. A Montesson, on cultive depuis toujours la carotte et le poireau, à l'exclusion d'autres légumes. L'expérience a prouvé que ce sont des cultures complémentaires qui y réussissent particulièrement bien et donnent des récoltes dans le plus bref délai. Depuis le règne de Louis XIV on cultive les pêches à Montreuil : cela fait trois siècles. Il y a les asperges d'Argenteuil, les tomates de Montlhéry, les roses de Brunoy qu'on vend dans les rues de Paris à « vingt sous la botte ». Ces champs de roses sont charmants à voir. Toutes ces cultures ont leur histoire, sur laquelle on est parfaitement renseigné jusqu'aux moindres détails.

Le pays entier est ainsi organisé. Pour les fraises, les petits pois, les haricots verts, les choux-fleurs, les tomates, les prunes, les abricots, il y a des récoltes successives de différentes régions. Les primeurs viennent du Maroc ; elles sont suivies par les produits de l'Algérie, de la Provence, de la Gascogne, de la Bretagne. En dernier lieu vient la région parisienne, mais ses produits s'ils sont quelquefois plus chers, sont aussi plus frais, donc plus savoureux que ceux des autres régions. De cette manière, les marchés peuvent être fournis de légumes et de fruits frais durant de longs mois et toujours à des prix raisonnables. Comme tout croît naturellement, sans serres coûteuses, les frais de production restent modiques. L'absence de l'artificiel caractérise toute la vie française.

La production du raisin de table fournit un exemple particulièrement instructif de cette rationalisation : les premiers raisins arrivent au début de juillet de l'Algérie ; vers le 15 juillet suit le Roussillon ; l'Hérault commence fin juillet ; la vallée de la Garonne vers la mi-août. En 1933, la compagnie P.O.-Midi a transporté 21.000 tonnes de raisins.

Autre forme de la rationalisation : les différentes
sortes ont été typisées longtemps avant que les Américains en aient poussé la manie jusqu'à l'absurdité.
Si les Français, à l'encontre des Américains, tiennent
à avoir un choix varié de fruits de tables, poires,
pommes, etc., ils sont indifférents aux variétés de
carottes, tomates ou choux-fleurs.

Tout ceci est la conséquence de cette habitude bien
française de ne jamais agir sans savoir, sans comprendre
et sans réfléchir, mais d'essayer, de comparer et de tirer
la morale de l'expérience jusqu'à ce que la voie la plus
simple, la moins onéreuse ait été trouvée.

Dans la patiente accumulation du trésor des recettes
et expériences, l'amour du passé a naturellement joué
un rôle important. L'histoire de l'art culinaire est
l'objet d'études et de documentations méticuleuses qui
ont produit une vaste littérature. On sait que tel mets
a été inventé par Grillat, Savarin ou un autre et à
quelle occasion il a été, pour la première fois, présenté
à la Cour royale ou chez un particulier distingué. La
célèbre sauce béarnaise ne vient point du Béarn,
région au versant nord des Pyrénées, mais a été
« créée » dans le Pavillon Henri-IV, de Saint-Germain-
en-Laye. Or Henri IV, originaire du Béarn, avait été
surnommé : « le Béarnais ». La fameuse soupe à
l'oignon, sans laquelle on ne peut plus s'imaginer la
cuisine de famille, a été introduite à la Cour de Versailles par le roi polonais Stanislas Leczinski, dont la
sœur était l'épouse du roi Louis XV ; cette soupe avait
suscité un véritable enthousiasme. Les pommes de
terre frites, mets de résistance des pauvres, nourriture
complète avec laquelle on peut se rassasier pour un
minimum d'argent, ne sont, bien que frites à l'huile, un
plat provençal, mais elles ont été inventées à Paris.
L'huile employée d'ailleurs n'est plus extraite de l'olive,
mais de l'arachide. Les Pralines sont la création du

chef de cuisine du Duc de Prasles ; antérieurement
c'étaient des amandes rissolées dans du sucre.

* *

Pour dépeindre la cuisine française, il faut que nous
nous bornions à la cuisine de restaurant parce que là
seulement nous pouvons espérer dégager les traits
communs.

Dans les bons hôtels et restaurants, la cuisine est
généralement préparée à base de beurre ; pour la préparation de certains plats cependant, l'huile, le saindoux, la graisse d'oie, la graisse de veau sont indispensables. On peut négliger la margarine et les graisses
végétales qui n'ont pas encore pénétré dans la bonne
cuisine.

Il faut noter quelques principes fondamentaux :

Premièrement : Tout repas doit complètement rassasier le client quelqu'en soit le prix. C'est pourquoi
du pain blanc est servi à discrétion. Le repas-type est
celui à prix fixe, tout compris, même la boisson. Le
rôle du pain est double : il sert de bouche-trou, comme
la pomme de terre en Allemagne ; ensuite il aide à
recueillir le jus de viande, les sauces, etc., car l'usage
veut qu'on laisse son assiette entièrement propre en
l'essuyant avec de la mie de pain. Celui qui ne le ferait
pas serait considéré comme un snob ou un gaspilleur.
Pourquoi laisserait-on le bon jus dans son assiette ?
Dans de bons restaurants de province il m'est arrivé
qu'on ne me changea d'assiette qu'une seule fois, après
le poisson, en me laissant la même fourchette et le
même couteau.

Deuxièmement : Il est inconcevable de manger sans
boire, et l'on boit du vin. On donne du vin aux soldats,
même aussi aux soldats de la Légion Etrangère. Certains parents en donnent à leurs enfants. Il ne paraît

pas que l'intelligence de la race en ait souffert après
tant de siècles !

Les physiologues français prétendent que l'alcool
du vin, bu en quantité modérée dans les repas, est
immédiatement oxydé dans l'estomac, sans entrer
dans le sang. Mon expérience personnelle le confirme.
Très sensible à tous les poisons, je n'ai cependant
jamais eu la tête lourde, même après des repas copieu-
sement arrosés des meilleurs vins. Il faut seulement se
garder de boire tant que l'estomac est vide. D'autre
part qui voudra contester que le « vin réjouit le cœur
de l'homme » ? « Un repas sans vin, c'est une journée
sans soleil. » Il paraît monstrueux aux Français de
manger sans boire. Un jour, devant prendre la parole
dans un village où il fallait se rendre en automobile,
j'arrivais par le train à la dernière minute. J'achetais
en toute hâte quelques croissants que je mangeais en
route. Mes camarades me regardaient sans rien dire,
mais en hochant la tête. A l'arrivée, le président dit
d'un ton grave, comme s'il parlait à un malade : « Il
faut que nous prenions d'abord quelque chose ; le camarade allemand a mangé sans boire. » — J'ai entendu
soutenir, très sérieusement et par des gens de haute
culture, la thèse que c'est grâce au vin que les soldats
français ont pu finalement remporter la victoire.

Qui doit suivre un régime boit de l'eau minérale. La
France — ce qui surprendra bien des gens — est le
pays des sources minérales. Dans les pays volcaniques,
comme en Auvergne, il y en a partout ; un petit nombre
seulement sont commercialement exploitées. Même
dans les quartiers ouvriers de Paris on trouve dans tous
les bons magasins alimentaires de quinze à vingt sortes
différentes d'eaux minérales. En général, elles ne contiennent pas d'acide carbonique ; les meilleures, telle
l'eau d'Evian, ont le goût d'une très pure eau de roche.
Elles coûtent à peu près le double du vin ordinaire.

Celui-ci, nous l'avons dit, est compris dans le prix du repas ; autrefois on en donnait en quantité illimitée comme on le fait encore en province.

Troisièmement : Un repas français se compose toujours d'une suite de plats servis l'un après l'autre et comprenant : le poisson, la viande, les légumes, la salade. Tout est servi à part. Dans un hôtel de province de bonne moyenne le menu du déjeuner est ordinairement composé comme suit : '

Hors-d'œuvre variés,
poisson,
entremets ou plat de légumes,
rôti avec pommes de terre,
salade,
fromage, fruits, café.

Pour le dîner, les hors-d'œuvre sont remplacés par la soupe ou le potage (à Toulouse on sert les deux) et le rôti par de la volaille ou du gibier.

Un tel repas, arrosé de bon vin ordinaire, coûtera, selon le rang de l'hôtel, de 12 à 18 francs. Il faut tout de suite dire que le prix n'a aucun rapport avec la qualité. Le même repas dans telle auberge coûtera 12 francs, et sera excellent, alors que dans un grand hôtel on le payera 18 francs et il sera médiocre. On trouve parfois des occasions vraiment fabuleuses, nous en parlerons.

En général, on ne peut choisir : on se met à table et on attend avec confiance ce qui viendra et aussi ce que cela coûtera. Tout au plus si le propriétaire ou le garçon vient vous soumettre le menu qui n'existe qu'en un seul exemplaire et vous demande, pour la pure forme, si cela vous plaît ! « Cela va ? » vous dit-il. « Cela va ! » répondrez-vous en inclinant légèrement la tête, et la petite cérémonie est terminée. Demander le prix serait une faute grossière qui causerait une nuit d'insomnie à l'hôtelier. En quoi, se demanderait le

brave homme, ai-je mérité cette méfiance ? Dans mon
hôtel on n'est pourtant pas volé ! Il finirait par se con-
soler en pensant qu'il donnait à manger à un de ces
étrangers à la cervelle un peu détraquée, qui ne connaissait rien aux convenances.

Impossible de s'imaginer l'apaisement merveilleux
que cela cause quand on est libéré de tout souci et de
toute responsabilité ; quand il ne faut pas choisir et
que les relations réciproques sont entièrement fondées
sur la confiance ! Il est d'ailleurs très rare qu'on soit
déçu tant pour le prix que pour la qualité. Aux rares
déceptions s'opposent les fréquentes surprises heureuses. Même si l'on se permet, le soir, le luxe d'une
demi-bouteille de Bourgogne pour arroser le poulet ou
le dindon, on peut se fier en toute tranquillité au sommelier. Il faut seulement causer avec lui, afin de lui
donner l'impression qu'on n'est pas un cuistre. Quand
on aura gagné sa confiance, il sortira une bonne bouteille de la cave : un bon hôtelier, et mieux encore son
sommelier, ne jettent pas les perles aux pourceaux.

Quand, le cinquième jour de la mobilisation, j'eus à
prendre livraison des chevaux de selle de mon bataillon, moi qui n'étais pas précisément habitué aux chevaux, le brave homme, dans l'écurie duquel ces chevaux
étaient rassemblés, m'aida à choisir le mien : « Prenez
celui-là, me dit-il, il a de bons yeux » ; puis il me donna
un conseil que je n'ai jamais oublié : « Il faut toujours
parler avec les chevaux ! » — « Immer räden mit die
Färde », dit-il dans son dialecte.

C'est le meilleur conseil qu'on peut donner à quiconque veut voyager dans la province française. « Il
faut toujours parler avec les gens. » Quand on arrive
dans un hôtel avec un air hautain ou maussade, on se
fait repérer. L'aubergiste, le garçon, la femme de
chambre n'admettent pas qu'on les traite en serviteurs
ou qu'on leur fasse sentir sa mauvaise humeur. Ils se

cabrent aussitôt comme des chevaux récalcitrants.
L'antipathie du public français contre les voyageurs
anglais vient de leur froideur. D'ailleurs, si l'on est
bien avisé, on évitera plutôt les hôtels fréquentés par
un public international : ils sont du reste pour la plupart quelconques, sauf les hôtels de grand luxe dont
les prix sont inabordables.

A Paris, le petit employé aussi bien que l'ouvrier, qui
prend son repas au restaurant, ne veut pas non plus
se contenter d'un « rata », mais exige un menu complet. Il le trouve pour 5 fr. 50 à 6 fr. 50, y compris
un quart de vin et du pain à discrétion.

Quatrièmement : On peut établir quelques règles
générales pour la préparation des mets, mais elles com-
portent de nombreuses exceptions. Le poisson est
grillé ou frit dans la poêle ; les petits poissons sont
cuits dans l'huile bouillante. Une bonne friture est un
mets extra. Les vrais Français n'aiment pas les truites
au bleu ; ils ne leur trouvent pas assez de goût. La
viande doit être grillée sur du charbon ardent et rester
saignante à l'intérieur. Pour cela, elle devra être très
tendre, mais, malheureusement, elle ne l'est pas souvent,
et il faut déchirer le bifteck avec les dents, car les couteaux ne coupent pas toujours. J'ai été souvent étonné
de voir que les gens le faisaient sans se récrier. La
volaille devrait être mise à la broche. Sur le gril, la
viande est mise en contact direct avec la braise ; à la
broche, elle est mise en face de la flamme : il faut donc
un feu de bois. Au fond, chaque espèce exigerait une
essence de bois différente. Cette règle est encore ob-
servée dans quelques coins de la province. Selon le
bois, la viande a un fumet spécial. Le meilleur bois est
celui, qui donne le moins de fumée, tel le bois de
sarment : sa braise donne un goût recherché des gourmets. A Paris, il existe un restaurant qui porte l'en-
seigne « Au fagot de sarments » ; on prétend n'y

employer que des sarments, autrement dit les pousses de la vigne de l'année précédente coupées vers la fin de l'hiver lors de la taille, ramassées et mises en petits fagots.

Comme règle générale, chaque plat doit être préparé de sorte que son goût spécial soit mis en valeur. C'est pourquoi on ne met pas de farine dans les légumes frais, mais on les fait cuire dans de l'eau salée et on les sert avec du beurre frais, du persil, des fines herbes. On évite les condiments forts et les sauces épaisses qui dénaturent le goût du mets. La sauce ajoutée doit au contraire souligner et faire ressortir ce goût. Contrairement à une opinion très répandue, la cuisine française n'est aucunement artificielle, comme d'ailleurs rien en France, et c'est la raison pour laquelle elle est digestive. L'art consiste en ce que tout soit bien à point : pas cuit trop longtemps, servi au bon moment, croquant, croustillant, savoureux, savamment assaisonné, piquant s'il le faut. Ce n'est pas flatteur pour le cuisinier quand les clients demandent du sel et du poivre ; seule la moutarde est admise. On fait un large usage d'oignons, d'échalottes, d'ail, de persil, de feuilles de laurier, de thym, de clous de girofle, de piment, de zeste de citron et d'orange. Beaucoup d'ingrédients entrent dans une bonne sauce : leur dosage savant en détermine le caractère. Pour juger le dosage, il faut que la langue soit fine et le goût inné.

La composition du menu est un art spécial : il faut que le convive n'ait jamais le sentiment d'avoir mangé à sa faim et que le mets suivant, quelque soit le nombre des plats, le tente de nouveau. Le choix des vins entre pour beaucoup dans cet art. Après le repas le plus copieux, on ne doit pas somnoler ni se sentir alourdi. Ce ne serait flatteur ni pour le chef de cuisine ni pour le convive.

Un repas, selon le goût des Français et tel qu'on pourra l'avoir sur commande dans n'importe quelle petite ville ou bourgade de France, sera par exemple composé comme suit :

Pâté de viande froid, jambons cru et cuit, saucisson, légumes crus ou cuits froids ;

truites de rivière ou écrevisses ;
omelette aux fines herbes ou asperges à la mayonnaise ;
gigot de mouton aux haricots verts ou aux soissons ;
poulet rôti avec de la salade ;
fromages divers ;
tarte aux fruits ;
café.

Ce sont des mets simples, aucunement raffinés : on sait ce que l'on mange. Avec le poisson on boira un vin blanc sec du pays ; avec le rôti, un Bordeaux moëlleux ; avec la volaille, un verre d'un Bourgogne exquis, dans le rubis duquel brille une petite étincelle d'or ; avec le gâteau, une coupe de champagne est tout indiquée, et le café sera « arrosé » d'une eau-de-vie du pays. Le goût du Bourgogne est particulièrement mis en valeur par le fromage de Roquefort.

Le prix d'un tel repas, pour un nombre suffisant de convives, ne dépasse guère 30 francs, tout compris. L'aubergiste mettra son honneur, toute son ambition, pour que chacun soit satisfait.

La langue française fait une différence entre le gourmet, qui apprécie les mets et les vins, et le gourmand qui tient surtout à la quantité. Quiconque connaît les vieilles provinces restées fidèles aux mœurs des ancêtres, dira tout au moins que cette distinction est un peu artificielle, car très souvent le gourmet est doublé d'un gourmand. Il y a des gens qui aiment la bonne chère, et c'est pourquoi on voit ces ventres rebondis et fièrement portés et ces belles faces empourprées. En Bourgogne, on m'a servi à manger dans une assiette

portant cette vieille inscription : « Au travail, on fait
ce qu'on peut ; à table, on se force. » Evidemment !
Mais il faut retenir que ce sont toujours les occasions
exceptionnelles qu'on célèbre par ces repas où l'on
« se force ». Durant la semaine et en famille on mange
très simplement.

Comment vit-on dans les familles ? Voilà le moment
de poser cette question. En province, le repas du midi
est le repas principal : on y mange de la viande. Le
soir, on ne mange généralement que la « soupe ». Le
mot « soupe » a conservé son sens général dans certaines
locutions où il signifie « nourriture » tout court. « On
mangera la soupe ensemble » veut dire qu'on est invité en famille pour prendre part au repas familial.
Soupe est un mot germanique ; il vient de « supfen »,
vieux mot disparu de la langue des lettres, mais resté
vivant dans le dialecte souabe qui veut dire : « boire
en faisant du bruit avec les lèvres ». Le bouillon de la
soupe fut sans doute primitivement bu dans un bol
et le pain trempé mangé avec la cuiller. La vraie soupe
est faite de pain coupé en minces morceaux, sur lequel
on verse un bouillon de bœuf ou de légumes ou simplement de l'eau chaude avec du beurre fondu, des condiments, des fines herbes. C'est ainsi que des milliers
de paysannes allemandes continuent à faire la soupe du
soir, et la même m'a été servie plus d'une fois dans des
familles françaises, voire bourgeoises. Quand il n'y a
pas d'invités, la soupe est le mets principal qu'on fait
suivre d'un œuf, de fromage, de fruits.

Lorsque, à la suite du mariage de Louis XV avec
une princesse polonaise, la soupe à l'oignon fut connue
en France, elle parut avoir constitué un véritable progrès dans l'art culinaire, car cette préparation se répandit rapidement à travers le pays entier où elle
occupe encore aujourd'hui une place favorisée. On fait
dorer des oignons dans de la graisse, on y verse de

l'eau, on fait bouillir le tout et on le verse sur le pain coupé.

Le degré supérieur est la soupe gratinée dont nous avons déjà vanté les qualités. Pour la préparer, on recouvre une bonne et épaisse soupe à l'oignon d'une couche de fromage rapé et on fait mijoter le tout dans le four. Il faut que le fromage se tire en longs fils. On peut naturellement faire la soupe à l'oignon et la soupe gratinée plus ou moins riche. La soupe gratinée de Gap était délicieuse. Quand mon voisin, le géant manchot, s'empara de la soupière et défendit aux autres d'y toucher, une petite histoire, racontée par Albert Schweitzer dans ses souvenirs de jeunesse, me revint à l'esprit. Lors d'un repas de baptême, son père, pasteur dans la vallée de Munster, en Alsace, saisit le plat avec le pâté de viande, par lequel cette région est célèbre, et le mit de côté, jugeant sans doute que c'était dommage de le laisser consommer par ces rustres de paysans.

Dans les familles, on mange beaucoup de mets composés de viande, de pâtes et de légumes (des pommes de terre, nouilles, riz) cuits ensemble. Le mets classique de cette catégorie est le pot au feu qui est fait avec du bœuf entrelardé, bouilli avec des poireaux, des carottes, des navets. Vient ensuite la poule au pot, faite souvent avec du riz. Dans les marchés, on vend les vieilles poules, qui ne sont pas bonnes à rôtir, sous le nom de « poules au riz ». On fait encore cuire de la viande avec des légumes secs. Célèbre est le Cassoulet de Toulouse, fait avec de la viande de porc et d'oie coupée en morceaux et longuement cuite avec des haricots blancs ; le bœuf bourguignon est semblable au goulache hongrois. Le bœuf bourguignon est tellement connu que dans les boucheries le morceau de viande employé est vendu sous la désignation de « bourguignon ». Les haricots secs, blancs, verts, rouges, panachés, de toutes les grandeurs et de toutes couleurs et à tous les prix, sont un des mets favoris du peuple français. Chez un marchand de légumes, j'ai compté quatorze espèces différentes.

La cuisine française est, cela s'entend, très conservatrice, sans être pétrifiée. Au contraire, on peut observer les évolutions les plus curieuses. La victoire rapide de la soupe à l'oignon au XVIIIe siècle a son pendant dans la marche triomphale que la choucroute, depuis la guerre, a accomplie à travers toute la France. Avant la guerre, « mangeur de choucroute » était un mot désobligeant. Aujourd'hui on peut acheter de la choucroute toute préparée, cuite au bain-marie, non seulement dans chaque magasin de comestibles à Paris, mais aussi dans les villes de province. Elle figure sur tous les menus de repas à la carte, et dans les cafés elle est associée, comme plat servi à toute heure, à la soupe à l'oignon et à la soupe gratinée. On la mange avec des saucisses dites de Strasbourg et du porc fumé. Dans une petite ville de France, après une conférence, on avait réuni quelques personnes pour un petit souper intime. On servit d'abord des escargots à la bourguignonne, et, en mon honneur, de la choucroute garnie à la manière de Strasbourg.

En général, la choucroute n'est pas bonne en France ; elle manque de saveur. Il y a de nombreuses façons de la préparer. A titre d'exemple, je donne celle qui me paraît la meilleure : « Ne pas laver la choucroute, sinon extérieurement, parce que cela lui enlève du goût ; la faire cuire avec une quantité suffisante de graisse d'oie, de saindoux ou d'huile en ajoutant des graines du cumin (c'est mieux que les baies de genièvre !) et une pomme (de pommier) pelée et coupée en morceaux. La pomme doit se dissoudre. Quand la choucroute est cuite, ajouter un verre de vin blanc (jamais de farine !) et assaisonner avec du sel et un peu de sucre, si vous trouvez trop acide. »

. La choucroute introduite d'Alsace a été suivie par des charcuteries alsaciennes qui sont tout bonnement des charcuteries allemandes. Certaines maisons qui s'y sont spécialisées ont pris un essor fabuleux. « Mettwurst » est devenu un mot français. On trouve à Paris toutes les sortes de saucissons allemands, à des prix plutôt inférieurs à ceux d'Allemagne.

Tous les mets de la cuisine familiale figurent aussi sur les cartes de restaurant, notamment de ceux à bon marché. On y peut manger comme à la maison.

* * *

Il faut encore dire quelques mots de la cuisine parisienne, parce que 90 p. c. des étrangers ne connaissent que Paris et jugent la France d'après sa capitale.

A Paris, il existe de nombreux restaurants autrichiens, hongrois, tchèques, polonais, russes, grecs, chinois, alsaciens, etc. Dans le quartier latin on en trouve dans chaque rue. Un grand nombre d'établissements s'appliquent à nourrir les gens, à les rassasier tout bonnement. Il y a encore la multitude de petits restaurants et bistros, très différents de qualité, mais tous bon marché ; enfin, il existe un petit nombre select de restaurants et d'hôtels qui s'efforcent à faire de la préparation des aliments un art comme l'exige la vraie tradition française.

Personne, dans ces conditions, ne peut prétendre de trouver au premier abord une cuisine de haute qualité. Il faut estimer, au contraire, que ce n'est que par pure charme qu'on y réussira. Sans un ami initié, ce sera très difficile. Il faut se méfier absolument des recommandations de portiers d'hôtels, de chauffeurs de taxi, de guides, qui sont payés pour recommander certaines maisons.

A Paris, il en est comme dans toute la France, l'aubergiste et le chef de cuisine, de préférence réunis en une seule personne, ne montreront tout l'art dont ils sont capables que si leur honneur est en jeu ou qu'il s'agisse de contenter de bons amis, de vieux clients ou des personnages distingués, car un repas ne peut atteindre la dernière perfection que s'il est fait « avec amour ». Il y a une petite poésie de Wilhelm Busch, le célèbre humoriste et caricaturiste allemand trop inconnu en France, poésie gaie et méditative en même temps qui commence par les vers :

> « Un bon rôti, à juste titre,
> compte parmi les actions bonnes... »

Toutes les qualités qu'une jeune fille doit avoir pour accomplir cette bonne action y sont énumérées et cette poésie en tire la conclusion :

> « On ne peut faire un bon rôti
> sans avoir, certes, un cœur bon ! »

Un repas impersonnel pourra être sans reproche, mais il lui manquera la dernière perfection.

Pour celui qui veut voir Paris, la principale chose est de satisfaire à sa faim d'une façon décente. Je n'hésite pas à dire qu'il peut le faire dans tous les grands établissements dont Paris regorge ; il y trouvera, pour un prix allant de 6 à 15 francs, un repas tout à fait acceptable, boisson comprise. Pour se garantir contre les surprises, il faut manger à prix fixe. Il faut choisir des plats, dont le nom dit clairement de quoi il s'agit : une sardine, un merlan, une sole, une omelette, des haricots, des petits pois, une côtelette, des pommes frites, de la salade, du fromage. Le choix est suffisamment grand. Il faut éviter le bœuf grillé parce qu'il est souvent coriace. Le veau, le porc, le mouton sont bons. Il ne faut jamais boire de vin blanc ordinaire, qui est généralement mauvais et indigeste, et, comme café, exiger un filtre, le café ordinaire étant une bouillie de chicorée.

Avec ces petites précautions, on épargnera de l'argent que l'on emploiera avantageusement pour s'offrir un jour un bon repas dans un des hôtels ou restaurants aux environs de l'Opéra et de la Madeleine. Pour 30 à 40 francs on sera bien servi et dans un cadre agréable. Il faut boire du vin en carafes, du Beaujolais par exemple, très bon en général, et éviter les vins en bouteilles si l'on n'est pas connaisseur.

Au lieu de manger dans les grands établissements, on peut aller, en toute tranquillité, chez les petits bistros ou dans des restaurants souvent minuscules, où il n'y a de la place que pour quinze ou vingt personnes, quand on voit surtout, fixé au mur, un casier avec des serviettes enroulées : c'est une preuve qu'il y a des pensionnaires. On y trouvera souvent une cuisine excellente et des plats fraîchement préparés, ce qui constitue toujours un grand avantage, et les prix seront ordinairement modiques.

On s'est beaucoup plaint que depuis la guerre la cuisine à Paris ait perdu de sa qualité. Ce n'est pas tout à fait faux, mais il ne peut guère en être autrement. La guerre, dans ce domaine comme dans tous les autres, a été dévastatrice. Durant les hostilités beaucoup de cuisiniers étaient mobilisés et certaines denrées faisaient défaut ; en même temps, Paris fut inondé d'un vrai torrent de soldats étrangers en congé : anglais, canadiens, australiens, américains, les poches bourrées d'argent, qui voulaient faire bombance, sans savoir apprécier ; en somme, des barbares de la gastronomie auxquels on pouvait servir n'importe quoi, pourvu que des noms pompeux et un semblant d'originalité des mets figurassent sur le menu.

Après la guerre, l'affluence des riches Américains continua encore pendant plusieurs années. Ils recherchaient, pour ne citer qu'un exemple, dans le vin le degré d'alcool, mais point le bouquet. Un de mes amis a été témoin de la scène suivante dans un restaurant très cher aux bords du Bois de Boulogne : De riches Américains se payaient un repas somptueux. Le garçon leur avait proposé une bouteille de Château Yquem, au prix de 300 francs. Après avoir goûté ce vin extraordinaire, le meilleur des bordeaux blancs, ils demandèrent du sirop de groseille qu'ils y mélangèrent. Mon ami me raconta cette histoire au moment de la propagande dite des horreurs et ajouta avec une profonde tristesse : « C'est ça, les vrais barbares, mais pas vous ! »

Se donner de la peine pour de tels convives ne fait aucun plaisir. Et comment veut-on que la cuisine soit bonne quand le cuisinier sait qu'il n'éprouvera pas le plaisir de la voir savourer. Cuisinier n'est pas un métier comme ressemeler des souliers, c'est un art.

A la suite de l'introduction de la choucroute et de la cuisine alsacienne, une tendance nouvelle se fait jour à Paris : celle de renoncer au menu sacré et de se contenter d'un seul plat de viande servi avec des légumes et des pommes de terre à la manière allemande. On appelle cela un « plat du jour » ; ensuite de boire de la bière en mangeant.

Nous avons insisté sur la cuisine parisienne parce que son exemple nous fournit la meilleure preuve pour notre thèse qu'il est impossible d'apprendre à connaître la France à Paris. Et cependant l'art culinaire est une des fleurs les plus fines et les plus caractéristiques de la culture française. « Manger et boire maintient le corps », dit un adage allemand. Il faut y ajouter : « Le bon manger et le bon vin rendent le cœur joyeux. » C'est une source de joie et c'est beaucoup

moins une question de bourse qu'une question de
savoir-faire et de plaisir à la tâche. Parce que les
Français connaissent cet art et l'appliquent avec amour,
la vie est heureuse et belle en France. Elle l'est toujours, malgré la crise et les soucis, malgré tout le
dénigrement des agitateurs. Savoir faire la cuisine est
le meilleur ciment de la famille. Si la famille en France
a gardé son rôle si important et si bienfaisant, l'art des
ménagères françaises y est pour beaucoup. Citons
encore une parole de Salavin : « Notre nourriture —
inutile de vous le dire — est des plus simples ; mais
elle a un goût particulier à la cuisine de Maman, un
goût qu'il me serait bien impossible de vous expliquer,
un goût que je reconnaîtrais entre mille, comme un
visage. »

Les Français sont parfaitement conscients de l'importance de l'art culinaire pour le bonheur de la vie.
L'Université de Paris a un Institut d'Hygiène alimen-
taire. Ses professeurs organisent des cours publics avec
démonstrations pratiques. Il y a là une « Ecole moderne du bonheur » dans laquelle, en 1935, les conférences suivantes ont été faites : « Le repas hygiénique ;
le repas économique ; le repas artistique ; le déjeuner
d'affaires ; le déjeuner d'amour ; le déjeuner intime
(conjugal) », et, pour conclusion, « Le bonheur vient en
mangeant ». C'est bien français.

Ce serait cependant méconnaître la réalité que de
croire — comme on a voulu le faire en Allemagne —
que tout le penser et toutes les aspirations (« das Dich-
ten und Trachten ») du peuple français s'épuisaient
dans la volonté de bien manger et de bien boire. Même
dans les repas les plus exquis, le charme principal est
dans la camaraderie, dans les jeux d'esprits, les plaisanteries. L'art culinaire n'est pas un but en soi, mais il
jette les bases pour l'épanouissement de l'esprit. Pourqu'un bon dîner reste dans la mémoire des convives, il

ne suffit point qu'il soit bien composé, bien préparé et bien présenté, il faut que l'esprit vienne s'y ajouter, que le rire y fuse, le rire joyeux et libérateur, et que de cet ensemble se dégage l'immense bonheur de vivre. Qu'elle est bonne, la vie !

Un jour, dans une toute petite ville, je pris part à un repas mémorable. Ce fut un des meilleurs auxquels j'ai été invité. De temps en temps, je rencontre un des convives, qui me tape sur l'épaule et me rappelle cette journée. Il ne dit pas : « Tu te souviens de ce pâté de volaille ? » Non ; il me dit : « Cette fois-là, on a bien rigolé, hein ? »

VIII

DINER A RODEZ

Un jour de juillet 1934, le vieil omnibus, qui assure la correspondance entre la gare située dans la vallée de l'Aveyron et la ville, me déposa à la Place d'Armes de Rodez.

Rodez, cité sur la montagne.

Certes, elle n'est pas la seule en France où tant de villes, petites et grandes, sont construites sur les hauteurs, — comme Poitiers, Angoulême, Laon, Vézelay, Langres, pour ne nommer que quelques-unes des plus connues, — mais, sans aucun doute, elle est une des plus curieuses : c'est l'ancienne capitale de province dans un type très pur que les temps modernes n'ont pu altérer. Son caractère s'est conservé, parce que Rodez est situé à l'écart des grandes voies de communications : aucun train rapide, ni même express, ne passe par là ; il faut prendre tout bonnement l'omnibus. Durant des siècles, Rodez a été la capitale de l'ancienne

province du Rouergue, et quand celle-ci a été transformée en département de l'Aveyron elle en est devenue le chef-lieu. La ville continue de jouer le même
rôle de centre administratif, commercial et culturel
que dans le passé. Le chiffre de la population même
n'a guère varié : le département a 300.000 habitants et
Rodez en compte 15.000. D'aucuns pourraient croire
que Rodez est une ville endormie ? Loin de là ! L'air
y est trop frais à sept cents mètres au-dessus de la
mer, sur la colline isolée, et la vie qui s'y concentre
est trop active. Par surcroît, il n'y a pas de grande
ville à proximité qui aspirerait le commerce vers
elle : Toulouse est trop éloignée, et Albi, à moitié
chemin entre Rodez et Toulouse, est la grande rivale
depuis toujours. Si la cathédrale de Rodez ne peut se
mesurer avec la beauté parfaite de la merveille d'Albi,
elle domine, en revanche, de sa nef haute et fière et
de son clocher majestueux, tout le pays du Rouergue
jusqu'à l'horizon.

Le département de l'Aveyron possède un caractère
très particulier nettement différent des régions limitrophes ; on y trouve toute une série de curiosités qu'on
ne rencontre pas ailleurs. Voilà, à l'Est, les gorges du
Tarn, visitées durant tout l'été par d'innombrables sociétés de touristes du monde entier : une des grandes
attractions de toute la France, formant le cañon le plus
profond et le plus sauvage d'Europe. A son débouché,
Millau, la métropole du cuir à gant, qui a conservé une
certaine hégémonie en Europe dans l'art de la mégis-
serie des peaux de moutons et de chèvres. Non loin de
là, Roquefort, célèbre — on peut l'affirmer — dans le
monde entier par son fromage, fait de lait de brebis,
qui mûrit lentement et prend son goût inimitable dans
les grottes et tunnels d'un immense rocher calcaire.
Il y a encore une vraie merveille de la technique moderne à signaler : le viaduc du Viaur, immense arc

parabolique à trois charnières, haut de 120 mètres et d'une portée de 220, le viaduc le plus téméraire de toute l'Europe. Est-il permis d'ajouter que dans la vallée du Tarn il se trouve encore des hommes qui exercent l'art millénaire de dresser des faucons pour la chasse ? Dans les rochers abruptes des gorges du Tarn, on va chercher les jeunes faucons dans le nid et, une fois dressés, on les vend à des amateurs que l'on trouve un peu partout. Passé vivant...

Le caractère du paysage est déterminé par des vallées vertes et fertiles, avec des champs de blé dorés et des prés luxuriants. Les coteaux ombragés sont couverts de vastes forêts de chênes et de châtaigniers, tandis que sur l'autre rive montent en terrasse les vignes. Sur les hauteurs il n'y a que des causses arides, où seuls les troupeaux de moutons trouvent un maigre pâturage.

C'est aussi un sol historique.

Albi, la rivale, fut le centre des hérétiques, mais Rodez resta fidèle à l'Eglise. La croisade, que les chevaliers francs du Nord ont, sur l'ordre du pape, entreprise contre les Albigeois, a abreuvé de sang tout le pays du Languedoc. La ville de Rodez elle-même, quelque petite qu'elle soit, se compose de deux villes distinctes qui, durant des siècles, se sont serrées, hostiles cependant, l'une contre l'autre sur le plateau étroit : la cité, soumise aux évêques, et le bourg, dont les comtes furent les maîtres. Des luttes interminables résultèrent de ce voisinage. Les deux centres : la place du Bourg et la place de la Cité existent encore ; ils ne sont séparés que par une distance de deux cents mètres. On était si proche les uns des autres, qu'on pouvait « se regarder dans les casseroles », comme dit l'adage allemand.

La place d'Armes de Rodez se termine en haut par la façade nue et sans portail de la cathédrale, semblable à un mur de forteresse. Jadis, en effet, elle faisait partie des remparts. J'y arrivai à midi moins le quart, un dimanche. L'office était terminé, les portes de la cathédrale déversèrent les fidèles dans les rues et sur la place. Autour de la place d'Armes se trouvent les cafés et les grands hôtels. Des citoyens paisibles y prenaient leur apéritif. Devant les hôtels les grands autocars rouges et bleus des agences de voyages étaient rangés. Venant des gorges du Tarn, les voyageurs prennent le repas de midi à Rodez. A l'entrée des hôtels, des garçons majestueux regardaient avec dédain le modeste voyageur arrivé par l'antique omnibus. Des gens « chics » ne voyagent pas ainsi. Les étrangers arrivent par les cars Pullmann, les autres voyageurs dans leurs automobiles. L'ironie, peut-être le mépris, était réciproque. A vrai dire, je n'avais pas la moindre envie d'avaler le repas du wagon-restaurant international. En France on ne mange nulle part aussi mal que dans les wagons-restaurants. Ils sont faits pour les Américains et les Anglais, que l'on soupçonne de ne rien comprendre à la cuisine. Et, au fond, c'était bien un public de wagon-restaurant qu'on avait ici à nourrir et à abreuver.

Y compris le quart d'heure de grâce, il me restait une demi-heure pour chercher un restaurant, car il faut arriver à midi et quart au plus tard pour prendre son repas. A ce moment-là, le restaurateur doit savoir le nombre exact de convives qu'il aura à nourrir : c'est son droit. Ne faudra-t-il pas alors chercher encore quelques truites dans le vivier, ou mettre encore une oie ou un poulet à la broche ?

L'expérience m'avait enseigné de rechercher, dans les petites villes de province, les bons restaurants dans les coins des ruelles et des impasses ; ils se trouvent souvent aux environs du marché. Certes, on n'y rencontre pas toujours le luxe, mais une bonne cuisine régionale, et à très bon compte, y est de règle. Un jour, étant arrivé vers midi dans une ville de moyenne importance, en longeant l'avenue de la gare, j'avais jeté un coup d'œil sur les menus des grands cafés qui la bordaient : ce n'était pas ce qu'il me fallait. Un court monsieur, agile cependant, avec un beau ventre, des yeux riants derrière ses lunettes et un nez rubicond, — ce qu'on appelle en allemand un nez de Bourgogne — me dépassa et, à un moment donné, me dit avec un petit compliment poli : « Je sais ce que vous cherchez. Tenez, voilà ! » Et il me montra l'entrée d'une petite rue qui n'avait l'air de rien du tout. En effet, j'y ai trouvé tout à loisir.

Là où les paysans prennent leurs repas, l'on pourra aller en toute tranquillité, car, s'ils vont en ville le dimanche, ils ont l'intention de se soigner en conséquence. Ils ne renâcleront pas sur le prix, mais ils exigent en revanche et qualité et quantité. Les paysans français sont gourmets et gourmands, le dimanche, et par extraordinaire, s'entend !

A midi et quart, je me trouvais, dans une rue vieille et étroite, devant une maison médiévale dont le rez-de-chaussée, ouvert sur la rue, était occupé dans toute sa largeur par une salle de restaurant. Les tables n'étaient pas couvertes de toile cirée, comme c'est l'habitude, mais de nappes de lin en couleurs, ce qui était invitant. Les serviettes étaient de couleurs assorties. Je pris place au coin d'une longue table ; l'autre bout était occupé par quatre personnes que je supposais former une société. La servante vint me demander si je voulais « dîner ». Comme ce pays est archaïque, car depuis longtemps on dit « déjeuner » pour le dîner et « dîner » pour le souper ! Sur ma réponse affirmative elle m'incita à monter vers l'autre bout de la table. Mais comme, par pure politesse, je laissais une place libre entre les autres convives et moi, elle fronça les

sourcils et secoua un peu la tête en signe de désappro-
bation. Dans son for intérieur elle devait penser :
« Sans doute un Parisien hautain », comme une servante
dans la Haute-Bavière penserait en pareil cas : « Un
Berlinois piqué ». C'était d'ailleurs une belle walkyrie,
blonde et bien faite. Sanglée dans une cuirasse
d'écailles argentée, elle aurait fait sensation, comme
« Germania », dans n'importe quelle fête patriotique
de l'Allemagne d'avant-guerre.

Elle plaça devant moi une soupière remplie de potage
au vermicelle, un litre de vin rouge et un pain blanc
entier et m'invita à me servir. Les autres étaient déjà
aux hors-d'œuvre. Dans ces parages bénits on mange
les deux : « doublement cousu tient mieux », comme
on dit chez nous. Après le potage elle apporta les hors-
d'œuvre : du saucisson de porc, du beurre, des tomates
et des oignons en salade. Le beurre avait très bon
goût, mais il n'était pas consistant : on aurait dit un
onguent jaune. On trouve souvent de ce beurre en
France, mais je ne sais pourquoi il est ainsi. J'avais
bientôt rejoint les autres convives, car un Allemand
n'apprendra jamais à manger aussi lentement et aussi
patiemment et avec tant de recueillement que les
Français, pour qui le repas garde toujours un reste de
son caractère sacramentel.

Comme entrée, on nous servit une belle saucisse de
porc hâché bien rôtie. Je compris alors ce qui avait
mécontenté la servante. La saucisse était servie en
entier, et, pour le cuisinier, nous formions un groupe,
une communauté. Or, comme je m'étais tenu à distance, les autres convives auraient pu croire que la
saucisse était pour eux seuls. Mes voisins avaient cependant compris et partagèrent avec moi ; par la suite,
ils m'offrirent toujours le plat le premier : c'est une
politesse à l'égard de l'étranger.

Entre-temps, un paysan était arrivé, mais avec trop de retard pour être servi avec nous. Il avait pris place en face de moi. Après avoir attendu assez longtemps, il fit poliment remarquer au patron, qui faisait son tour d'inspection, le ventre en avant, en bras de chemises et manches retroussées, qu'il n'avait pas de vin. « Mais voilà », répliqua le patron en montrant la bouteille placée devant moi, « voilà ! » C'était en somme un blâme à mon adresse et je le compris fort bien. La bouteille étant de mon côté, c'eût été de mon devoir d'offrir du vin à mon vis-à-vis. Il aurait été malséant de sa part de me le demander, à moi, un étranger. Je m'empressai de remplir son verre, mais, à partir de ce moment, ce fut toujours lui qui me servit avant de se pourvoir lui-même, et chaque fois avec une petite expression polie. Je me rappelai mes voisins, les vignerons franco-souabes, qui, lorsqu'on leur offre un verre de vin, prennent une ou deux petites gorgées, et ne continuent à boire avant qu'on n'ait de nouveau rempli le verre jusqu'au bord. Ainsi le veut l'usage et, si on l'ignore ou si on oublie de remplir le verre, on passe pour être chiche.

On nous servit ensuite un steak de veau, nageant dans le jus, un beau morceau. Il était piqué d'ail. En France, il faut se débarrasser de tout préjugé contre l'ail. D'abord son goût ne prévaut jamais, et il ne revient pas. Pour certains plats il est indispensable. C'est l'ail, sans doute, qui rend les mets gras digestibles. En tout cas, ce veau était appétissant.

La servante apporta bientôt une nouvelle bouteille bien que la nôtre fût encore à moitié remplie. Sans doute le patron l'avait-il alertée.

Pendant qu'on attendait paisiblement la suite — il n'y avait pas de carte et l'on ne connaissait pas le menu — et tout en mangeant du pain et en buvant du vin par petites gorgées, on avait tout le loisir d'examiner

ses voisins. On ne se gêne pas de le faire en France.
On formait ici une « compagnie », cela veut dire : une
communauté de pain, qui créait une sorte de solidarité.

A mon côté deux jeunes gens en costumes de sport
assez neufs étaient assis ; ils étaient de taille moyenne,
solides, mais non sans grâce : des visages agréables,
animés d'yeux vifs et intelligents, la peau brunie par le
soleil, les cheveux de nature un peu frisés. En mangeant, ils montraient un certain savoir-vivre. En face
se tenait un couple qui ne soufflait mot : l'homme était
sans physionomie expressive ; la femme avait des
cheveux roux, des yeux d'un bleu un peu cru et la figure tachetée de rousseurs.

Mon voisin crut le moment venu pour entamer une
conversation avec moi, malgré la place que j'avais laissée
vide et qui aurait pu l'en empêcher, mais il avait bien
compris que ce n'avait pas été mauvaise intention de
ma part. Et un bon repas crée de la sympathie. « Un
jour de foire, commença-t-il, la cuisine ici n'est pas
aussi soignée ». Il voulait ainsi faire l'éloge du repas
de ce jour. Puis on lia conversation. C'était un fils de
paysan, d'une ferme située à moitié chemin entre Rodez et Millau. « On est propriétaire », dit-il poliment.
Il était venu dans la ville avec l'auto pour chercher des
pièces de rechange pour les machines agricoles : on
était en pleine moisson. « En réalité, on devrait dormir tout le dimanche, continua-t-il, puisque, en semaine,
on ne ferme pas l'œil ; mais, que voulez-vous ! quand
on a besoin de quelque chose ! »

La population paraissait donc religieuse, puisqu'on y
respectait le dimanche ; en général, les paysans français s'en soucient fort peu. (J'appris plus tard que le
département élit des députés de droite et que l'archevêque de Paris, Verdier, est Rouergat.) Ce jeune
paysan savait des choses intéressantes et s'exprimait
fort bien. Les Français aiment quand on s'intéresse à

leur travail : il faut naturellement rester aussi discret
qu'ils le sont eux-mêmes. Timides de nature, mais très
sociables, ils sont toujours un peu flattés quand un
étranger leur parle. Comme c'est leur habitude de réfléchir, de se rendre compte de tout, de s'éclairer par
raisonnement, ils savent fort bien répondre aux questions qu'on leur pose. Ce jeune paysan n'avait cependant qu'une instruction primaire, laquelle en France
est plus simple que chez nous, surtout dans les campagnes. Chez nous, on a de la peine à extraire quelque
chose d'un paysan. Nous parlâmes de ce vrai problème : comment se désaltérer en été ? Le paysan ne
saurait travailler toute la journée sous le soleil ardent
sans boire, et sans boire abondamment. « Voilà une
question », dit mon voisin, « qui ne sera jamais résolue.
Chez nous on boit du vin coupé d'eau, mais ce n'est
pas ce qu'il faut. On finit par avoir la bouche empâtée
et la tête lourde. Mais on n'a rien d'autre, voilà ! »
Dans ma région, en Allemagne, on boit du cidre, cinq
ou six litres par jour et le résultat est le même : le soir
on est ivre. L'eau pure, les sirops fatiguent l'estomac.
Dans l'Allemagne du Nord on boit du café. Une in-
fusion légère de fleurs de camomille, un peu sucrée,
est assurément très bonne, mais pas du goût de tout
le monde.

Mon voisin raconta ensuite qu'il avait fait récemment
une visite à Roquefort. Son père aussi envoyait le lait
des brebis dans les caves de la « Société ». Comme
préparation, on fait cailler le lait et on y ajoute un
peu de pain blanc moisi. Une fois par semaine, on fait
la livraison de ce mélange. Seul le lait de brebis pur
doit être employé. Dans les cavernes, où le fromage
met des mois à mûrir, vit toute une flore de crypto-
games impossibles à transplanter ailleurs : c'est cette
flore qui donne son goût spécial au fromage. Une fois
mûr, le fromage est conservé dans des caves réfrigérées.

Le tout forme une véritable cité souterraine. Mon voisin prétendit que les provisions de fromage prêtes pour
la vente s'élevaient à ce moment-là à 800.000 kilogrammes.

Pendant que nous devisions, on nous avait encore
servi de l'oie rôtie, jeune et tendre, et une grande ter-
rine de haricots blancs, le tout baignant dans le jus.
La petite rousse fit la difficile : elle n'avait plus faim.
Nous autres, par contre, nous attaquâmes vaillamment
l'oie, mais absorber le plat de haricots aurait été au-
dessus des forces humaines. Ce seul plat aurait suffi
pour nous rassasier.

A Rodez, on est dans le pays de la cuisine à la graisse.
On prétend que cette cuisine est lourde à digérer.
Chose curieuse, bien qu'ayant bien mangé, je n'éprouvais aucune lourdeur. La raison est probablement
parce qu'on mange lentement, avec des pauses, en con-
sommant avec les mets gras du pain et qu'on boit
du vin rouge à petits coups. L'ail doit y être aussi pour
quelque chose.

J'ignore pourquoi on ne nous servit pas de salade ;
les autres tables en reçurent. Etait-ce un oubli ? Ou
bien n'y en avait-il plus ? En tout cas, il aurait été
malséant de poser la question. Il ne faut pas confondre
des gens qui ont vraiment prouvé leur désir de servir
largement. C'était aussi l'avis de mon voisin.

On « donnait » encore du fromage : du Cantal. C'est
le fromage de vache de la région. Puis des pêches du
pays ; enfin du café noir « arrosé ». La bouteille de
marc fut placée sur la table pour que chacun pût se
servir à son gré. Mon voisin m'offrit poliment une
cigarette. Nous avions bu chacun près d'un litre de
vin, et nous avions bien mangé. Je n'éprouvais cependant nulle envie de dormir : on était gai et de bonne
humeur. Le sommeil, après le déjeuner, est inconnu en

France, à l'exception des Français qui ont séjourné dans les colonies.

Le couple d'en face s'en était allé. J'appris que c'étaient des ouvriers agricoles polonais. On parla de la question de la main-d'œuvre agricole. « Certes, me dit-on, les Polonais sont de bons ouvriers et modestes dans leurs exigences. Mais ils restent toujours étrangers ; c'est pourquoi on ne les aime pas ! » Le jeune paysan prétendit qu'on n'en aurait plus besoin, parce que, peu à peu, des villes commençaient à refluer plus de gens qu'on ne s'y attendait, et, de plus, qu'avec les machines on n'avait plus besoin de tant de mains. Tous les paysans avaient des faucheuses, des moissonneuses, des faneuses, des batteuses, et l'électricité aussi, comme force motrice, commençait à se répandre. Les gens de cette région étaient pour le progrès.

Comme prix du repas, on nous demanda 12 francs par personne, boisson comprise.

Je parcourus Rodez pendant trois heures par une chaleur de moisson ; mais sur cette hauteur l'air était agréable. Les remparts sont démolis ; à leur place, une large promenade contourne la ville. Là, le mot boulevard retrouve son sens. Dans toutes les directions le regard se perd dans le lointain ; c'est merveilleux. Je m'arrêtai devant le monument d'un poète campagnard : il me parut très beau. Il est orné de deux bas-reliefs : l'un représentant un vieux berger des causses avec son troupeau, penché sur son bâton, le regard au loin ; l'autre, un jeune paysan avec un joug de bœufs. Rodez possède beaucoup de monuments, comme toutes les villes de France. C'est que les sculpteurs sont nombreux en France ; Rodez est d'ailleurs la patrie d'un sculpteur moderne célèbre : Denys Puech. Son musée est sur le boulevard. Sur la vieille place du bourg, ont voit un joli monument commémorant l'adduction d'eau à la ville. L'eau est d'une source qui vient d'une distance

de 52 kilomètres. Les rues et ruelles sont bordées de
maisons du moyen âge et de la renaissance ; mais ce
qui est intéressant à voir surtout, c'est la cathédrale
construite en grès rouge ; la nef a plus de 100 mètres
de longueur. Au début du XVIe siècle, on a ajouté une
magnifique tour en pierre plus claire, décorée avec tout
l'art du gothique finissant.   A l'intérieur se trouvent
un jubé renaissance splendide et de nombreux monuments. Ce qui reste toujours étonnant, c'est que d'aussi
petites villes aient pu ériger des constructions aussi
grandioses : c'est la meilleure preuve que le moyen âge,
tant décrié pour son « obscurité », était en vérité
l'époque d'une culture plus haute que la nôtre.

Lorsque j'arrivai à la gare, j'avais encore trois minutes avant le départ du train. Le chef de gare s'avançait déjà vers la locomotive, muni des insignes de sa
dignité : la casquette blanche et le petit drapeau rouge
enroulé, coincé sous le bras.   Je courus chercher mes
bagages, mais à la porte de la consigne il y avait un
écriteau : « Le dimanche après-midi, prière de s'adresser à la caisse de la G. V. »   Par bonheur, la porte
n'était pas fermée, j'y pénétrai, je pris mes bagages et
je mis la fiche et l'argent sur la table. Je sautai en
toute hâte dans le train. Personne, je crois, n'y verra
un acte répréhensible.

* * *

Les contrées les plus heureuses de France sont celles
qui se trouvent à l'écart des grandes routes. Nous en
avons donné maints exemples. Les gens s'y lèvent tôt
et sont de bonne humeur ; ils sont francs et cordiaux
et leur esprit n'est point endormi. Ils ont surtout du
temps et de l'argent. Les quarante milliards cachés
dans les bas de laine où donc se trouveraient-ils, sinon
là ? C'est la vraie France, le pays où il fait bon vivre.

Nous avions, un ami et moi, passé quelques jours dans une ville du Centre. Adossée à une colline que couronne une magnifique fûtaie de châtaigniers, autour d'un petit noyau ancien, on dirait une ville-jardin ou mieux encore, une ville-parc : elle est ornée d'arbres à profusion. Le pays entier, dont elle est le chef-lieu, est couvert de forêts, de touffes d'arbres, d'arbres solitaires. Avec ses vallées profondément encaissées, ses routes en lacets, ses vieux bourgs, ses rochers de granit et ses bruyères, il représente le paysage le plus varié qu'on puisse s'imaginer : riche de vastes horizons autant que de détails pittoresques, il est aussi riche de braves gens, de belles filles et de nobles idées.

Pendant notre séjour, nous étions allés voir un camarade, dont la famille exerce le notariat depuis trois siècle dans une minuscule ville médiévale sur les contreforts du Massif Central et loin du chemin de fer. Ce fut jadis le chef-lieu d'un comté. Du haut du château en ruines on domine le pays entier.

Dans la vieille demeure, nous avons vu l'antique cuisine qui existe toujours. Dans l'immense cheminée, noircie par la fumée et la suie, la crémaillère est suspendue pour les chaudrons et on y rôtit encore la volaille et le gibier à la broche. A côté d'elle, une grande cuisinière plus moderne sert pour cuire les autres mets ; elle est flanquée d'un petit four affecté exclusivement à la confection des sauces. On ne brûlait que du bois coupé sur le terrain du domaine. Les murs étaient garnis de toute la « batterie » de cuisine (poêles, casseroles, pots de toutes formes et de toutes dimensions) en cuivre étincelant et datant de cent ou de deux cents ans. Une poissonnière s'y trouvait accrochée, longue de plus d'un mètre, et qui ne servait qu'à de longs intervalles, quand quelqu'un ayant pris un brochet-géant l'avait apporté, comme il sied, à M. le Notaire, maître et seigneur de la région. C'était encore le pays des fées : un effort était nécessaire pour résister à l'envoûtement.

Maintenant il fallait rentrer à Paris. Pour joindre la grande ligne, on devait prendre un train omnibus qui, tout en marchant à bonne allure, s'arrêtait à toutes les stations. Des paysans étaient dans le train, venant de la ville et rentrant au bourg. Les vieux étaient vêtus de la blouse bleue qui jadis fut le costume unique des paysans dans toute la France ; les femmes portaient la grande cape de drap noir de la région. Les uns remportaient des paniers vides, d'autres ramenaient dans un sac une paire de porcelets. A la station de correspondance, où le rapide de Paris s'arrête, on eut le temps de manger. « Allez chez le boulanger ! » nous avait-on dit. Chez ce dernier, en face de la gare, la salle était pleine de paysans, — car c'était jour de foire — qui discutaient avec passion les prix du bétail : les mauvais prix, bien entendu. L'un d'eux avait dû vendre une tête de bétail du poids vivant de 162 kilogrammes pour 325 francs, c'était probablement une génisse. Cela parut être un prix exceptionnellement bas. On lui en faisait des reproches, mais il dit tranquillement : « C'est mieux que rien. » Il avait parfaitement raison, car au fond cette bête ne lui avait rien coûté. La vache l'avait mise bas, et le nourrisson avait grandi sur les pâturages sans que son propriétaire ait à dépenser un sou, excepté peut-être pour la vaccination. Il n'avait même pas eu à s'en occuper, et le travail est certes la dernière chose que le paysan peut mettre en ligne de compte. S'il voulait compter strictement ses heures de travail, les citadins ne pourraient plus rien acheter.

Les économistes, surtout de gauche, — les gens de gauche, en France, ont toujours beaucoup de difficultés à sortir de ce léger brouillard d'idéologies dont ils vivent entourés — les économistes, dis-je, se mettent en colère quand on profère de pareilles hérésies. Ils vous font le calcul, noir sur blanc, du « prix du revient » d'une génisse et vous prouvent que l'éleveur est ruiné s'il n'obtient pas tel prix. Mais le petit paysan en rit. Il a sa façon séculaire, peut-être millénaire, d'établir son budget et de le balancer. Première règle : on ne dépense jamais l'argent qu'on n'a pas. Deuxième règle : La vie ne doit rien coûter : on se nourrit de ce qu'on produit. Troisième règle : Il ne faut jamais mettre en compte le travail, la sueur, les veillées, les heures supplémentaires. Quatrième règle : A chaque dépense doit correspondre une recette. Les menus frais sont payés du produit de la basse-cour, du lait, du beurre : c'est l'affaire de la paysanne qui n'a qu'à se débrouiller. (Elle se débrouille et met de l'argent de côté.) Vêtements et chaussures sont payés par la vente d'un veau ou d'un porc. Tant de vaches font tant de veaux par an. Une bonne truie permet de vendre (au prix de quel travail !) cinq fois en deux ans de six à quinze pourceaux. On en engraisse un ou deux pour sa propre consommation. Dans toute cette économie, si les prix de vente sont bas, tant pis : on achètera moins, mais on ne changera pas son train de vie : l'équilibre sera en toute éventualité maintenu. Les impôts sont payés du produit de la culture proprement dite : blé, vin, tabac. S'il ne suffit pas, on criera au secours. Au député de faire le nécessaire : qu'il fasse voter une loi, qu'il décroche une subvention ! Mais on n'entamera ni les autres recettes, ni les réserves. Tout argent qui n'est pas affecté à une dépense spéciale est mis de côté. L'argent n'est pas là pour être dépensé. On a besoin de réserves pour les mauvaises années, pour les épidémies, ou pour refaire son cheptel, de même que pour la vieillesse ou pour la dot de la fille, mais surtout pour acheter de la terre. Le père a déjà convoité ce lopin, le fils l'achètera. Le tout est d'avoir l'argent quand soudain l'occasion se présentera. On dépensera alors tout, sans hésiter : on l'avait accumuler pour cela. (Rappelons-nous le Comte de Nevers, qui avait dépensé tout son argent, pour réaliser un rêve.) Un petit magot, en or si possible et soigneusement caché, est destiné aux frais d'enterrement.

C'est une forme de l'économie qui peut vivre avec un capital roulant minime. Là réside sa force. Elle résiste aux crises les plus dures. En temps de crise, le paysan ne peut rien mettre de côté ; finalement il est forcé d'attaquer ses réserves, mais il s'en tire. Les gens qui en souffrent sont les commerçants, parce que le paysan n'achète plus rien : pas d'habits de dimanche, pas de machines agricoles. Cet éleveur avait donc raison de donner sa bête pour 325 francs, puisqu'il était impossible d'obtenir davantage. C'était en tout cas de l'argent comptant.

Au café, on nous fit entrer dans une sorte de salle à manger bourgeoise dans le goût horrible de la fin du siècle. La plus grande partie en était occupée par une table couverte d'une toile cirée. Il n'y avait encore personne. Le garçon du café entra : c'était un homme fort, avec une figure de bronze et des poings formidables de la même teinte. Sans doute était-il en même temps le valet de ferme. Je lui demandai ce qu'« on servait ». Il me regarda de travers, secoua la tête, comme la servante de Rodez, et disparut. Après un moment, il revint pour réciter toute une litanie qu'il était impossible de comprendre et, en même temps, il plaça devant nous un grand plat de jambon et de charcuterie comme hors-d'œuvre.

Voici le menu qui suivit les hors-d'œuvre : Tête de veau chaude à la vinaigrette, asperges à la mayonnaise, rôti de veau avec rognons, haricots verts, petits pois au beurre, dindon et salade, gâteaux de fruits, cinq sortes de fromage, pêches, café arrosé. Le garçon offrit le plat d'abord à chacun, puis il le mit sur la table pourqu'on pût se servir à volonté. Peu à peu toutes les places avaient été occupées.

A la fin du repas, la jeune boulangère fit son apparition, dans une jolie robe sortant des magasins de Paris, un peu de rouge aux lèvres, souriante et gracieuse. Elle encaissa onze francs par personne. A moi, elle me demanda d'un ton un peu sucré : « Ce n'est pas trop cher ? » J'avais bien mérité cette petite leçon pour mon manque de confiance ! Personne ne donna de pourboire ; le garçon d'ailleurs avait disparu. Je demandai à ma voisine si ce n'était pas d'usage. « Peuh ! fit-elle d'un petit ton dédaigneux, ce sont des gens tellement riches ! » La France au milieu de la crise mondiale.

Ce repas chez le « boulanger », comme du reste celui de Rodez, n'était que de qualité courante : cuisine de restaurant faite pour tout le monde. La plupart des clients, il est vrai, étaient des habitués. En tout cas, c'était très bon et bien mieux que ce que l'on trouve n'importe où dans le monde dans des conditions semblables. Mais si un chef de cuisine fait un effort pour honorer un convive distingué, on s'imagine quelle perfection il atteint.

Un jour, j'ai fait une conférence dans une petite ville de Bourgogne, dotée de mines de houille. Rien de plus caractéristique pour la France que ces nids de charbons semés à travers le pays. Ils se trouvent souvent dans les montagnes ; dans une vallée sauvage ou pittoresque vous passez soudain à côté d'un puits. Même le bassin de Saint-Etienne, le deuxième de France par son importance, est un dépôt isolé, entouré de montagnes qui s'élèvent jusqu'à 1.400 mètres. Dans le rapide de Bordeaux-Strasbourg, un soir, entre deux

lumières, j'aperçus à l'arrière-plan d'un paysage idyl-
lique une agglomération de lumières : c'était Le Creu-
sot, la grande forge de France.

De la tour de la cathédrale d'Autun, où il faut monter ne fût-ce que pour admirer, de l'intérieur, la
construction de la fameuse flèche, le regard se promène sur une large vallée verte, dominée au fond par
le Mont-Beuvron, le Bibracte de César. Au milieu des
prés, on aperçoit de petits tas noirs et des tours d'ex-
traction : on dirait des jouets faits avec des allumettes.

Dans cette petite ville de Bourgogne, où le charbon
est encore extrait à la manière de nos grands-pères (il
est utilisé sur place), l'aubergiste avait préparé tout le
repas lui-même : c'était pour la cause de la paix ; aussi
y avait-il mis tout son cœur et son savoir. On avait
commencé par un pâté de volaille qui, chose rare, avait
été demandé unisono « bis ». Un brochet l'avait suivi
et on avait ainsi continué durant un bon moment. Le
menu était composé avec un tel raffinement que chaque
plat donnait toujours envie de manger. Des vins exquis
avaient accompagné le repas, pour atteindre le comble
avec un Pommard fameux. Nulle part, comme en
Bourgogne, on ne sait composer la gamme des vins et
des mets. Après le repas, le patron se reposant sur un
petit banc devant la maison, épuisé et suant, en bras de
chemise et en pantoufles, je lui adressai mes compli-
ments, mais il les écarta d'un mouvement et me demanda l'œil brillant : « Et mon Pommard ? Qu'en
dites-vous ? » Puis son regard s'éteignit et d'une voix
mélancolique il murmura : « Il ne m'en reste plus que
douze cents bouteilles ! Mais je n'en donne qu'aux
meilleurs amis. »

De ces expériences, on peut les faire un peu partout en France. Dans chaque province, ce sera un
peu différent, mais toutes ont appris quelque chose
les unes des autres. De la somme de ces expériences

est né un savoir collectif, une science, mieux encore :
une sagesse, une somme de sagesses qu'on retrouvera
où qu'on aille : dans les Vosges, en Bourgogne, dans les
Alpes, au Massif Central, dans le Périgord, en Gascogne, en Normandie. C'est la sagesse de la personne
France.

IX

VISITE A L'HAY-LES-ROSES

Pendant le mois de juin des affiches émanant de la
municipalité de L'Hay-les-Roses invitent, dans toutes
les mairies de Paris et dans toutes les gares, la population à visiter la célèbre Roseraie de la famille Gravereaux, à l'Hay-les-Roses.

Cette petite localité, avec son nom poétique, est
située au sud de Paris devant la Porte d'Italie. Pour
s'y rendre, il faut traverser une partie particulièrement
hideuse de la « zone », cette ceinture de baraques, ma-
sures et maisonnettes minuscules qui contourne la ville
au nord, à l'est et à l'ouest et où des dizaines de milliers
d'hommes mènent une vie misérable. La zone est
destinée à disparaître ; chaque année, d'après un plan
préétabli, une partie en est assainie. Des affiches de
l'administration y sont placardées, qui mettent les
gens en garde de n'y acheter ni terrains ni locaux. Un
grand pas sera fait vers l'embellissement et l'assainisse-
ment de Paris quand elle aura disparu, car rien n'est
décourageant comme le contraste qui existe entre les
nouveaux quartiers construits à la place des fortifications et la « zone ». En sortant, par exemple, par la
porte de Bagnolet, dont l'entourage est, au point de
vue de l'urbanisme, une des parties les mieux amena-

gées de Paris, avec de beaux groupes d'habitations
pourvues de tout confort jusqu'à l'appareil de T.S.F.
qu'on peut louer à l'heure chez le concierge, et avec le
joli square Séverine pour les enfants et un grand
groupe scolaire très moderne, en sortant de là, on
se trouve sans transition dans un dédale de sentiers
et de ruelles flanquées de vieilles huttes sordides,
négligées, tombant en ruines, huttes qu'en Allemagne
le plus pauvre prolétaire refuserait d'habiter.

Toute chose cependant a plusieurs côtés et il ne
faut pas vouloir en regarder seulement un. Il n'est
aucunement certain que tous les habitants de la zone
seraient heureux d'échanger leurs trous misérables
avec de coquets appartements au sixième, même s'il y
a un ascenseur, le chauffage central, le vide-ordures
et tout ce qui est de mise pour une habitation moderne,
même d'ouvrier ! Dans la zone, ils ont leur petit jardin avec un cerisier, deux rosiers, des giroflées, dix
plants de fraises et de minuscules plates-bandes de
radis, de salades, de poireaux. Jardiner, manier la houe
et la bêche, semer et planter, tailler et greffer sont
pour le Français issu du peuple une partie du pain
quotidien, un travail sans lequel il perdrait le contact
avec la terre et il sombrerait dans un désarroi intérieur.
L'ouvrier anglais, le travail fini, va jouer au football ;
l'ouvrier français va, selon Paul Morand, dans son
potager. C'est parfaitement exact. D'un journal parisien j'ai retenu cette phrase : « Il n'y a rien pour
enraciner un homme déraciné qu'une douzaine de
plants de salade. » Cela est bien français.

A L'Hay-les-Roses, des rosiers grimpants en fleurs
laissent tomber leurs branches par-dessus tous les murs
de jardins. Les rues sont dénommées : Jean-Jaurès,
Jules-Guesde et ainsi de suite. C'est la preuve que nous
sommes dans la banlieue rouge. Sur un mur est affiché,
recouvert de verre, le dernier numéro du « Populaire »

De grandes affiches invitent (c'était en 1934) à adhérer au Front commun qui est devenu depuis le Front populaire. Sur un autre mur quelqu'un a dessiné à la craie rouge le marteau et la faucille avec l'inscription : « Les soviets partout ! » Mais c'est en vain qu'on cherche une indication pour trouver la fameuse roseraie. Cette négligence aussi est bien française. On fait un grand effort pour attirer les touristes, mais quand ils arrivent à destination rien n'est préparé pour les guider. Un homme, de l'autre côté de la rue, auquel j'adresse une question, me fait signe : « Là-bas ! à l'autre bout ! » Je passe devant un bel hôtel de ville moderne, point dans le traditionnel style Renaissance ; un peu plus loin, devant de nouvelles douches communales, et, finalement, j'arrive devant la porte d'un parc. Serait-ce ici ? Je sonne. En effet, c'est là. L'entrée coûte cinq francs en semaine, trois francs le dimanche.

Ce qui est curieux, c'est que le produit des droits d'entrée revient à la commune, alors que le propriétaire prend à sa charge tous les frais d'entretien. C'est donc un homme riche et bienfaiteur tout à la fois, dans tous les cas : un capitaliste. Quelque rouges que puissent être les conseillers municipaux de l'Hay, ont peut parier qu'ils admettent en souriant ce genre de capitalisme. Tout le peuple français a ainsi un double aspect : Dans le domaine abstrait, les hommes vivent sous le règne des grandes idées pour lesquelles ils combattent passionnément et sans craindre de verser leur sang ; mais, dans la réalité et par atavisme, ils sont profondément conservateurs, attachés à l'idée de propriété : ce qu'ils possèdent, ils l'aiment plus même que la vie. Les agitateurs les plus sanglants rêvent d'acquérir un lopin de terre et de s'y retirer un jour, d'aller à la pêche. Ce n'est pas la possession de terre ou d'argent qui excite la haîne, mais c'est l'abus qu'on en fait pour exercer un pouvoir ou pour adopter une attitude hautaine.

Ce dédoublement nous le retrouvons partout : chaque Français est en même temps jacobin et conservateur. C'est selon les circonstances que prévaut l'un ou l'autre côté, sans que cette dualité n'étonne personne.

Alain a raconté que dans une ville du Sud-Ouest, chaque année, les bons républicains faisaient une pétition énergique à la municipalité, lui signifiant de défendre le déroulement dans les rues des processions religieuses. Les bons catholiques y répondaient par une contre-pétition qui portait autant de signatures. De nombreux citoyens, en particulier les commerçants, avaient signé les deux. En soutenant la première, ils avaient sacrifié sur l'autel de l'idée et libéré leur conscience ; en signant la deuxième, ils avaient tenu compte de la réalité qui, malheureusement, est beaucoup plus compliquée que l'idée pure.

Joseph Barthélemy, en parlant d'une région au sud de la Garonne, dit qu'en cet endroit le radicalisme est le seul dogme politique possible, mais que cela n'empêche pas maint maire radical-socialiste, libre-penseur indépendant et jacobin incorruptible, de chanter le dimanche au lutrin, de tenir l'harmonium, voire même de balancer l'encensoir. Les élections municipales de 1935 ont fait entrer des communistes en assez grand nombre dans le conseil municipal de Paris. Il y a eu des scènes violentes dans les premières séances. Le conseil a voté néanmoins à l'unanimité, y compris les voix des socialistes et communistes, les frais pour la parade militaire du 14 juillet. Maints exemples abondent dans ce sens. « Rien n'est mangé aussi chaud qu'il est cuit. »

Le maire rouge de l'Hay-les-Roses et M. Gravereaux sont certainement les meilleurs amis du monde. Il n'y aurait même rien d'étonnant à ce que la municipalité rouge ait élu M. Gravereaux, grand bienfaiteur, maire de la commune. Je n'en sais rien. Mais d'aucuns penseront peut-être : que peut bien rapporter comme entrées une telle roseraie ? Elle rapporte de dix à douze mille francs par un beau dimanche et jusqu'à cent mille francs pour une saison cependant courte ! Recette nette qui va dans la caisse de la commune. Dans ces conditions, il est possible de se payer le luxe de construire des bains-douches et un bel hôtel de ville. Il vient tant de monde le dimanche, qu'on est pressé le long des allées comme la chair à saucisse dans le boyau. Mais si le propriétaire voulait en faire une affaire à bénéfices personnels, — un homme aussi riche, pouvant se permettre un luxe pareil, — personne n'irait voir les roses de l'Hay. C'est une forme de caractère du peuple français.

J'étais venu un des premiers jours et par un temps incertain ; il n'y eut que peu de visiteurs. On avait d'autant plus de loisir pour apprécier la beauté du jardin et des fleurs. Devant ces milliers et milliers de roses de toutes formes, de toutes grandeurs, de toutes nuances, devant cette gamme de tons et de parfums, on éprouve une sorte d'ivresse. C'est un charme inouï auquel on s'abandonne volontiers.

Il est cependant indéniable que le rosier, quelque merveilleuses que soient ses fleurs, n'est pas très beau comme plante, sauf en buisson. On finit par s'en apercevoir, même malgré soi, dans un endroit où tant de rosiers sont assemblés. De plus, pour de pareilles quantités, il est impossible d'enlever les fleurs fanées. Elles restent après les branches et les jardiniers ont assez de travail pour ratisser et emporter les pétales qui ne cessent de tomber. A vrai dire, on devrait cultiver les nobles races de roses sur des plates-bandes spéciales et n'offrir aux yeux que les fleurs coupées, arrangées avec quelques feuilles dans de beaux vases. C'est là, à mon avis, que leur beauté parfaite serait mise en valeur, et non sur les rosiers où elles perdent de leur charme, la plante par elle-même n'étant pas assez décorative.

Il faut faire toutefois exception, non pour les rosiers solitaires, mais pour les rosiers grimpants modernes. Il en existe, au feuillage vert foncé, robuste et brillant, exempt de maladies cryptogamiques, qui sont parfaits comme plantes, même sans fleurs. Et quand ils se couvrent de l'abondance de leurs fleurs grandes et splendides, isolées ou en lourdes grappes, c'est une merveille. Tout ceux que l'on avait admirés il y a peu de temps : les Crimson Rambler, les Dorothy Perkins s'effacent devant ces rosiers modernes dont voici quelques noms :

Paul's scarlet climber (écarlate brillant),
Paul's tea rambler   (rose),
Albertine   (saumon),
Jacott   (saumon clair),
Aviateur Blériot   (blanc).

Les deux premiers ont été importés d'Amérique il y a déjà plusieurs années. On imagine un jardin contenant seulement ces cinq sortes de rosiers : ce serait beau toute l'année, et, au mois de juin, ce serait un conte des mille et une nuits. Actuellement les rosiéristes américains s'efforcent de cultiver des rosiers fleurissant tout l'été. Il en existe déjà une sorte « New Dawn » (nouvelle aube) qui réalise ce progrès. On entrevoit des perspectives merveilleuses. Le dernier mot est loin d'être dit.

A un tel endroit il s'accumule une grande somme d'expériences dont on peut tirer profit. En général, on taille ici les rosiers plus courts qu'en Allemagne. (Les arbres fruitiers sont également taillés plus courts.) Dans les espèces qui poussent très drues, la « Reine des Neiges » ou « Mme Caroline Testout », on enlève les pousses les plus faibles de l'année précédente et l'on ne raccourcit pas les autres, mais on les fixe à la terre par le bout, de sorte qu'elles forment des arcs qui, en juin. se couvrent de fleurs. Quant aux rosiers grimpants on les taille exactement comme la vigne, à deux ou trois yeux. Les tiges qui seront inutiles pour l'année prochaine sont supprimées dans le courant de l'été. — Il est d'un effet merveilleux de disposer des rosiers grimpants, comme Albertine ou Paul Scarlet Climber, en cordons horizontaux, exactement comme l'on fait des pommiers : les pousses avec leurs grands bouquets de fleurs s'élèvent droites sur la tige horizontale. Pour les rosiers pleureurs, les tiges sont tressées ou disposées en forme de couronne ou de parasol.

Un coin de jardin est occupé par une section historique. Elle est certes la moins voyante, mais peut-être est-elle la plus curieuse. En tout cas c'est elle qui nécessite les plus grands frais, parce qu'il est en général extrêmement coûteux et difficile de remplacer les pertes. On y voit les roses les plus vieilles des Indes, de la Perse, de l'Hellade, les roses des croisades, des jardins des couvents et des manoirs. Pour chaque sorte il est indiqué où elle fut pour la première fois décrite ou reproduite. Qu'elles sont pauvres, ces roses ! Les hommes étaient encore modestes. A cette époque, l'imagination a dû ajouter ce qui manquait à la réalité. D'ailleurs ce sont ces roses dont les peintres italiens de la Renaissance ont orné leurs tableaux. Le parfum cependant était déjà parfait. Les roses modernes payent même une partie de leur gain en beauté par une perte en senteur.

* * *

Quand le regard quitte le quartier des roses historiques pour aller vers celui des roses modernes, gran-

des, belles, luisantes, on est sous l'impression d'un immense progrès réalisé. On se rend mieux compte de la
différence par ce qu'on ne voit pas les états inter-
médiaires. Le plus grand progrès a été fait dans le
dernier quart de siècle. Et nous, n'avions-nous pas commencé à croire que la doctrine du progrès n'était bonne
que pour les enfants et les petits bourgeois ?

Mais, en réalité, toute la vie est faite de progrès, et
l'arrêt c'est la mort.

X

DE THIERS AU PUY

Qui connaît Thiers ?   Et qui connaît Le Puy ?   On
sait bien que Thiers est la ville de la coutellerie, comme
Solingen, en Westphalie, et Le Puy celle des dentelles
au fuseau, comme Annaberg et Schneeberg, en Saxe.
Mais en dehors de ces notions élémentaires, on ignore,
même en France, ce que représentent ces deux villes.
Toutes les deux cependant ne sont pas seulement extrêmement curieuses, presque uniques dans leur genre,
mais encore d'un pittoresque incomparable.

Thiers, qui est compris dans les circuits d'autocars,
n'est qu'à peu de distance de la grande station balnéaire de Vichy. Ces circuits — aucun homme sensé
n'osera le contester — sont le meilleur moyen pour se
faire une idée fausse d'une région. A soixante kilomètres à l'heure, on vous transporte à travers monts
et vaux ; arrivés au but, vous écoutez les explications
stupides d'un guide qui récite sa litanie, — à laquelle
il ne comprend souvent rien, — parfois en plusieurs
langues, sans que vous ayez eu le temps de regarder
quoi que ce soit, et allons ! hop ! en voiture ! on con-

tinue. Aucune possibilité de se rendre compte de la formation du sol qu'il faut connaître pour comprendre un paysage ; impossible de regarder de près un détail, voire de se recueillir dans un endroit qui en donne l'envie. On ne vous accorde pas le moindre temps. C'est exactement comme au cinéma. Là encore on vous montre les choses les plus curieuses, les plus extra-ordinaires même, mais ce sont des images qui glissent rapidement sans produire une impression dans l'esprit. L'âme se ferme devant elles, résolue à ne pas se laisser faire violence. Ce spectacle précipité reste un simple amusement superficiel, un passe-temps.

Pour bien faire la visite de Thiers, il faut prendre le chemin de fer. Naturellement il n'y a que des trains omnibus avec de vieux wagons. En venant de Clermont-Ferrand, on franchit la plaine fertile de la Limagne, arrosée par l'Allier et ses affluents et entourée de trois côtés par des chaînes de montagnes s'élevant jusqu'à 1.200 et 1.500 mètres de hauteur. Arrivé au bord de la plaine, le chemin de fer commence à escalader les contreforts de la montagne en décrivant un immense lacet. Tout d'une traite il monte de 285 à 440 mètres d'altitude, traversant des champs, des buissons, des vignobles, de petits vallons. Peu à peu la vue s'étend. Derrière la plaine surgissent les sommets volcaniques des monts Dôme et des monts Dore. C'est un paysage d'une grande beauté, très varié, pittoresque au premier plan, avec de larges perspectives. D'en bas, on avait aperçu la ville de Thiers s'étageant sur le flanc des coteaux ; ensuite on l'avait entièrement perdue de vue. Arrivée sur la hauteur, on la voit soudain réapparaître à ses pieds. Cette petite ville de 15.000 habitants com-porte des différences de niveau de 150 mètres, ce qui permet déjà de se faire une idée de son caractère. Le panorama dont on jouit de la gare est magnifique. La ville, pareille à toutes les vieilles villes, est composée d'un noyau ancien : la cité, et des parties neuves qui l'environnent. La cité est située sur un promontoire rocheux, entouré, en forme de lacet, d'un torrent qui sort en se précipitant de gorges sauvages. Son dos est protégé par de hautes montagnes aux pentes abruptes. A l'encontre d'autres villes de province qui n'ont guère dépassé l'ancien noyau, elle s'est largement étendue : elle est descendue jusqu'aux pieds du promontoire et a occupé peu à peu tous les flancs de la montagne. C'est tout un labyrinthe de ruelles tortueuses, montantes et descendantes, toutes raides, et coupées par de nouvelles et larges rues et avenues horizontales s'adaptant à tous les plis de la montagne, qui forment autant d'étages qui se superposent. On peut littéralement regarder dans les cheminées des maisons. Chaque tournant offre des vues sur les rochers escarpés de l'autre côté des gorges, sur la rivière brune, aux bouillons d'écume blanche dont le chant éternel emplit l'oreille, sur les lointains qui s'estompent au bout de la plaine. Beaucoup de ces ruelles ont parfaitement gardé leur caractère du moyen âge.

Ce qui fait la différence entre les vieilles villes françaises et allemandes, c'est qu'en France les vieilles bâtisses en construction de bois ont été assez tôt remplacées par des maisons en pierres, et ce pour plusieurs raisons : Le pays est devenu riche de bonne heure ; la pierre à tailler abonde partout ; l'art de la travailler avait été pratiqué dès l'époque romaine. Les maisons à cloisons de charpente, si fréquentes en Allemagne, où dans beaucoup de régions on continue d'en ériger, se font rares en France, excepté en Normandie. Dans les vieilles cités, elles forment des curiosités, comme à Bourges ; celles qui subsistent sont petites, car depuis des siècles on avait cessé d'élever dans cette technique de grandes constructions semblables à celles que possède l'Allemagne : la Maison des bouchers à Hildes-

heim, par exemple, ou l'hôtel de ville de Markgröningen, qui avait le droit de garder le drapeau d'assaut
du vieil Empire (Reichssturmfahne). L'aspect gris et
usé des vieilles villes en France provient précisément
du fait que depuis des siècles on a tout construit en
pierre et qu'en conséquence les maisons sont vieilles et
rongées par les intempéries. Pour la même raison, il
est tellement difficile de renouveler ces cités ! Qui voudra démolir des maisons en pierre, parfaitement solides
bien que ravagées à l'extérieur, et qui dureront encore
des siècles ? Ce ne seront certes pas les Français, si
attachés au passé, qui le feront volontiers.

Ces maison médiévales sont assez hautes ; elles ont
une façade étroite et le pignon donne sur la rue.
« Avoir pignon sur rue » veut dire en langage imagé :
être propriétaire d'une maison. Le rez-de-chaussée
comprend une seule pièce généralement voûtée. C'est
là que se trouvait l'atelier. Au-dessus se trouvent les
logements. A Thiers, tout est resté comme jadis. La
fabrication de la coutellerie est une industrie qui
s'exerce à la maison. Très spécialisée et répartie entre
de nombreux petits ateliers, elle permet de se rendre
compte de ce que furent les corporations du moyen
âge. Comme dans les siècles passés, l'artisan travaille
sous sa voûte médiévale : il forge, taille, aiguise toutes
sortes de couteaux et de ciseaux. Le temps semble
avoir arrêté son souffle. Il existe certainement à Thiers
aussi des usines modernes, mais ce qui est curieux et
unique dans cette ville, c'est qu'on voit, en flânant
dans ces rues étroites, comment au moyen âge les
bourgeois des petites cités ont vécu et travaillé.

Le passé est vivant comme à Carcassonne, à Aigues-
Mortes, à Saint-Malo. Mais, à Thiers, nous nous sentons
touchés au vif parce que c'est une vie bourgeoise,
banale, dépourvue de tout romantisme et cependant
archi-vieille, qui se déroule devant nos yeux. Or, la

grande difficulté pour nous consiste précisément à nous représenter un passé **non** romantique, **non** héroïque, sans costumes héraldiques, sans pose, sans grands mots. A Thiers nous assistons à ce passé.

Pour un Allemand, la visite de Thiers est particulièrement instructive, parce qu'elle lui permet de se faire une idée vivante de la vie des vieilles villes impériales qui sont le berceau de l'esprit allemand proprement dit et qui est profondément différent de l'esprit prussien avec lequel il ne faut pas le confondre. Dans ces villes, on passait sa vie dans des ruelles étroites, entassés les uns sur les autres, dans des maisons hautes et serrées. De la vie des voisins, rien ne restait caché. On voyait tout, on savait tout, on prenait part à tout. Comment aurait-on pu s'isoler, puisque toute la vie se passait en commun ? Par conséquent, on discutait tout, on critiquait tout, on était toujours prêt à se révolter contre l'autorité, mais aussi à prendre les armes pour défendre les libertés de la cité contre quelque prince ou chevalier ou quelque cité rivale. C'est cette vie en commun, ce frottement continuel qui a éveillé les esprits et a fait jaillir les étincelles.

Après la guerre, la municipalité de Thiers avait baptisé une large rue « Avenue de la Victoire ». On le lit encore sur les plans de la ville et dans les guides imprimés. Mais les citoyens l'ont obligée à la débaptiser. Elle s'appelle maintenant, je crois, « Avenue de la Liberté ». La victoire ? On n'en veut rien savoir ! Ça sent la guerre et la gloire. C'est très significatif pour l'esprit d'âme du peuple français.

Dans toutes les villes et villages de France, il y a naturellement un monument aux morts. Beaucoup de ces monuments sont, comme en Allemagne, dépourvus de goût, sentimentaux, sucrés, « pompiers ». A un moment donné, il fallait vite avoir son monument et on ne

regardait pas de si près pour le choix. Cependant, çà
et là, on trouve de véritables œuvres d'art, des chefs-
d'œuvre même, et quelquefois dans de petites villes. Je
me rappelle le très beau monument de Commentry :
un moissonneur, qui, en fauchant le blé, se trouve soudain devant un tombeau de soldat. Sur la plupart des
monuments on lit les phrases habituelles de l'héroïsme,
de la mort pour les hauts idéaux de l'humanité. Mais,
dans le centre de la France, j'ai été souvent frappé par
des textes tout à fait simples : « Aux morts de la grande
guerre » ou bien : « Aux fils du pays tombés sur le
champ de bataille », sans rien de plus. Ceux-ci sont
plus sincères, plus « français » que les autres, car l'immense majorité du peuple français déteste les grands
mots creux et croit que « gloire » et « victoire » sont
des idoles d'un temps périmé. C'est cette mentalité
qui a fait débaptiser par les citoyens de Thiers leur
avenue de la Victoire.

En revanche, il existe à Thiers une statue en bronze
de la « Mutualité ». Cela aussi est bien français. En
France toute la vie est fondée sur les personnalités ;
les doctrines ne servent que de décoration. On a vu
la Chambre refuser telle loi à tel président du conseil,
avec un grand apparat d'éloquence et de déclarations
solennelles de principe, et la voter huit jours après sous
un autre président. Question de personnalités. C'est
pourquoi toute grande idée est personnifiée. Par là
elle devient tangible, visible. On a donc personnifié la
mutualité. Et, en effet, toute la vie, n'est-elle pas fondée sur la mutualité ? Ne faut-il pas qu'elle le soit ?
La famille, premier noyau ; le cercle d'amis, renforçant
la famille tel un anneau qui l'entoure ; la commune ;
la petite cité : tout repose sur la mutualité, sur l'aide
réciproque de ceux qui poursuivent les mêmes buts.
La mutualité et l'entr'aide mutuelle : voilà la véritable
philosophie française ! Le marxisme, qui prêche la

lutte des classes, qui, par conséquent, démolit les petites
communautés où nécessairement toutes les classes se
trouvent réunies, est, dans le fond, opposé au caractère français. Marx n'était pas Français, et Jaurès
a regretté que les influences allemandes aient donné
au socialisme français une fausse direction. Et si tant
de Français votent cependant « marxiste », la véritable
raison est que le marxisme leur apparaît comme le
meilleur défenseur des libertés républicaines.

J'arrivai à Thiers un samedi soir, à huit heures.
J'avais retenu une chambre près de la gare et j'allais
en ville en quête d'un restaurant. J'arrivai devant un
établissement, beau pour une petite ville, sis sur une
grande place à pente assez forte. Si je pouvais manger ? Le gérant était désespéré. Oui ! mais le chef de
cuisine était déjà parti et le garçon avait son jour de
sortie. Si je voulais accepter une assiette anglaise ? le
gérant pourrait la préparer lui-même. Et il y avait
encore du potage, des fruits, du fromage et un très
bon vin du Beaujolais. Tout cela me constitua un excellent repas. Le gérant fut plein d'attentions. C'est
encore une forme du caractère français. Qui s'attendrait à voir arriver à huit heures et demie des gens
qui n'ont pas encore dîné ? Les gens raisonnables
mangent à sept heures, voyons !

A côté de Thiers, perchée sur une colline, se trouve
la nouvelle école de la coutellerie, vaste et complexe
bâtiment en style beton armé, sobre et beau. D'une
blancheur éclatante, cette école domine toute la plaine.
On doit pouvoir distinguer cette tache blanche du
sommet du Puy-de-Dôme, à l'opposé de la plaine. Dans
ce paysage verdoyant, à côté de la vieille cité, elle
marque une époque nouvelle ; elle est là comme un
témoignage de vigueur, comme la promesse d'un temps
meilleur.

De Thiers au Puy, on redescend d'abord tout doucement le grand lacet. Les sommets lointains s'estompent
derrière l'horizon, les grandes perspectives dispa-
raissent. Le regard s'attache de nouveau aux charmants détails des sites proches ; puis, à gauche, Thiers
commence à surgir sur la pente du rocher.

A Pont-de-Dore, on change de train. De là au Puy
la distance est de 135 kilomètres : il y a deux trains
par jour (trois pendant les vacances) des omnibus, cela
s'entend. Faut-il s'étonner que toutes ces régions soient
restées inconnues ?

La voie remonte la vallée de la Dore sur une longueur de 75 kilomètres. Une vallée de montagnes,
tantôt large, tantôt étroite, tantôt suave, tantôt grandiose, jamais monotone ; des gorges, des rochers, des
viaducs, des tunnels. On passe devant de petites villes
toutes grises, devant des églises romanes, des châteaux
et des manoirs. Dans le lit d'un affluent, il y a encore
un vieux moulin à papier datant du moyen âge et tra-
vaillant toujours, sans changement, d'après les vieilles
méthodes séculaires. Une antique roue à aubes fait
marcher des marteaux de bois, qui battent les chiffons
et les transforment en pâte. De la cuve, la pâte est
étendue sur des tamis en laiton où elle s'égoutte et elle
est séchée sur des claies en osier. Cette préparation
donne des papiers de la meilleure qualité, qui trouvent
toujours acquéreurs. Quelle raison aurait-on eue de se
moderniser ? Depuis cinq siècles, sans interruption, on
fabrique du papier dans la solitude de ce vallon perdu
où une génération d'ouvriers a suivi l'autre. Le grand-
père, l'aïeuil, le bisaïeul ont procédé ainsi. Le fils fait
de même et le petit-fils continuera la tradition. C'est
une chaîne ininterrompue. Quelle somme d'expériences
soigneusement gardées et transmises, est ainsi donnée
comme patrimoine de père en fils !

Ce sont les croisés qui ont introduit la fabrication du papier en France, mais elle n'a pu prendre un véritable essor qu'au XVe siècle. C'est à cette époque seulement que les hommes ont pris l'habitude de porter du linge, — jusqu'alors ils avaient porté les vêtements sur la peau nue, — et le linge usé a fourni les chiffons dont on a pu faire du papier. Jusque-là la matière première avait fait défaut.

Il y a dans l'évolution humaine de ces interdépendances curieuses, auxquelles peu de gens ne pensent et que les érudits gardent comme des secrets, mais qui aident beaucoup à comprendre l'histoire. L'augmentation de la fabrication du papier et l'offre plus grande qui en résulta causèrent une baisse des prix qui permit d'imprimer des livres en plus grand nombre et à meilleur compte. Cela ne pouvait manquer de favoriser l'éclosion des lettres et des sciences. Durant le moyen âge, le papier avait été très rare, presque inexistant ; on se servait de parchemin, dont la production était également limitée, et qui, à Paris, était rigoureusement rationné aux étudiants. Une fois par an, on tenait la foire aux parchemins à Saint-Denis, où toute l'Université se rendait, le recteur en tête, et où les marchés pour l'année suivante étaient conclus. Au quartier latin, il existe encore la rue de la Parcheminerie. Le même parchemin servait plusieurs fois : on le grattait après avoir appris par cœur ce qu'il avait contenu jusqu'à ce que la peau fût complètement usée.

Chose curieuse : la réforme de Luther, qui se répandit à travers l'Allemagne comme une traînée de poudre à l'aide de tracts vendus à toutes les foires, n'aurait pu faire son chemin sans cette nouvelle habitude de porter du linge. Elle serait restée une petite révolte locale que l'Eglise et l'Empereur auraient facilement étouffée.

La voie de chemin de fer continue de monter pour déboucher dans le Livradois, plaine fertile de 15 kilomètres de longueur et de 3 à 5 kilomètres de largeur. A 500 mètres au-dessus de la mer, entouré de montagnes dont les sommets atteignent 1.600 mètres, le Livradois est comme un îlot paisible séparé du monde. On y fabrique un fromage spécial : la Fourme d'Ambert, qui se vend à Paris sur les marchés à un prix assez élevé. Pendant l'été, le bétail est dans la montagne, dans les pâturages au-dessus de la limite des arbres. C'est un paysage où l'on pourrait se croire en Allemagne ; seules les églises romanes rappellent la France.

A l'autre bout de la plaine du Livradois le chemin de fer, pour gagner la hauteur, doit effectuer une grande boucle. (Le vallon de la Dore est trop étroit et la pente trop rapide pour que la voie puisse l'utiliser.) Et soudain on se voit en contre-haut de magnifiques gorges dans le fond desquelles la Dore descend en petits sauts saccadés entre les rochers de granit. Les flancs des gorges portent des hêtres et des sapins. C'est un paysage qu'on croirait typiquement « allemand », si de pareilles dénominations avaient un sens. On ne dirait pas qu'on est à la latitude de Turin.

Plus on s'élève, plus le pays gagne en beauté et en charme. Dans tout autre pays, cette ligne de chemin de fer serait considérée comme une grande attraction, mais en France ! On parierait que le Directeur général du P.L.M. n'a jamais fait ce parcours. Les beaux paysages, les attractions, les curiosités abondent tellement en France !

Sur une distance de 25 kilomètres, la voie monte d'une seule traite de cinq cents mètres. En haut on se trouve, à plus de mille mètres au-dessus du niveau de la mer, dans un site d'une grandeur mélancolique, aux sapins noirs, aux prairies émeraudes, toutes tachetées au mois de mai du blanc des narcisses, sillonnées un

peu partout de petits ruisseaux, dont les bords sont
garnis du myosotis bleu foncé des montagnes qu'on
appelle « Vergissmeinnicht » en Allemagne : « Ne m'oublie pas ! » Dans cette solitude trône La Chaise-Dieu,
merveille de l'art gothique dans un pays essentiellement roman. Le chœur de l'abbatiale contient 156
stalles en bois sculpté du XVᵉ siècle et la plus riche
collection de tapisseries flamandes du XVIᵉ qui existe.
Toute cette richesse est cachée dans un pays grave et
austère, où la neige dure de longs mois.

Arrivée au faîte du massif, la voie se retarde encore
entre les forêts et les pâturages qu'elle traverse en
serpentant, puis, tout à coup, avec une rapidité sur-
prenante, l'aspect du pays change. Voilà des volcans
éteints, des rochers escarpés couronnés de curieux
manoirs en ruines, de petites villes adossées aux montagnes et rappelant l'Italie, d'immenses orgues de basalte formées par des colonnes cristallines. Dans une
vallée étroite le train commence à descendre avec une
rapidité que le mécanicien a toutes les peines à répri-
mer. A un tournant de la voie, la vallée s'ouvre soudain et présente au voyageur l'étonnant, l'extraordinaire spectacle du Puy.

Nous disons bien spectacle et non panorama, car
tout ici est mouvement. Jusqu'alors on n'avait pas cru
qu'un tel paysage pût exister. Certes, on a vu de ces
décors au théâtre, sur lesquels les peintres ont lâché
la bride à leur imagination en inventant des paysages
fantaisistes. Ici c'est la réalité.

Imaginez une vallée large, entourée de volcans éteints
qui, çà et là, laissent tomber à pic et en cascades de la
lave cristallisée. Une colline se dresse au milieu, isolée.
De la colline jaillit comme un jet un rocher gigantesque,
hérissé de pointes, aux contours dentelés, et couronné
d'une statue colossale de la Vierge, laide en soi, mais
qui souligne le caractère fantastique du spectacle. Sur

les pentes de la colline s'étagent les maisons de la ville, les unes au-dessus des autres, aux toits rouges et peu inclinés comme en Provence. On devine des ruelles tortueuses, des escaliers reliant les différents paliers. Dominant le monceau des toits, au niveau même où le rocher se dégage de la colline, se tient la cathédrale, de style roman, grande et majestueuse, vraie forteresse, une des plus belles et des plus curieuses de France, flanquée d'un haut clocher. Elle est érigée sur une sorte de plateforme, un « podium », mais qui était trop petit, de sorte qu'il a fallu construire la façade dans le vide. Faite de pierres de plusieurs couleurs, celle-ci repose dans toute sa largeur sur d'immenses piliers qui forment une sorte de narthex, d'où l'on monte, comme d'une cave, à l'intérieur de la nef. Un escalier de soixante gradins permet d'accéder de la ville à ce narthex.

Mais ce n'est pas tout : A côté de la colline, près d'une petite rivière, s'élance un rocher isolé presqu'à pic, rond et lisse comme un pain de sucre dont il a la forme, haut de 85 mètres, portant sur l'espace étroit de sa pointe une église romane complète, très veille, avec un clocher qui rappelle en plus petit celui de la ca-thédrale.

A l'arrière plan se dresse, sur une colline rocheuse, un grand château féodal.

Tableau romantique s'il en fut jamais ; non point de ce romantisme un peu sentimental des peintres alle-mands d'il y a cent ans, d'un Kaspar David Friedrich ou d'un Ludwig Richter, un romantisme fait d'aven-tures et de fantaisie débordante.

La cathédrale du Puy sur son « podium » — Le Puy veut dire podium et les habitants de la ville s'appellent Podots ou Ponots ou encore Aniciens — est, nous l'avons dit, une des églises romanes les plus curieuses de la France et du monde. Elle compte parmi les plus vieilles. La plus grande partie date du XIe siècle. Les influences musulmanes y sont très visibles. Le Puy fut une des grandes stations sur le chemin de pèlerinage allant à Saint-Jacques-de-Compostelle, où l'Occident prit contact avec la culture arabe. Non seulement la mosaïque de pierres de différentes couleurs de la façade est de style musulman, mais encore la suite de huit coupoles octogonales dont la nef est recouverte, sont construites « sur trompes ». C'était déjà une fort bonne solution du problème de la voûte. A côté de la cathédrale se trouve un cloître qui est un véritable trésor de sculpture romane, intéressant au double point de vue de l'art sculptural et comme document de la culture de l'époque. Sur un chapiteau, un Hun est sculpté : le souvenir des invasions ne s'était pas encore éteint. Sur un autre, on voit le christianisme menacé par l'islam et abrité par un ange : c'est une sculpture d'une naïveté toute enfantine. L'islam est représenté par deux hommes qui portent chacun un croissant dans la main, tel un croissant de pâtisserie. Mais on voit là déjà toute la somme des connaissances de l'époque.

Il faut naturellement faire l'ascension du grand rocher qui porte la statue de la Vierge, appelé rocher de Corneille. Un croyant hésitera à pénétrer dans la statue même et à grimper le petit escalier à vis aménagé dans le corps. La statue à seize mètres de hauteur, pèse 110.000 kilos et a été coulée en 1860 avec 213 canons de bronze pris lors de la conquête de Sébastopol. C'est le guide qui l'affirme !

Il faut encore escalader le rocher de l'Aiguilhe, ne fût-ce que pour voir la vieille église Saint-Michel, dont le portail est un exemple très intéressant du roman auvergnat, avec sa mosaïque de lave noire et de pierres blanches.

Le Puy est une ville très propre et bien entretenue. Sur les marches des escaliers, dans les raidillons, de vieilles commères travaillent au fuseau et vendent aux touristes les dentelles et les mouchoirs qu'elles fabriquent. Comme tous les gens simples en France, elles aiment à causer, et, en bavardant, on peut apprendre d'elles toutes sortes de choses intéressantes.

L'administration des P.T.T. a édité un timbre de 90 centimes avec la vue du Puy. Malheureusement, ce timbre ne donne aucune idée de la beauté de la ville et de son cachet spécial. Il est vrai que cela est très difficile à décrire, même en paroles.

Quand, par le chemin de fer, on quitte le Puy en direction de Langogne, on entre d'abord dans la vallée de la Haute-Loire, qui est proche du Puy et qu'on remonte pendant quelque temps. Ensuite la voie se retourne et s'élève au-dessus de la vallée en un grand lacet. Elle passe sur des viaducs et sous des tunnels et, tout à coup, entre deux tunnels et pour quelques instants seulement, on voit en bas une dernière fois, aussi inattendu qu'à l'arrivée, le spectacle incomparable et extraordinaire du Puy.

XI

IMAGES D'AUVERGNE

Thiers et Le Puy font partie de l'Auvergne ; mais il faut aller chercher plus à l'Ouest la véritable Auvergne et les Auvergnats authentiques.

Personne ne devrait rendre un jugement sur la France sans connaître l'Auvergne. La Côte d'Azur, la plage argentée de Biarritz, les stations balnéaires de la Manche, ce n'est pas la France. L'étranger y trouve au fond une vie internationale avec un vernis français, vernis tout à fait superficiel.

Certes, la connaissance de l'Auvergne à elle seule ne
suffit pas non plus. C'est une des couleurs du prisme.
Si le prisme se compose de certaines couleurs pures
alors que les autres ne forment que des transitions, la
France possède quelques régions essentielles où son
caractère se trouve exprimé de façon pure : l'Ile-de-
France, la Bourgogne, la Vallée de la Loire, le Périgord, l'Auvergne. Les autres sont des degrés inter-
médiaires. Il faut connaître toutes ces provinces
pour avoir l'accord complet, la synthèse. Parmi ces
régions, l'Auvergne est sans doute la plus vieille. Elle
l'est d'abord au point de vue géologique : un pays de
volcans éteints ; un pays de montagne, dont les sommets atteignent près de 1.900 mètres. Mais la population aussi est peut-être la plus vieille de France. Ce
n'est pas le type de l'homme de la pierre polie qui prévaut ailleurs en France ; les Auvergnats sont d'une race
plus ancienne encore : ils sont de l'époque de la pierre
éclatée.

Un jour, dans un train, je me trouvai en face d'une
femme jeune encore, aux cheveux noirs et lisses, à la
figure brune et osseuse. Elle avait de larges hanches,
des seins lourds. Son regard était chargé de mystère,
de curiosité, de passion, de cruauté, de volupté. Au
fond de ces yeux bruns on apercevait comme la per-
spective de l'antiquité la plus reculée. Elle me parut
comme le modèle vivant de cette « Vénus de Laussel »,
de l'Aurignacien, de cette période du paléolithique où,
pour la première fois dans l'histoire humaine, quelque
chose comme l'art fait son apparition. Oui, c'était la
personnification de la fécondité et de la maternité :
une de ces femelles farouches qui, pour attirer l'homme,
se peignait en couleurs crues — les pots de fards
abondent dans tous les habitats paléolithiques — et qui
chassait le mâle, en le conspuant, dès qu'il avait fait
son devoir ; qui vivait seule avec son petit, le défen-

dant, s'il le fallait, avec les forces et le courage d'une lionne, cherchant elle-même la nourriture. La femme qui évoquait en moi ces souvenirs était d'un type tout à fait original, sans affinités négroïdes, ni méditerranéennes, ni sémitiques. Elle n'était pas belle, mais d'un fort attrait. La seule chose sur laquelle il ne pouvait y avoir aucun doute, c'est que ce type était archaïque, remontant aux premiers débuts de l'humanité. Ces visages « vieux » ne sont pas rares en Auvergne. Les Auvergnats parlent, d'ailleurs, aussi un Français primitif qu'on appelle « charabia », mot qui a pris le sens de langage incompréhensible.

Une autre fois, allant du Puy de Sancy à Chambon, je rencontrai, sur les hauteurs qui venaient de se couvrir entièrement de nuages, un berger, petit et brun, accompagné d'un loulou noir. Il m'adressa la parole pour me demander si je n'avais pas vu son troupeau. Il revenait de la vallée où il était allé chercher des vivres et ne retrouvait plus ses bêtes dans la brume ; car les troupeaux vont où ils veulent. Il m'expliquait : « celui avec les bêtes blanches ! » Insistant encore : « les bêtes blanches ! » Oui, je les avais vues ; précisément ces vaches blanches avaient attiré mon attention. Le troupeau paissait sur une pente rocheuse abrupte, ce qui m'avait étonné, parce que je me demandais comment des vaches pouvaient s'y tenir : c'était un terrain pour chèvres. Je lui décrivis l'endroit et lui montrai la direction. Il parut très heureux. Sa figure était toute couverte de poils, au milieu desquels étincelaient deux yeux noirs, méfiants et rusés. Soudain j'avais la vision de parler à un homme de l'âge de la pierre éclatée. Aucun doute n'était permis. Pendant que nous conversions, le loulou n'avait cessé de me surveiller, en jetant de temps en temps un regard sur son maître comme pour lui demander des instructions. Il semblait prêt à me mordre au mollet au premier signe. Comme berger et chien étaient vieux, paraissaient vieux !

Je pensai au blond Einar d'Islande qui gardait les troupeaux de Hrafnkel. Il avait perdu ses mères-brebis et les avait cherchées durant deux jours dans la montagne. Fatigué et desespéré, il ne put finalement résister à la tentation de monter l'étalon sacré Freymähner pour mieux avancer : il dut payer son sacrilège de sa vie. Ici il en est de même : les bêtes, les troupeaux s'égarent ; il faut partir à leur recherche et quand les hauteurs sont enveloppées de nuages, on ne les retrouve quelquefois qu'après des journées. Chaque année des bêtes se tuent en tombant dans les précipices. La parabole du bon berger reprend en un tel endroit tout son sens : le berger s'en va chercher l'agneau égaré et le prend dans ses bras quand il l'a trouvé. En Allemagne, les brebis ne s'égarent pas ; elles restent gentiment ensemble, par crainte du chien qui les mordrait aux pattes. La parabole donc ne dit plus rien ; mais dans ces régions sauvages, tout redevient simple et naturel.

En Auvergne, on peut encore voir de jeunes paysans se rendant à la foire sur leur cheval de labour, leur jeune femme en croupe derrière eux. Dans les coins cachés on trouverait certes encore de bien vieilles coutumes subsistant à travers les siècles.

Des monts d'Auvergne descendent d'innombrables rivières, grandes et petites, sillonnant dans toutes les directions. La plupart finissent par se réunir dans les bassins de la Loire et de la Dordogne. Si l'on remontait la Loire, de son embouchure à sa source, et si l'on redescendait la Dordogne, de sa source à la mer, on verrait les paysages les plus doux, les plus fertiles, les plus riches, pittoresques, autant qu'antiques, sauvages et grandioses. Ce sont les vallées qui donnent ce caractère particulier à l'Auvergne. Beaucoup d'elles, étroites et incultes, sont profondément encaissées dans le dur granit. La vallée de l'Allier, de Langeac à Langogne, forme une seule gorge, longue de 67 kilomètres, dans laquelle il n'y a presque pas de vie. Aucune route ne la suit. Seul, le chemin de fer s'est frayé une voie dans les rochers, au prix d'innombrables travaux d'art : tunnels, murs de soutènement, viaducs et ponts. C'est le paysage le plus sauvage et le plus grandiose qu'on puisse s'imaginer. Sur le versant occidental, la vallée de la Dordogne, entre Bort-les-Orgues et Argentat, est, sur une longueur de 60 kilomètres, si étroite que des sentiers seulement courent le long du jeune fleuve ; mais les pentes sont couvertes d'arbres : hêtres, charmes, chênes, châtaigniers, tilleuls, sapins.

Cachés dans les vallées ou perchés sur les hauteurs, il existe une multitude innombrable de vieux bourgs et de vieilles cités, de châteaux et de manoirs, de couvents et d'églises romanes, les envahisseurs n'ayant jamais pénétré dans ces contrées. Voilà Saint-Flour, ville de 5.000 habitants, juchée sur un immense rocher de basalte, dont les bords se précipitent à pic dans une profondeur de cent mètres. On a pu renoncer à des remparts et à des fortifications en érigeant les maisons juste aux bords de l'abime : aucun ennemi ne pouvait songer à escalader ces rochers. Voilà Salers sur un plateau rocheux à 250 mètres au-dessus de la vallée, où la plupart des maisons ont conservé toute leur riche ornementation du moyen âge ; Murat, dans la vallée de l'Alagnon, abritée par une paroi basaltique gigantesque tombant en cascades vers la ville ; le curieux bourg de Chaudes-Aigues, où des sources thermales, débitant par jour 4.500 hectolitres d'eau à 85 degrés, servent aux habitants non seulement pour laver le linge et préparer les mets, mais encore pour chauffer leurs maisons, modèle le plus ancien du chauffage central. La plupart de ces villes et de ces bourgs se trouvent à une altitude variant de 900 à 1.000 mètres au-dessus du niveau de la mer.

Il est très en vogue de visiter l'Auvergne en auto-cars. C'est, nous l'avons dit, un moyen détestable. Le chemin de fer est de beaucoup préférable ; seulement, il marche moins vite et il n'y a que des trains omnibus avec de vieux wagons, voilà l'inconvénient.

En automobile, le voyageur ne peut se rendre compte des différences d'altitude. Les voitures modernes sont assez puissantes pour vaincre les rampes fortes.

Le chemin de fer au contraire a besoin de moyens ingénieux pour gagner la hauteur : il monte une vallée en longeant un cours d'eau ; si la pente devient trop raide, il fait un crochet pour remonter sur l'autre rive en sens inverse. Quand toutes les possibilités semblent épuisées, il passe par un tunnel dans une vallée voisine qui lui permet de continuer son ascension. Un obstacle s'oppose à sa marche : s'il ne peut se frayer un chemin à travers les rochers, il les contourne. C'est un jeu in-lassable fait de ruse et d'expédients qui lui permet d'atteindre enfin le faîte. A chaque tournant, la vue change : tantôt elle plonge dans une gorge sauvage où les eaux mugissent, tantôt elle s'échappe au loin. Ainsi, un voyageur allant de Bort-les-Orgues à Neussargues peut admirer les Monts Dore dans toute leur majesté et dans les cadres les plus variés. Qu'on se rappelle la ligne du Saint-Gothard : la vallée de la Reuss est une vallée alpine comme tant d'autres ; ce qui fait de ce voyage un événement inoubliable, c'est ce tracé de chemin de fer avec son système ingénieux de lacets et de tunnels en spirale.

En Auvergne, ce qui frappe le plus l'imagination, c'est le changement fréquent d'altitude. Tantôt on se trouve à 300 mètres au-dessus du niveau de la mer, tantôt à 800 ; on redescend à 600 pour remonter à 1.100. Entre Brioude et Saint-Flour, on monte d'une seule

traite de plus de 600 mètres sur un pourcours de 33 kilomètres ; de Vic-sur-Cère au Lioran, de 450 mètres sur
seulement 15 kilomètres sans qu'on se serve de crémail-
lière. D'une vallée à végétation luxuriante, on se voit
transporté à une hauteur ou déjà les arbres se rarifient.

Il y a, en Auvergne, une profusion de viaducs en
pierre, construits avec tout l'amour que les Français
mettent à l'exécution de tels travaux. Ceux construits
en pierre de lave noire, aux jointures blanches, sont
incomparables de beauté. Les viaducs métalliques sont
aussi nombreux. Il y en a même deux des plus célèbres :
le viaduc du Garabit, qui franchit la vallée de la
Truyère, œuvre d'Eiffel, long de 564 mètres et haut de
122 mètres, avec au milieu un immense arc de 165
mètres de portée, et le viaduc des Fades, le plus haut
de tous, puisqu'il passe à 132 mètres au-dessus de la
rivière.

* * *

L'Auvergne nous fournit encore une preuve de cette
tendance si curieuse de canaliser le trafic sur certaines
voies. Près de Clermont-Ferrand, capitale de l'Auvergne, ville importante entre toutes dans l'histoire
parce qu'il y fut prêché la première croisade et qu'elle
est devenue ainsi le point de départ de cet enthousiasme
magnifique qui saisit toute la chrétienté et qui a trans-
formé tout le monde occidental, près de Clermont-
Ferrand s'élève le Puy-de-Dôme, mont isolé, de formes
pures, haut de 1465 mètres, un des volcans les plus jeunes
de l'Auvergne. C'est sur le Puy-de-Dôme que tout le
trafic des touristes est concentré. On a construit une
route pour automobiles avec une rampe de 12% ; sur
le sommet — chose inouïe en France — se trouve un
hôtel. Certes, le panorama qu'on embrasse du Puy-de-
Dôme est des plus beaux. On ne compte pas moins
de soixante sommets volcaniques et entre eux se des-

sinent les coulées de lave restées noires et stériles jusqu'à nos jours. Là-haut, on trouve la foule des touristes. C'est le sacrifice que fait la personne France
pour racheter la paix aux autres sommets, à toutes ces
vallées austères et grandioses que les yeux profanes
n'ont pas besoin de voir.

Quand on a fait l'ascension du Puy-de-Dôme, il faut
encore, en une journée, faire le « circuit » de l'Auvergne, avec déjeuner dans la grande station thermale
de La Bourboule. On vous transporte, par monts et
par vallées, le long de lacs de cratère remplis d'eaux
noires et silencieuses ; vous passez au pied de vieux
châteaux féodaux ; vous grimpez à toute allure sur des
cols où d'infinies perspectives s'ouvrent à vos yeux
émerveillés ; mais on ne vous donne pas le temps d'y
jeter un regard. « On est en retard, vite ! descendons !
A telle heure, le thé nous attend à tel hôtel ! » L'autobus s'arrête aussi à Saint-Nectaire, mais personne ne
pense à monter sur le rocher pour admirer la beauté
calme de la merveilleuse église dont nous avons donné
une description.

Le soir, les hommes se vantent d'avoir vu l'Auvergne,
de la « connaître » ! Et la mère France, un peu mélancolique, un peu moqueuse, sourit et pense : Laissez
faire ! — — —

Quand on visite Clermont, il faut voir Royat, la
grande station balnéaire, sur la route du Puy-de-Dôme,
reliée à Clermont par le tramway. Royat aussi est sa-
crifiée : on y visite une grotte avec une nappe d'acide
carbonique de 1 m. 30 de hauteur, où les adultes
peuvent pénétrer, mais où les chiens et les enfants
étoufferaient, comme dans la célèbre grotte des chiens
de Naples. Dans une autre grotte où jaillissent des eaux
minérales, les habitants lavent leur linge que cette eau
rend particulièrement blanc et propre. Il y a surtout
des hôtels splendides qui attirent les touristes. Enfin,

un peu plus loin, une éminence porte une église-forte-
resse romane très curieuse, avec créneaux et mâchi-
coulis, mais elle est déjà trop éloignée du terminus du
tramway et on y reste à peu près seul.

De l'autre côté de Clermont, également reliée par le
tramway, se trouve une autre ville digne d'être vue et
que personne ne visite : Montferrand. Durant des
siècles ce fut la grande rivale de Clermont ; finalement
Clermont a triomphé et a obtenu du Roi en 1731 que
les communes de Clermont et de Montferrand fussent
réunies sous l'hégémonie de Clermont. Depuis cette
date la ville porte le nom composé de Clermont-Ferrand.
Mais Montferrand est resté un corps étranger dans la
communauté. C'est une ville déchue, morte. Elle possède un ensemble de maisons bourgeoises de styles
gothiques et Renaissance, comme peu de villes françaises n'en peuvent montrer et que les bourgeois d'an-
tan ont abandonnées. On a amenagé des plafonds dans
les hautes salles ; on a muré les fenêtres gothiques et
percé d'autres jours à des endroits impossibles, et l'on
y a logé des ouvriers. On ne peut guère s'imaginer
d'image plus pitoyable de grandeur déchue : c'est dou-
loureux à voir, mais en même temps infiniment curieux
et instructif, et c'est un trait nouveau dans le visage
de la France. Malgré l'amour du passé, on laisse tomber en ruines les monuments les plus beaux aussitôt
qu'ils ont perdu leur importance vivante ; on craint de
donner aux vieilles villes ce caractère de musée qu'ont
Rothenburg ou Nördlingen, par aversion contre ce qui
est artificiel, par indifférence, mais aussi par ce qu'on
est trop riche : on possède tant de beautés archi-
tecturales !

Pour aller de Clermont-Ferrand à la Bourboule et au
Mont-Dore on ne devrait pas prendre l'autobus, mais
le chemin de fer, véritable ligne de panorama, une des
plus belles qui existent. Sur les derniers contreforts de

la montagne, la voie monte, en s'adaptant à tous les plis, de 350 mètres sur un parcours de 20 kilomètres. A sa gauche, on a les forêts et les ravins, les coulées de lave où ne poussent que de rares bouleaux ; à droite, plus la voie s'élève, plus le regard s'étend : d'abord, c'est la ville de Clermont elle-même, qui attire les regards, avec les deux flèches pointues de sa cathédrale ; ensuite la riche plaine de la Limagne ; puis les chaînes de montagnes qui émergent à l'horizon les unes derrières les autres ; enfin quand la voie à contourné la montagne, le regard embrasse les collines fertiles du Bourbonnais et se perd dans les bleus du lointain.

La montagne la plus haute et la plus belle de l'Auvergne est le Puy de Sancy (1.886 mètres), dont on peut facilement faire l'ascension dans une demi-journée, au départ des grands bains du Mont-Dore. Mais le Puy de Sancy n'est pas sacrifié ; il ne faut pas que les gens « du monde » y aillent : il est réservé à ceux qui cherchent la grandeur et la solitude, à ceux qui ne craignent pas un effort, bien petit d'ailleurs.

Du Mont-Dore, une belle route conduit jusqu'à la fin de la vallée. Elle traverse une magnifique forêt de sapins argentés, véritable parc naturel. La Dordogne, qui descend la vallée en petits sauts capricieux, n'y est encore qu'une toute petite rivière. Au pied de la montagne, la route cesse et il n'y a plus que des sentiers : on dirait vraiment que c'est fait exprès pour décourager les gens. En haut, vous ne trouverez ni auberge, ni restaurant, ni même un abris. Pour la soif, mille sources et ruisselets sont là pour vous désaltérer, et auriez-vous faim, les myrtilles vous invitent à vous servir : il y en a tant ! Du sommet, on jouit d'une vue illimitée. A vos pieds, le regard plonge dans les vallons qui sont comme les plis d'un manteau ; au-dessus d'eux, il embrasse une bonne partie de ce beau pays de France ; à l'est, il va jusqu'aux Alpes, si l'air est pur ;

à l'ouest, il se perd dans les plaines voisines de l'Océan, car le Puy de Sancy s'élève solitaire au-dessus de tous ses rivaux, dominant de haut tout son entourage. Tout le massif du Mont-Dore ne forma, à l'époque préhistorique, qu'un seul immense volcan d'une hauteur de plusieurs milliers de mètres, avec des cratères sur les flancs. Les cratères se sont écroulés, les cours d'eaux ont rongé la pierre, des lacs se sont formés dans de vieux cratères et où une coulée de lave a barré la vallée.

Une solitude grandiose et sauvage règne sur ces hauteurs dont le silence n'est que rarement interrompu par le cri d'un oiseau. Les sentiers sont à peine visibles, les chemins ne sont pas indiqués : les poteaux-indicateurs sont illisibles ou renversés par le vent. C'est au Mont-Dore que j'ai rencontré le berger. De temps en temps il y avait des échappées : on apercevait alors, tout au fond de la vallée, les grands hôtels où, à cette heure, les gens chics faisaient leur toilette pour le five-o'clock, ignorant le vieux monde qui vivait là tout près d'eux et qui leur survivra.

Plus tard, redescendu dans la vallée du côté de Chambon au hasard des sentes, je rencontrai un paysan qui m'accompagna sur une partie de mon chemin. Il était allé voir son valet qui fauchait du regain. On causa de la vie dure de ces régions, où la neige persiste pendant quatre mois. Ces paysans vivent entièrement sur leur bien : de pain de seigle, de pommes de terre, de lait, de fromage, de porc salé. Les troupeaux forment leur richesse : cinquante têtes de bétail sont une belle fortune. Les troupeaux restent tout l'été sur les hauteurs ; mais le soir on les parque dans une clôture, comme on fait pour les moutons chez nous. Le fromage, dit de Saint-Nectaire, est le seul produit que les paysans peuvent vendre, avec, de temps en temps, un porc ou un jambon. Actuellement (nous sommes en 1934) le prix du fromage est trop bas à cause de la crise ; mais la vie des paysans n'est pour cela pas changée : elle continue dure, laborieuse, faite de privations, pleine de risques et de menaces.

Le lac de Chambon est un de ces lacs limpides et silencieux qui se sont formés derrière le barrage d'une coulée de lave. On y a amenagé une petite plage de sable fin, avec un « Casino ». Là, où la route s'embranche pour le casino, un grand panneau donne les prix de toutes les consommations. Ils sont un peu plus élevés qu'ailleurs parce que la saison est courte, ce dont il faut avertir les touristes économes afin d'éviter les surprises. Cela est bien français : plutôt renoncer à un client que s'exposer au reproche de l'avoir leurré.

Le même jour, vers la fin de l'après-midi, je demandai un thé dans une auberge. « Ah, mon cher Monsieur, me répondit la patronne un tout petit peu vexée, nous venons de commencer la préparation du dîner pour nos pensionnaires et vous comprendrez que nous n'avons ni le temps ni même la place sur la cuisinière pour vous faire un thé. Vous m'excuserez ! Du café, oui ! il en reste dans le bain-marie. » En France, il ne faut jamais vouloir atteindre au rythme sacré des choses.

* *

Le second grand massif de l'Auvergne est celui du Cantal qui a donné son nom à un département et à un fromage de vaches. Le Cantal, lui aussi, fut jadis un immense volcan. Le vieux cratère forme maintenant une vallée, autour de laquelle se dresse une couronne de montagnes, restes de ses flancs. Le plus élevé de ces sommets est le Plomb du Cantal, haut de 1.858 mètres, mais ses voisins ne sont pas beaucoup moins élevés. Il n'a donc pas la position dominante du Puy de Sancy. Là-haut la solitude est peut-être encore plus grande que sur les monts Dore, bien que l'accès en soit plus commode. On descend à la station du Lorian qui se trouve déjà à une altitude de 1.150 mètres ; de là, on fait l'ascension en deux heures. Le Lorian possède une curiosité digne d'être mentionnée : longtemps avant qu'il ne fût question de construire des chemins de fer dans ces parages, on avait déjà percé le col du Lorian par un tunnel pour la circulation. Ce tunnel, long de 1.400 mètres, terminé en 1839, relie les deux parties du département du Cantal qui, jusque-là, dans des hivers rudes, restaient longtemps sans communication.

De la gare du Lorian, située au milieu de magnifiques forêts de sapins qui feraient le délice de tout bon Allemand, on monte d'abord dans l'ombre de séculaires sapins argentés tout recouverts de lichens en barbe ; peu à peu les arbres se rarifient pour disparaître enfin ; après vient la région des pâturages où fleurissent au mois de juillet les plantes alpines, comme la gentiane et beaucoup d'autres. On passe devant une bergerie en ruines et la montée devient plus dure. Des sources jaillissent au bord du sentier ; leur eau de roche, délicieuse et fraîche, est un vrai régal, que ne saurait jamais égaler l'eau glacée des villes. Au-dessus des pâturages, la montagne est d'une couleur verte particulière : d'en bas on l'aurait cru dépourvue de végétation, mais, en réalité, elle est couverte d'une couche épaisse de genévriers nains et de toutes sortes de graminées, formant ensemble une véritable éponge qui retient l'eau durant les mois de l'été. Sur toutes les pentes on voit les troupeaux de vache, marquant de minuscules points rouges sur le vert de l'herbe ; de temps en temps le souffle du vent apporte le tintement de leurs clochettes. Les rares bergeries qu'on aperçoit sont destinées à protéger les troupeaux quand le temps est trop mauvais, mais en ne voit pas d'hommes. Par une journée splendide et sans nuages, pendant les vacances, je n'ai pas rencontré une seule âme humaine, ni en montant ni en descendant.

Les Français ne connaissent pas leur pays ; ils ne savent même pas quels trésors de beauté s'y trouvent. Faut-il s'étonner que les étrangers n'en savent pas davantage ? Mais pourquoi les Français, si prompts, si zélés à cataloguer les trésors d'œuvres d'art, de productions humaines de leur pays, s'intéressent-ils si peu aux richesses des beautés naturelles ? Il doit y avoir des raisons profondes et elles valent peut-être la peine d'être recherchées.

Sans doute, les Français n'aiment pas la marche. Eh oui ! ils craignent la fatigue. Et puis, en s'éloignant des centres de la civilisation, on s'expose à toutes sortes d'ennuis et de privations. On ne peut manger à l'heure, — raisons des plus importantes ! — et tout le rythme doux de la vie est dérangé.

Ce qui est plus important : les Français gardent devant la nature l'attitude qu'avaient nos arrière-grands-pères à la fin du XVIIIe siècle : ce qui est sauvage et grandiose les effraye, la solitude leur fait peur.

Ils voient surtout le monde avec les yeux des paysans qu'ils sont restés, qu'ils sont restés tous, aussi bien hommes cultivés qu'incultes. La plaine est belle et fertile, soigneusement divisée en soles qui portent le blé doré, le tapis vert des pommes de terre, des betteraves, du trèfle, de la luzerne. Les doux mamelons, dont la charrue a arrondi les contours au cours des siècles, sont beaux, ainsi que les vignobles montant en étages, avec leurs petits murs de soutènement et leurs échalas. La vallée verdoyante aussi est belle, avec les lignes pures de la route et du canal, le cours irrégulier de la rivière, les peupliers, les saules. Toute la nature est belle pourvu que l'homme y retrouve les vestiges de son travaille millénaire, par lequel il lui a imprimé son sceau, donné un visage ; il en est fier. Mais la nature sauvage, non soumise à la volonté de l'homme, l'inquiète : elle rappelle les forces élémentaires toujours aux aguets pour détruire l'œuvre de l'homme :

« Denn die Elemente hassen
Das Gebild der Menschenhand. » (Schiller.)

(Les éléments haïssent ce que la main de l'homme a construit.)

Cette nature rappelle aussi dans le cœur de l'homme les instincts sauvages qui ne sont pas moins aux aguets pour détruire l'œuvre de la civilisation. On a beau les dompter, ils secouent toujours les chaînes qui les tiennent. Les Français, nous l'avons vu, sont restés plus près des origines de la vie ; c'est pourquoi les forces primitives sont plus dangereuses pour eux.

Enfin, la terre qu'on ne peut cultiver à quoi est-elle bonne ? A rien. Son aspect ne fait que vous vexer : mieux vaudrait qu'elle ne fût pas là.

Vers la fin de la grande guerre j'habitais, dans une ville russe, une jolie petite maisonnette, construite en bois et située au milieu d'un beau jardin très bien entretenu. Le bord du jardin, du côté de la rue, était planté d'une rangée de frênes. Jamais mon ordonnance, paysan invétéré, n'a pu s'accommoder du fait que dans un aussi beau jardin se trouvaient des arbres « sauvages », et surtout des frênes qui envoyent leurs racines plus loin que tous les autres arbres. Il les aurait abattus, si je le lui avais permis, rien que pour mettre fin à ce scandale. Une autre fois, j'avais admiré les bouleaux centenaires qui, dans une double allée, accompagnaient la route de la Grande-Catherine, bouleaux qui avaient vu l'exode fier et le retour piteux de la Grande Armée. Il se mit à me raconter l'histoire d'une allée de bouleaux qui dans son pays reliait le château à la grande route. Les paysans, gênés par l'ombre que ces beaux arbres jetaient sur leurs champs, avaient fini par obtenir un jugement qui obligea le châtelain à les faire abattre.

Un poète allemand, August Lämmle, a raconté la petite histoire suivante : Par une matinée de printemps, un professeur avait quitté la grande ville et était allé par le train sur la hauteur de la montagne. De là, un paysan le conduisit avec sa voiture vers le but de son excursion. L'homme de la science, auquel la beauté de la nature gonflait le cœur, ne put s'abstenir de dire au paysan : « Qu'il est beau, notre pays ! qu'il est riche ! quelle vue lointaine et magnifique ! » Mais le paysan de répondre sèchement : « Vous appelez cela beau et riche ? Je ne vois rien de la richesse ! Des pierres et des buttes ! Six mois d'hiver et une vie dure jusqu'à la mort ! Et quant à la vue, cela annonce la pluie ; avant onze heures elle tombera. Hue ! les gars ! (Il s'adressait à ses chevaux pour les encourager.) Les paysans ne vivent pas de la beauté. »

Ainsi est faite la mentalité paysanne dans tous les pays. Ainsi est faite la mentalité du peuple français.

XII

CONCOURS DE MUSIQUE A AUXERRE ET SOIXANTIÈME ANNIVERSAIRE DE « LA SIRÈNE »

« Soixante ans sont un bel âge pour une sirène, dit le député Piot dans son petit speech d'anniversaire, et tout le public « de gala » sourit avec compréhension, juste le bon âge, car alors elle n'est plus dangereuse. »

Pour dire la vérité, la Sirène, dont il est ici question, n'a jamais été dangereuse, et M. Piot n'a fait qu'une petite blague car il s'agit de

LA FANFARE « LA SIRÈNE »,
fondée en 1874, 130 exécutants,
grand orchestre d'amateurs pour instruments à vent.

Cet orchestre n'est pas le premier venu, loin de là ! il est célèbre ! Rien que de premiers prix ! Un orchestre qui ne joue que de la musique sérieuse : Beethoven, Schubert, Gounod, et seulement des œuvres qui figurent aux grands concerts Colonne et Lamoureux, ce que le programme souligne avec fierté. Le tout, bien entendu, arrangé pour cuivres.

Un tel événement ne peut être jugé que par celui qui connaît le rôle des orchestres d'amateurs en France. Ces orchestres forment un des traits les plus caractéristiques dans la figure de la personne France.

En Allemagne, on croit en général que les Français ne sont pas musiciens. Beaucoup de Français le croient eux-mêmes. A Paris on peut toujours rencontrer des hommes sérieux qui le prétendent. Pourquoi ? Parce que la France n'a pas produit de compositeurs pouvant égaler Bach, Mozart, Beethoven, Schubert, Wagner. Mais c'est une erreur ; ces hommes ne connaissent pas leur propre peuple. Ce qui est vrai là-dedans, c'est que l'instinct musical des Français est de nature différente que le nôtre.

Toute musique a deux côtés : délectation pour les sens, régal pour les oreilles et révélation d'un autre monde non matériel, qui n'est pas le nôtre et que nous ne connaissons pas, mais vers lequel nous nous sentons irrésistiblement attirés.

Ce qui attire tant de Français vers la musique allemande, c'est précisément son caractère transcendantal, le contact qu'on peut y prendre avec un au-delà immatériel, réel cependant, meilleur, plus spirituel, insaisissable, inaccessible par d'autres moyens : « der Klang aus seligen Gefilden ». Ce contact, la musique de leur propre pays ne peut le donner aux Français. Beethoven n'a nulle part d'amis aussi enthousiastes qu'en France, de vrais adorateurs : citons seulement Romain Rolland, Georges Duhamel et Léon Bourgeois, le ministre assassiné, dans lequel tant d'Allemands ont voulu voir un ennemi de l'Allemagne. Il en est de même de Wagner et des autres. Dans une conférence sur Bach, Duhamel a raconté qu'une fois un de ses amis, rappelé de voyage parce que sa femme lui avait donné un fils et revenu au milieu de la nuit, ne savait pas mieux donner expression à sa grande joie qu'en chantant avec toute sa famille une cantate de Jean-Sébastien.

L'erreur de croire que les Français ne sont pas musiciens provient du fait qu'ils ne chantent pas. Mieux vaudrait même dire : qu'ils ne chantent plus, car dans le passé le peuple français a beaucoup chanté ! Il était même connu pour son amour de la chanson. Gai de nature, il avait l'habitude de vaincre les contrariétés de la vie en chantant. Il possédait non seulement un grand trésor de chansons populaires, mais tout événement politique donnait immédiatement naissance à une chanson : fût-ce un nouvel impôt ou la défaite de Rossbach ou les mésaventures de tel grand homme. L'autorité fut assez sage de laisser faire : les chansons servaient de soupape de sûreté. En effet, celui qui peut railler une chose s'en est déjà libéré intérieurement ; le danger d'une explosion a disparu. On connaît la sentence de Mazarin : « S'ils cantent la canzonetta, ils pagaront » ; ou encore le mot de Beaumarchais : « En France, tout finit par des chansons. »

Sous le premier Empire on chantait encore beaucoup ; mais dans la première moitié du XIXe siècle le peuple français a soudain cessé de chanter, sans raison apparente. Les chansons populaires tombèrent en oubli. Elles sont restées seulement vivantes au Canada, où les gens parlent encore comme du temps du Roi-Soleil et où les familles ont encore six ou huit enfants.

On y a recueilli ces dernières années près de 15.000 chansons populaires.

Une fois les chansons disparues, la soupape de sûreté ne fonctionnant plus, les révolutions s'ensuivirent.

D'où viennent de pareilles transformations de l'âme d'un peuple ? Quelles en sont les causes ? Quel est le procédé de changement ? Nous n'en savons rien. Jusqu'à présent la science ne s'est pas occupée de ces questions. C'est cependant par là qu'on réussirait peut-être à soulever un coin du voile qui cache à nos yeux l'histoire vraie, personnelle des êtres humains et de leurs grands Moi collectifs, dont la France est le plus évolué et le plus typique.

Parallèlement, en Allemagne, les Souabes étaient au moyen âge le peuple le plus gai, le plus léger, le plus turbulent, et, spontanément, ils ont changé de caractère. C'est devenu un peuple méditatif, religieux, philosophe, rêveur qui a donné, à lui seul, à la culture allemande plus de poètes et de penseurs que toutes les autres races allemandes. Comment cela s'est-il passé ? Les hommes ont-ils subi un choc intérieur violent qui a donné à leur âme une autre direction ? Par la réforme peut-être ? Et, en France, est-ce la Révolution qui a amené le changement ? Précédemment, le peuple, exclu de la politique, n'avait été chargé d'aucune responsabilité ; d'un coup, il était devenu maître de ses destinées. Il avait chanté pour oublier les misères, pour se libérer intérieurement, puisqu'il ne jouissait pas de liberté extérieure. Après, il s'agissait de construire un nouveau monde : l'heure n'était plus aux chansons. Puis, il y eut cette catastrophe de 1815 qui laissait le pays saigné à blanc.

Peut-être tout cela suffit-il pour expliquer la transformation. Le temps de l'adolescence étant révolu, la personne France devint adulte, et les adultes chantent beaucoup moins que les jeunes.

De nos temps, on voit çà et là en France des tenta
tives pour ranimer les vieilles chansons et redonner au
peuple l'amour du chant. On a fondé des « chorales ».
C'est avec un réel plaisir que j'ai quelquefois assisté
aux répétitions de la Chorale universitaire de Dijon,
dans laquelle Robert Jardillier, musicien passionné et
savant, avait réuni un nombre d'adeptes enthousiastes.
La ravissante vieille chanson : « Que donnerai-je à ma
mie ? » résonne toujours dans mes oreilles.

Mais, en réalité, l'instinct musical français n'a fait
que changer de plan. Le chant en commun a été remplacé par la musique d'instruments à vent.

Dans la province française, les orchestres d'amateurs
jouent exactement le même rôle qu'en Allemagne les
sociétés de chant. Partout on trouve des « Fanfares »
ou des « Harmonies » avec un beau nom redondant ou
aventurier et une bannière merveilleusement brodée.
Chaque localité est fière de la sienne. On donne des
concerts publics sur les squares, mais on se prépare
surtout et avec un zèle assidu aux nombreuses compétitions. Rapporter un prix du chef-lieu du département, quel orgueil ! Car la France est le pays des
distributions de prix.

Par leurs orchestres, les hommes simples trouvent
l'accès d'une vie supérieure, de régions mystérieuses
qui leur étaient fermées, régions animées d'harmonies célestes et qui n'ont pas de place dans notre
monde terrestre : ils communient avec un monde meilleur. Cela est exactement le même rôle que celui des
sociétés de chant en Allemagne. Raille qui veut !

Un chanteur d'opéra, artisan d'origine, dont on avait
découvert la voix et auquel un mécène avait donné la
possibilité de se perfectionner, m'a raconté un jour
quelle révélation avait été pour lui l'étude des parti-
tions de Wagner. Il découvrit littéralement un monde
nouveau.

De même que les chorales en Allemagne sont surtout une affaire du menu peuple, de même en est-il en France des « harmonies ».. C'est pourquoi il n'existe pas de meilleure occasion de faire la connaissance du peuple français que dans les « fêtes de musique » en province, car, en France, ce sont les petites gens qui déterminent le caractère du pays.

Si l'on voulait établir un calendrier, on trouverait probablement que, durant l'été, chaque dimanche une « fête de musique » a lieu dans quelque chef-lieu de département.

Au mois de juillet 1933, j'arrivai un dimanche à Périgueux, où il y avait le concours de musique du département de la Dordogne ; ce département correspond à l'ancienne province du Périgord. C'est une province à population clairsemée, et cependant il n'y avait pas moins de 45 harmonies qui jouaient, « en veux-tu en voilà ». Les compétitions étaient déjà terminées, les prix distribués : ce n'était plus que la fête populaire. Dans tous les quartiers de cette ville médiévale et autour de la magnifique cathédrale romano-byzantine où les belles maisons anciennes abondent, ce ne furent que fanfares de clairons, de trompettes et de cors de chasse. Une foule joyeuse et agitée se pressait autour des musiques. De temps en temps, une harmonie changeait de place, tambours battants et bannière au vent. La France est le paradis des tambours : on le bat plus qu'en Allemagne, avec plus d'art, et l'on en a plus de différents modèles. En France le sergent de police ou le garde champêtre des petites bourgades se promène avec le tambour, comme dans l'Allemagne du Sud on le fait avec la sonnette, pour annoncer qu'un envoi de poissons de mer frais vient d'arriver, que demain le percepteur sera présent, que le « Bonheur des Dames » vient de recevoir les dernières nouveautés de Paris ou bien que M. X... fera une conférence à la mairie sur l'important et poignant problème de la paix. Certes à Paris on entend moins de tambours qu'à Berlin, mais en province c'est l'inverse.

Une autre fois, j'ai assisté à un grand concours de musique à Auxerre. Il était même « international » et durait plusieurs jours. Les nations étrangères étaient représentées par la Tunisie et la Belgique. Dieu sait ce qui a pu engager les Tunisiens à envoyer une harmonie à Auxerre !

Auxerre est la première ville importante de Bourgogne quand on vient de Paris après deux heures et demie de voyage en chemin de fer. Jadis la France et la Bourgogne étaient des pays ennemis et le dernier duc de Bourgogne, Charles le Téméraire, fut l'adversaire le plus redoutable du roi de France. Mais le monde est devenu petit. Auxerre est située sur l'Yonne, un peu en amont de son embouchure dans la Seine. On peut se former une idée assez exacte de cette sorte de ville de province quand on s'imagine Francfort cessant au Fossé des Cerfs, comme du temps de Goethe : une immense cathédrale gothique au milieu, les maisons basses des bourgeois serrées autour d'elle. Dans ces villes petites et moyennes, on peut se rendre compte combien les dimensions des cathédrales sont gigantesques par rapport aux petites communautés qui les ont bâties. Toute la force, toute la richesse des citoyens, leur volonté commune, le serment sacré par lequel ils s'étaient liés de vivre et de mourir pour la communauté, tout trouve son expression dans l'immense édifice. Certaines de ces villes ne dépassent guère, même de nos jours, l'ancienne enceinte ; les portes franchies, c'est la campagne presque sans transition : les jardins, les champs, les vignes, les vaches blanches sur les prés verdoyants, ainsi qu'on le connaît par de vieilles gravures.

Auxerre foisonne de curiosités. Près de l'église Saint-Germain il y a un beau clocher roman. L'ancien évêché, un des rares édifices profanes de style roman, a une très belle suite d'arcades donnant sur la rivière. Dans une crypte, on trouve des fresques du IXe siècle très primitives. Toute la ville, dans ses vieilles rues, a conservé le caractère du moyen âge. En l'honneur du concours de musique, les rues étaient parées ce soir-là avec des arcs et des guirlandes, des branches de sapin, des drapeaux et des fanions et surtout avec une profusion de lampes électriques. Les citoyens d'Auxerre n'avaient vraiment pas craint les dépenses et, somme toute, cela était tout à fait joli.

On mange très bien à Auxerre, cela s'entend, car on y est en Bourgogne ; le fameux vin de Chablis se vendange tout près. Entre chien et loup, je sortis du restaurant modeste où l'on avait servi un de ces repas soignés, qui semblent faits exprès pour réconcilier un esprit chagrin avec Dieu et le monde. Suivant la poussée de la foule grouillante, joyeuse, mais non turbulente, je passais devant maint curieux poteau de porte sculpté, puis sous la voûte de la Porte de l'Horloge, quand soudain les milliers de lampes s'allumèrent, alors que sous le feu des phares les monuments du temps passé se dessinèrent sur le ciel. Une fois de plus j'avais cette sensation de l'irréel, du rêve, du conte de fée, sensation d'un passé redevenu vivant ou plutôt restant éternellement vivant et qui s'accommodait à merveille avec le progrès moderne, les lampes électriques, les phares et les automobiles. Tout le charme de la France réside là, et on ne serait point étonné de rencontrer le chat botté et le carrosse de la princesse. Les Français ont les mêmes contes et les mêmes légendes que nous : le petit Chaperon rouge, la Belle au bois dormant, Cendrillon, le Petit Poucet. Seulement, dans ce pays, ils ont été recueillis cent cinquante ans plus tôt que chez nous, du temps de Louis XIV, par Charles

Perrault, d'après les récits de la nourrice de son petit garçon.

* * *

Les Belges donnèrent sur une place publique leur concert d'adieu. C'est là que tous les courants convergèrent. Beaucoup de paysans étaient venus de la campagne avec leurs épouses. Tout, ce monde était gai, mais d'une gaieté un peu grave, plutôt silencieuse. Les yeux brillaient cependant de la joie de vivre. Ces hommes donnaient l'impression de se trouver dans un parfait équilibre. Ils ont vaincu les doutes et les angoisses de l'adolescence, les âmes n'en sont plus troublées. C'est avec sérénité qu'ils contemplent la vie. Bien fol qui n'en jouit pas !

Quiconque connaît le peuple français ne voudra pas contester qu'il vit réellement dans l'équilibre. Les hommes sont sûrs d'eux-mêmes. Ils ne fuient pas devant le vide de leur propre intérieur, comme tant d'hommes modernes. Autrement ce ne pourrait être leur idéal de rester, des heures durant, assis sur les bords d'une rivière, lançant patiemment l'hameçon ou regardant le jeu de la lumière dans l'eau. Seul l'homme qui ne connaît pas l'ennemi, parce que son cœur est rempli d'idées et de sentiments, peut goûter ce plaisir. Et pour la valeur d'un homme, ce sera toujours siguificatif s'il aime à rester seul.

La raison de cet équilibre est probablement que les Français sont plus profondément enracinés dans le sol maternel. C'est de là qu'ils tirent leurs forces. On pourrait aussi dire qu'ils reposent sur la terre avec une surface plus large, de sorte qu'il est plus difficile de les renverser.

On constate cela déjà chez les petits enfants. Chez nous, un enfant près duquel un étranger s'approche se réfugiera dans les jupes de sa maman. Il cherchera un abri ; ce n'est que quand il est en sécurité qu'il jugera le nouveau venu. J'ai souvent eu l'impression en France que même les tout petits provoquent plutôt l'étranger qu'ils ne le fuyent. Ils regardent autour d'eux crânement, dans le métro, en chemin de fer, sur les squares, et semblent toujours prêts à lier connaissance avec l'entourage : ils n'ont pas peur. C'est que manifestement ils se sentent en sécurité, protégés par des forces dans lesquelles ils ont confiance.

A partir de dix heures les rues se vidèrent rapidement. Les sociétés étrangères partirent dans leurs autocars bleus et crèmes et rouges. Les lumières bariolées s'éteignirent. Sur les petites ondes de l'Yonne scintillaient les rayons de la lune et l'horizon lointain était illuminé par des éclairs. La cathédrale, grise et majestueuse, semblait veiller sur les fragiles habitations des hommes qui, depuis tant de siècles, se sentent protégés par elle.

* * *

Mais la Sirène ! Avons-nous oublié la Sirène ?

Eh bien ! la « Sirène » est à Paris ce que dans n'importe quel Châteauneuf ou Villefranche est la Fanfare locale. Elle n'est pas l'unique société de musique dans la métropole, mais une des plus grandes et la plus célèbre.

Le dimanche 7 octobre 1934, la « Sirène » donna, dans la grande salle du Palais de la Mutualité, un concert de gala pour célébrer son 60ᵉ anniversaire. Pour donner plus d'éclat à la fête, elle avait invité la grande chorale de Luxembourg composée de 200 chanteurs. Rien de plus instructif que cet après-midi, instructif sous plus d'un point de vue !

D'abord, on pouvait voir en plein Paris ce qu'est le peuple. En réalité, il n'est pas difficile de connaître le peuple français, mais la plupart des étrangers ne savent

pas comment s'y prendre. A Paris, il suffit d'aller au
delà des boulevards extérieurs, sur le marché : là, on
se trouve tout de suite en présence du peuple. Il faut
se mêler à la foule et causer avec les gens. A Paris, il
est beaucoup plus facile de prendre contact avec le
peuple que par exemple à Berlin. D'abord, il n'est
point nécessaire de parler le français avec perfection :
tant d'étrangers vivent dans ces quartiers qu'on y est
habitué. Les Français encore ne se moquent jamais
quand on s'exprime mal : chacun parle comme il peut.
Il faut seulement se donner naturellement, sans aucune
morgue. Les occasions d'entamer une conversation
sont multiples et les gens, raisonnant beaucoup et
aimant à donner une opinion sur tout, aiment à parler.
Evidemment ce n'est pas commode et ce n'est pas
« chic ». Mais un gala de la « Sirène » n'est pas « chic »
non plus. On y joua la « Symphonie inachevée » arran-
gée pour cuivres. Quel mauvais goût et quelle horreur !
Une vraie dérision !

Puis ce fut une véritable démonstration « ad oculos »
de la ressemblance entre Français et Allemands, au
moins entre les Allemands du Sud et de l'Ouest et les
Français du nord de la Loire. Dans cette partie de la
France, c'est la race franque qui domine et ces Luxembourgeois sont d'authentiques Francs mosellans de
langue allemande. On pouvait s'en rendre compte
quand, durant l'entr'acte, ils s'humectèrent le gosier au
bar. Ils chantaient en français, c'est vrai ! et avec une
prononciation parfaite ; il y avait aussi quelques Français parmi eux, mais leur parler était plutôt boîteux.
Entre eux ils parlaient leur dialecte mosellan et les
nombreux compatriotes qui étaient dans la salle les
saluaient et leur causaient dans ce même dialecte.

Naturellement, le public croyait tout naïvement que
ces Luxembourgeois étaient des Français comme tout
le monde, un peu comme les Alsaciens. Luxembour-

geois et Alsaciens, il est vrai, parlent entre eux quelque dialecte préhistorique, comme le charabia des Auvergnats ou la langue des Basques, que personne ne peut comprendre, voire apprendre. Et s'il y a, en Alsace par exemple, d'éternels grincheux qui croyent devoir mener une lutte pour la défense de la langue allemande, les Français, en toute bonne foi, n'y comprennent rien. En quoi cette langue peut-elle bien intéresser les Alsaciens puisqu'ils sont Français ? Même auprès de gens très cultivés on se heurte à des difficultés insurmontables quand on essaye de leur expliquer, de la façon la plus objective, la situation de fait et que l'allemand est simplement la langue maternelle des Alsaciens à laquelle ils sont attachés comme tout être humain. Pour les Français, ce ne devrait pas être ainsi.

La ressemblance entre les musiciens de Paris et les chanteurs de Luxembourg se trouvait augmentée du fait que les deux appartenaient visiblement au même niveau social, c'est-à-dire aux couches de la petite bourgeoisie, des fonctionnaires, de l'artisanat, des ouvriers spécialistes, des employés. C'est dans ce milieu que se recrute en pays de langue allemande les sociétés de chant et en France les harmonies. Conçoit-on un industriel, un négociant, un grand avocat, un juge placés devant une armoire ouverte pour s'exercer à jouer du cor de chasse ? Difficilement ! On ne les voit pas non plus, sur les ordres d'un bonhomme quelconque, répéter dix fois le même passage difficile ! Non ! Ce sont les petites gens qui chantent, les petites gens qui jouent du piston, et ce qui les y pousse c'est l'éternelle aspiration vers une vie au-dessus de leur vie quotidienne. La musique leur ouvre les portes d'un paradis où ils oublient la bassesse de leur vie. Elle les libère. Et, vraiment, s'il existe un art pour délivrer les âmes, c'est bien la musique.

Et pourtant il y avait une différence entre les hommes de Luxembourg et ceux de Paris : différence dans l'attitude extérieure. Les Français étaient assis devant leurs pupitres, les sourcils froncés, les yeux rieurs, la bouche malicieuse : c'était comme s'ils voulaient dire au public : « Vous croyez peut-être que nous avons peur ? que nous avons la fièvre de la rampe ? Peuh ! Tout cela n'est qu'une grande blague. » Mais, en réalité, ils étaient tout à fait sérieux et, une fois le concert commencé, ils donnèrent toute leur âme et tout leur savoir. Il ne faut pas que ce « pianissimo » difficile soit raté ! Pensez-vous ! Seulement ils sont, par rapport à l'âme collective, à un âge où l'on a honte de montrer ses sentiments.

Les Luxembourgeois, eux, montraient leurs sentiments. Il fallait qu'on voie que c'était sérieux. Avec quelle ardeur sainte chantaient-ils ! Leurs regards ne quittaient pas pour une seconde le bâton de leur chef. Leur honneur était engagé. A voir tant de foi et tant de dévouement, on ressentait une profonde émotion ; mais, en même temps, on aurait voulu un tout petit peu sourire — oh ! pas par ironie, loin de là ! — seulement comme un homme mûr sourit quand il voit le zèle sacré d'un adolescent, un sourire d'amour. Cela était si jeune et si allemand !

Le chef de la Chorale dirigeait comme un vrai maëstro, avec de grands gestes pleins de verve, sûrs et élégants. Il les avait étudiés devant la glace, cela était visible. Il dirigeait sans doute de la même façon dans les répétitions.

Si son confrère parisien avait voulu diriger ainsi, ses exécutants, toujours prêts à la plaisanterie, auraient pouffé de rire, sauf tout le respect et toute l'affection qu'ils ont pour lui. Devant les gens du peuple, il ne faut pas vouloir « faire l'important ». Au contraire, il faut faire comme si tout cela n'était rien. Des difficultés ? Vétille ! Malgré cela, la bande n'en fait pas moins attention.

Somme toute, la différence entre les deux sociétés se réduisait à une différence d'âge. C'est toute la différence entre les peuples français et allemands. L'âme collective allemande est dans ses années de « Sturm und Drang ». L'adolescent, dans cette période, est résolument décidé à n'accepter aucun conseil de personne, à mépriser toute l'expérience des « vieillards », à tenter sa chance lui-même, à endosser tous les risques qui peuvent en naître, y compris et surtout la mort. Le monde commence par lui, ce qui fut avant n'entre pas en ligne de compte. La France, elle, est adulte.

Il y a dans l'âme allemande, en face de cette France adulte, deux sentiments refoulés, il est vrai, et inconscients, mais néanmoins vivants et exerçant leur influence : une jalousie de ce que la France, depuis tant de siècles, a toujours été un peu plus avancée que l'Allemagne et un dépit amoureux qui souffre parce que la grande dame ne veut jamais prendre assez au sérieux cet adolescent impétueux, ce qui le révolte.

On pouvait cependant tirer encore une autre leçon de cette confrontation : combien Français et Allemands se complètent. Chacun apporta sa part et augmenta par là la richesse, la variation, la jouissance. C'est stupide de penser qu'un individu peut tout faire seul. Est-ce honteux d'avouer qu'on aurait de la difficulté à trouver en Allemagne autant de musiciens sachant bien jouer des instruments en cuivre ? Quand on a quelquefois entendu les « chœurs de trombones » des associations de jeunes gens chrétiens, on est renseigné : La volonté est forte, mais le pouvoir est faible. Les Français sont vraiment d'excellents joueurs de trompettes, de trombones, de cors de chasse ; leur ton est pur et ils savent bien le tenir. On le constate tous les jours en entendant les nombreux musiciens dans les rues. En revanche, les

Allemands chantent mieux. Peut-être leurs voix sont-
elles meilleures par nature ou savent-ils mieux se sub-
ordonner à l'ensemble ? Leur sentiment en tout cas est
plus fort, plus élémentaire, et ils aiment lui donner une
expression à pleins poumons. Cela confère à leur chant
une plus grande force persuasive. Ce qui tente les
Français, c'est moins l'expression du sentiment que la
virtuosité, la domination des difficultés techniques. La
musique à vent leur en fournit les occasions.

Sur tous les terrains, Allemands et Français pourraient se compléter. Chacun cueillerait ainsi l'honneur
auquel il a droit.

Tant cette entente ne sera pas atteinte, l'Europe
restera endolorie.

XIII

VOYAGE IMAGINAIRE

Il y a deux catégories de voyageurs : les voyageurs
par passion et les voyageurs « tout court ». Faut-il
souligner que ceux de la seconde catégorie forment
l'immense majorité ? Ils ne **voyagent** pas, mais se
déplacent pour cause d'affaires ou simplement pour
fuir le vide de leur intérieur. Ils encombrent les premières et deuxièmes classes des trains rapides ; dans les
trains Pullman et les autocars de luxe vous ne trouverez qu'eux. De même dans les avions, bien que, pour
un voyageur par passion, il n'y ait pas de rêve plus
hardi et plus énivrant que de s'élever dans les airs et
de s'envoler par-dessus monts et vaux. Mais le voyageur par passion est **pauvre**. C'est surtout un voyageur dans l'imagination. Rien ne donne des ailes à
l'imagination comme la pauvreté, rien ne l'endort

comme la richesse. Quand on peut tout acheter ? Le voyageur par passion accumule de petites économies, sou par sou, pour pouvoir faire, une fois par an, un voyage. Pour le reste du temps et afin de calmer son impatience, il a deux succédanés merveilleux et gratuits : l'étude des horaires et la visite des gares.

Dans ma jeunesse, j'ai connu un homme qui fut le voyageur le plus passionné qu'on pût imaginer. Un jour, dans une excursion assez loin de notre domicile, nous devions franchir la voie ferrée. Arrivé au passage à niveau, il fronça les sourcils, sortit sa montre et dit : « Voyons ! Le rapide Amsterdam-Bâle doit passer à tout instant et les barrières ne sont pas fermées ! Est-ce qu'il aurait du retard ? » (Le retard est le cauchemar du voyageur passionné ; il le fait douter de son dieu, le chemin de fer.) Cet homme savait par cœur les horaires de tous les grands express ; il connaissait le dernier arrêt du rapide Amsterdam-Bâle, la distance kilométrique, la vitesse à l'heure et avait calculé à quelle minute il aurait dû passer à ce passage à niveau. Chaque année, après la publication des nouveaux horaires, il attaquait, dans des articles de journaux mordants, l'insuffisance et l'insolence des administrations de chemin de fer. A cette époque, — qui n'est pas encore éloignée, — chaque pays allemand avait son réseau de chemins de fer à lui et les administrations en étaient les grands boulevards du « particularisme ». Lorsque, vers la fin du siècle dernier, les administrations de Prusse, de Bavière, de Wurtemberg, — ainsi que la Suisse, — étaient tombés d'accord de créer une nouvelle relation directe Berlin-Zurich, le « pays » de Bade fit cavalier seul et refusa d'y participer ; il daigna seulement, sur le parcours badois, atteler les voitures directes à un train omnibus. En France où l'on n'a jamais connu pareille misère, on ne peut se faire une idée de ce que furent ces jalousies entre « pays » et quel progrès cela constitue pour l'Allemagne d'en être enfin débarrassée. A la même époque, il fut question d'unifier les tarifs des différentes administrations et d'introduire dans toute l'Allemagne la quatrième classe, suivant en cela l'exemple de la Prusse. Mais son Excellence le Ministre des chemins de fer royaux de Bavière déclara à la Diète de Munich, sous un tonnerre d'applaudissements, que jamais la Bavière ne s'humilierait à créer une quatrième classe, ce qui ne l'empêcha pas de l'introduire quand-même un peu plus tard en la baptisant classe IIIB. Il n'est pas inutile de rappeler ces choses.

Je ne connais pas d'endroit en Europe où le voyageur par passion puisse faire de pareilles orgies comme à la gare de Lyon à Paris. Nous avons parlé, dans un chapitre précédent, de la gare de Dijon. Certes, une nuit passée à cette gare reste gravée dans la mémoire comme un événement inoubliable ; mais c'est plutôt un culte, silencieux et grave, lourd de mystères, c'est du « service à l'humanité ». Mais allez à la gare de Lyon par une soirée au début des vacances et vous assisterez à une manifestation de vie débordante et pétillante, cependant contenue et disciplinée, comme on l'imaginerait difficilement ailleurs.

Les Français ont l'habitude d'aller à la gare bien avant l'heure du train : ils ont le temps. Ils ne sont pas rongés par cette inquiétude qui nous condamne à vouloir utiliser jusqu'à la dernière minute. Une heure, une heure et demie avant le départ, les trains sont déjà à moitié occupés. L'administration doit en tenir compte et les faire entrer en gare de bonne heure. Ainsi, il se trouve toujours une dizaine de trains prêts à partir ; pour la Côte d'azur, pour la Suisse, l'Italie, les Balkans, pour l'Auvergne, le Languedoc et l'Espagne. Rien que l'étude des écriteaux fait tressaillir le cœur du voyageur passionné :

> Paris - Modane - Torino - Genova - Livorno - Gros-
> seto - Roma ;
> Paris - Bellegarde - Annemasse - Saint-Gervais -
> Le Fayet (Chamonix - Montblanc) ;
> Londres - Calais - Paris - Lyon - Marseille - Nice -
> Menton - Vintimille ;
> Simplon - Orient-Express - Paris - Beograd - Istan-
> bul via Milano - Trieste ;
> Paris - Vallorbe - Lausanne - Simplon - Domodos-
> sola - Milano - Venezia - Trieste ;
> Paris - Beograd - Athènes,

et ainsi de suite. Quelle merveilleuse leçon de géographie ! Et ce que ces noms renferment de souvenirs, de
rêves, d'espoirs, de nostalgies ! Et au bas des voitures
il y a ces hiéroglyphes auxquels le voyageur tout court
ne fait jamais attention : la syllabe mystérieuse RIC
suivie d'abréviations incompréhensibles en nombre plus
ou moins grand. Ainsi, on lit sur les wagons Pullman
du Simplon-Orient-Express :

> RIC : CFB/BSM Sch CH CEB It JDZ CO CHR DR
> MAV PKP BBOest CSR.

Qu'est-ce que cela signifie ? RIC veut dire : roulement
international convenu ; c'est que le wagon ainsi marqué
a le droit de circuler sur les réseaux étrangers dont
suivent les abréviations : CFB Chemins de fer belges,
avec le nom flamand BSM Belgische Staatsspoorwegen
Mij ; Sch veut dire Schweiz (Suisse) et CH la même
chose, à savoir Confédération helvétique ; puis suivent
l'Italie, la Yougoslavie, la Turquie, la Roumanie, l'Allemagne, la Hongrie, la Pologne, l'Autriche, la Tchéco-
slovaquie, avec leurs sigles officiels. Il m'a fallu longtemps pour le savoir, parce que même les employés
des chemins de fer en général l'ignorent.

Le voyageur passionné fera encore attention aux
différences de construction entre les voitures, la distance entre les essieux, les ressorts ; il comparera les

wagons français et étrangers ; il ne se lassera pas de longer ces immenses serpents aux nombreuses articulations, aux innombrables yeux resplendissants, pour jeter un regard dans les couchettes, les lits-salons, les wagons-lits de troisième classe récemment créés sur le réseau P.-L.-M. C'est un divertissement, que dis-je ? un travail qui fait oublier les heures. Et les locomotives ! Quelques minutes avant le départ, elles s'approchent lentement haut-le-pied, surgissant de je ne sais quelles ténèbres ; doucement elles se posent à la tête du train ; on les accouple ; on essaye le frein. Est-ce une « mountain » colossale, une pacific « plus élégante » ? A-t-elle la nouvelle cheminée doublée ? Des tiroirs ou des soupapes pour régler la distribution de la vapeur ? Est-elle « compound », c'est-à-dire avec un ou deux cylindres supplémentaires afin d'utiliser la vapeur à basse pression ? Toutes sont à vapeur surchauffée, mais y en a-t-il à haute pression ? Tout cela passionne notre voyageur, mais il a à peine le temps de s'en rendre compte que déjà le signal à lumière blanche apparaît : un petit coup de sifflet du chef de gare et le mécanicien donne de la vapeur. Quel frisson quand le monstre lentement s'ébranle ! Soudain, les grandes roues commencent à tourner follement parce que le train est trop lourd ou que les rails sont humides : elles patinent sur place. Alors le mécanicien, de tous les tuyaux, jette du sable sur les rails jusqu'à ce que les roues mordent à nouveau. Et, majestueusement, le train s'en va, accélérant rapidement sa marche pour disparaître dans la nuit. Puis c'est le tour au prochain.

Ainsi, fin juillet, quand les trains du service régulier sont dédoublés et même triplés, on peut voir partir un long train de dix à douze wagons toutes les cinq minutes, toutes les dix au plus, avec une régularité impressionnante. Jadis, les chemins de fer français étaient décriés pour leurs retards, surtout sur le réseau de l'Ouest. Il n'en est plus rien. De nos jours, il y a en France beaucoup moins de retards que même en Allemagne où l'on croit détenir le record de la ponctualité. Et s'il y a retard, les mécaniciens les rattrapent. J'ai vu arriver à l'heure fixée des trains qui, pour des raisons de force majeure, avaient des retards de trois-quarts d'heure et dont la vitesse réglementaire était de 90 kilomètres. Il y a une très grande différence entre les mécaniciens allemands et français : chez nous, ce sont des hommes posés, dignes, fonctionnaires de pied en cap, alors qu'en France, ils ont l'air de bons pères de familles partant pour la grande aventure. Est-ce que tout ira bien ? Arrivera-t-on à l'heure ? N'y aura-t-il pas d'accidents ? Enfin, on n'a pas peur, on a du courage, on fera l'impossible. La différence est soulignée du fait qu'en France le personnel des locomotives est toujours noir comme des nègres parce que le charbon français donne beaucoup plus de suie que le charbon de la Ruhr : les yeux brillants, dans la figure noircie, renforcent cette impression d'aventure.

A peine un train a-t-il laissé une place vide qu'un autre entre, poussé par une locomotive modèle 1870 et qui finit là humblement sa carrière, jadis peut-être brillante. Il est attendu par la foule des voyageurs qui s'élancent vers les portières pour occuper les bonnes places dans les coins. C'est cette foule, si vivante, si gaie, si bariolée et en même temps si sage et si disciplinée, qui donne son cachet à l'ensemble : toutes ces figures riantes, pleines d'expansions, tout ce remous humain, les agents Cook, les porteurs, les trains de petites voiturettes tirés par des chariots électriques et chargés de bagages, de sacs postaux et qui cherchent leur chemin à travers la foule, les vendeuses de rafraîchissements, les loueurs de coussins et de couvertures, des classes entières avec une sœur comme surveillante,

les gosses aux figures rayonnantes et un peu peureuses !
Et toute cette vie se règle presque silencieusement, en
tout cas sans commandements, sans paroles fortes, voire
grossières, avec des petits : « Attention s'il vous plaît ! »
qui suffisent. On dirait un grand désordre, mais qui se
règle tout seul parce que chacun y apporte de la bonne
volonté, parce que chacun est prévenant pour son prochain et que personne n'use des coudes. Et les trains
partent l'un après l'autre, à la minute, et personne ne
semble se douter quel effort est nécessaire pour y
arriver : pour que la machine soit prête, les bagages
et les innombrables sacs postaux soient chargés et que
la voie soit libre dans l'immense labyrinthe d'une
grande gare. On les suit dans la nuit, ces trains roulant
à cent, cent vingt kilomètres, à cinq minutes de distance l'un derrière l'autre sur plus de trois cents kilomètres, contrôlés et protégés par des signaux, en partie
automatiques, en partie servis par des hommes. La plus
petite irrégularité et ce serait peut-être la catastrophe
si les trains ne s'arrêtaient pas l'un après l'autre devant
un signal. Gare au mécanicien qui, hanté par une idée
qui soudain entre dans sa tête, par le souci causé par
la maladie de l'enfant, pris d'un malaise physique, passe
devant un signal sans se rendre compte qu'il est au
rouge ! Mais les centaines et milliers de voyageurs,
dans l'attente des merveilles au-devant desquels ils
volent, n'y pensent pas : ils devisent, ou fument, ou
lisent, ou dorment ; à peine l'un ou l'autre, quand
l'arrêt dans la nuit noire se prolonge, sort la tête de
la fenêtre : « Ah le signal est fermé ! » et il la rentre,
satisfait, plein de confiance. Trop rarement, les
hommes se rendent compte combien toute la vie moderne est fondée sur la confiance, dans une mesure
que l'antiquité et le moyen âge n'ont pas connue.

Quel délice, quelle volupté, quelle ivresse pour notre
voyageur ! Il sait : tel jour, je partirai par tel train.

Est-ce que je choisirai la voiture italienne ? Elle semble plus moderne ! Mais elle est étroite et les bancs ne sont pas rembourrés ! Et puis, pour les ressorts, il n'y a que les wagons français ! Les heures s'envolent et on ne s'en aperçoit pas. Il faut se dépêcher pour ne manquer aucun train. On n'y arrive pas sans franchir les voies. C'est défendu, mais on le fait quand-même ! En France, on le sait, tout est permis, même ce qui est défendu. Jamais en Allemagne on n'oserait ainsi enfreindre la règle !

On peut encore guetter, au chemin de fer de ceinture, le passage du Calais-Menton ou du Rome-express. A l'heure prévue, si le paquebot d'Angleterre n'a pas de retard, on voit surgir d'un tunnel deux wagons-lits, un wagon-restaurant — vides, car les voyageurs préfèrent se rendre de la gare du Nord à la gare de Lyon en voiture pour renifler l'atmosphère de ce Paris enchanteur, — tirés par une petite machine asthmatique et ridicule et s'engouffrer cent mètres plus loin dans un nouveau tunnel, passant dans une vision rapide comme un bolide.

* *

Pour le voyageur par passion, il y a encore — et surtout — l'horaire : l'indicateur Chaix (d'après le nom de la maison d'édition), le « grand Chaix ». En Allemagne, le grand indicateur des chemins de fer du Reich, le Reichskursbuch — édité, chose bizarre, par l'administration des Postes — est un épais volume mystérieux que peu de gens peuvent se vanter de connaître à fond. Il ne paraît que deux fois par an, à un prix élevé, et ne se trouve que dans les très grands hôtels. Le grand Chaix paraît tous les mois au prix modique de dix francs ; il contient tous les horaires de tous les chemins de fer de France, avec les correspondances par routes des localités qui n'ont pas de gare, ensuite les horaires de nombreux services automobiles et encore une quantité de renseignements utiles ou curieux. On le trouve même en province dans tous les hôtels et cafés, qui y sont abonnés. Dans la plupart des cas, quand on le demande au garçon, il faut attendre parce que quelqu'un l'étudie ; cela semble donc une lecture recherchée. En 1936, le grand Chaix a été remanié de fond en comble : devenu un peu archaïque, — car il n'avait pas changé d'habit depuis un demi-siècle au moins, — il se présente maintenant dans un format et sous une formule tout à fait modernes : c'est vraiment un indicateur modèle.

On ne croirait pas quelles particularités curieuses se trouvent sur les chemins de fer français ! En étudiant le grand Chaix, on s'en rend compte.

Sur la ligne de Paris à Metz - Sarrebrück - Francfort, grande artère internationale, il y a entre Lérouville et Thiaucourt aucune station sur un parcours de trente-trois kilomètres. On se dirait en Sibérie. Les collines de la Meuse semblent être vides d'hommes en cet endroit. C'est là que mon berger souabe fait paître les troupeaux de l'Alsacien. On a bien la possibilité d'aller de Lérouville à Thiaucourt deux fois par jour, à 4 h. 13 et 21 h. 46, mais il n'existe aucune possibilité de se rendre en sens inverse de Thiaucourt à Lérouville. Pourquoi ? Les trains omnibus venant de Metz se terminent à Thiaucourt et les express ne s'y arrêtent pas.

Dans une petite station près de Rodez, le train s'arrête une fois par semaine, le jour de marché à Rodez. C'est un cas fréquent en France.

Ce qu'on peut imaginer de plus paisible et de moins pressé, c'est certainement le service du chemin de fer départemental d'Ussel à Neuvic, dans la Corrèze, d'une longueur de 28 kilomètres. On peut prendre le train à Ussel pour Neuvic une fois tous les quinze jours dans la matinée, vingt-quatre fois par an, quand il y a

marché à Neuvic. Dans la soirée, les voyageurs sont
ramenés à Ussel ; puis le petit train fait un sommeil de
deux semaines. En sens inverse, il y a vingt-sept trains
par an, toutes les fois qu'il y a marché à Ussel. Les
marchés et foires jouent encore un rôle énorme en
France et le grand Chaix permettrait de faire toute une
docte étude sur ce sujet qui nous occupera encore.

Il existe aussi des chemins de fer à voie étroite en
France. L'eldorado de ces petits chemins de fer en
Europe est la Saxe, où il y en a à double voie, avec des
wagons dernier confort à 4 essieux et des petites machines puissantes à quatre cylindres. En France, on
n'est pas si avancé ; en revanche, le grand réseau du
P.-O.-Midi a une ligne à voie étroite longue de 191 kilomètres qui relie Argent au Blanc. Quels jolis noms de
ville ! Ne donnent-ils pas envie d'y aller ? Pour se
rendre d'Argent au Blanc, il faut partir à 7 h. 45 le
matin et l'on débarque à 20 h. 48 le soir ; naturellement le train ne roule pas toujours, mais s'attarde
tantôt une heure dans ce chef-lieu d'arrondissement,
tantôt deux heures dans tel autre. A quoi bon cette
hâte malsaine dans le monde ? Quel est donc le but où
nous aboutissons tous ? La porte d'entrée du cimetière. Et là, nous arriverons toujours trop tôt.

Un jour, à la gare Saint-Lazare, en achetant le
« Temps », je vis arriver un voyageur comme un bolide,
jeter cinq sous à la vendeuse et saisir au vol « L'In-
tran », tel un oiseau de proie qui s'empare de son
butin. Avant qu'on ait eu le temps de le regarder il était
disparu. « Pauvres gens ! » dit la vendeuse qui, dans
tout ce tohu-bohu qui se déroule autour d'elle du matin
au soir, avait gardé son bon sens, « Pauvres gens ! Ils
ne prendront pas le temps de mourir. » Eh oui !

Chez nous, on pensera : quel pays arriéré ! Eh bien !
non, pas du tout ! Qu'est-ce que le nombre et la rapidité des trains ont à faire avec la « Kultur » ? Rien.

Ensuite il ne faut pas oublier que pour les gens pressés il y a l'automobile.

J'ai toujours rêvé de faire un Jour le voyage d'Argent au Blanc, mais le temps m'a manqué. Un jour je le ferai, non dans une seule journée, mais dans cinq, car la ligne se compose de cinq tronçons. Et je suis sûr que je n'en serai pas déçu : je trouverai partout de belles forêts, des vallées riantes, des vignobles, des champs de blés dorés, de vieilles cités pittoresques, des manoirs, des châteaux Renaissance, des églises et des couvents romans ou gothiques, et surtout de bonnes auberges avec d'excellents lits, des gens aimables, une bonne chère succulente et des vins exquis. Que peut-on demander de mieux ?

Il faut dire un mot sur les auberges et sur les lits. Depuis la guerre, on a fait un grand effort de modernisation. On ne trouvera plus guère d'hôtels sans eau courante et sans chauffage central. Et dans tous mes voyages en France je n'ai jamais dormi dans un mauvais lit, même si quelquefois l'auberge n'était pas précisément de premier ordre. Les lits sont d'un modèle uniforme dans toute la France et ils sont toujours pour deux personnes. Sur un large sommier s'étend un matelas fait d'une seule pièce. Au chevet, un traversin sur toute la largeur du lit avec, au besoin, un ou deux oreillers remplis de duvet. Des couvertures de laine, enveloppées de drap de lin ; jamais d'édredon. On ne connaît pas les petits matelas en trois pièces comme en Allemagne. Lorsqu'un de mes amis fit venir ses meubles d'Allemagne, les déballeurs, en voyant ces matelas, n'en revenaient pas. « A quoi bon ? » demandèrent-ils en hochant les têtes. Ils en devisaient toute la journée et, sans aucun doute, cela fut plus tard le sujet de nombreuses conversations conjugales.

Les lits sont toujours pour deux personnes ; c'est que la vie en France est restée plus près de la nature, plus près de la vérité. L'hypocrisie est vraiment contraire au caractère français. Qu'un homme sain et bien équilibré voyage — à moins qu'il ne s'agisse d'affaires — seul et sans femme, voilà qui est contraire à la nature. S'il n'est pas marié, il aura au moins une amie. Comment pourra-t-il jouir de la vie ? — elle est cependant faite pourqu'on en jouisse ! — comment pourra-t-il óser faire honneur à la cuisine et aux bons vins s'il doit vivre en ascète et coucher seul ? Pauvre diable ! C'est pourquoi les lits sont larges et le prix de la chambre s'entend toujours pour deux personnes. On a, en province, de belles chambres de 15 à 20 francs. Que l'union soit bénie par le prêtre ou légalisée par le maire, personne ne s'en occupe ; même la police n'est pas assez indélicate pour s'y intéresser. On s'inscrit sous son nom en donnant tous les détails que la feuille exige et on ajoute « et Madame » sans plus. Serait-ce « fair » d'obliger une dame à commettre un faux en lui demandant son âge ?

Quand on arrive dans ces petites villes, on fera toujours bien d'entamer une conversation polie et aimable avec l'hôtelier. En passant on s'intéressera aux spécialités culinaires de la région. Il ne sera pas nécessaire d'en dire davantage — il n'est pas poli d'exprimer crûment ses désirs — pour que le brave homme comprenne son devoir. Il mettra en mouvement le ciel et l'enfer — c'est-à-dire qu'il s'adressera à quelques amis — pour pouvoir, au dîner, représenter dignement la petite patrie. S'il n'a pas réussi à se procurer un saumon ou une anguille ou un brochet, il aura tout au moins des truites ou des écrevisses cuites au vin blanc avec du romarin. Il y a tant de truites en France qu'on est presque sûr d'en prendre, à moins qu'on n'en ait tout simplement dans un vivier. Et pour la volaille, ce sera un faisan ou des perdreaux, ou une grive, ou encore — bonheur suprême ! — des bécasses. A défaut de tout cela, on pourra toujours compter sur un savoureux lapin de garenne ou un tendre poulet « de grain » rôti à la broche.

Si les dieux ont voulu que ce soient des bécasses, il faut choisir un vieux bourgogne de la meilleure marque qui se trouvera à la cave ; un Chambertin ou Clos-Vougeot ou un Pommard (pourvu qu'il soit bon, car Pommard est un nom collectif comme Rüdesheimer, alors que Chambertin et Clos-Vougeot sont les noms de vignobles déterminés). Je n'ai jamais eu cette chance, mais on a plus d'une fois insisté auprès de moi pour que, le cas échéant, je ne regarde pas à l'argent.

La question m'a hanté de savoir comment il était possible de se procurer, le moment voulu, un brochet par exemple. Cela ne mord pas sur ordre ! C'est au moins ce que j'avais cru, mais il paraît que c'est une erreur. Un de mes amis, directeur d'une usine métallurgique et pêcheur passionné, m'a expliqué un jour que, s'il le voulait, il était toujours à même de prendre de huit à dix livres de poissons dans une demi-journée. « Nous autres Français, me dit-il, nous n'allons pas à la pêche pour rapporter un gros butin, mais pour le plaisir, pour le délassement. Les Parisiens, oui ! ce sont des pirates, mais pas nous en province. Je connais mes coins où je suis sûr de prendre du poisson si je veux ; je n'en abuse pas. Il y a, au milieu des rivières, des bancs de plantes vertes flottantes : là-dedans se cachent toujours des brochets. Quelquefois on connaît tel gros brochet qu'on ménage pour une occasion exceptionnelle. Alors quand un copain me dit : « J'ai des amis à table ce soir ; tu ne pourrais pas me procurer un beau brochet ? je m'en vais et, avec de la patience et de la ruse, je prends le vieux malin. C'est ainsi que cela se fait. » Que les vrais Français vont à la pêche pour jouir de la nature, j'en ai eu la preuve dans une autre conversation où un voisin de table m'a vanté la pêche sur les bords de l'Aisne. A l'entendre, c'était le plus bel endroit de France pour la pêche. Finalement je ne pus m'abstenir de lui demander : « Mais, est-ce qu'il y a aussi du poisson ? » et il me répondit, d'un ton distrait et rêveur : « Evidemment, on pourra toujours prendre du poisson. » Je n'ai pas oublié la petite leçon.

Nous aurons commencé notre petit voyage paisible et nourrissant à Argent. La petite ville se trouve en Sologne, au sud d'Orléans. La Sologne est ce pays fait de cours d'eaux, de marais et de forêts qu'on traverse en allant de Paris en Auvergne. Le poisson et le gibier y abondent. Avant d'y aller il faut avoir lu le beau livre de Maurice Genevoix : « Rabolliot ». Ce mot d'argot désigne le lapin sauvage. C'est le roman d'un bûcheron et braconnier qui ne peut résister à la tentation de chasser : c'est dans son sang. Sa famille l'implore, il sait lui-même que ce sera sa ruine, mais c'est plus fort que lui. Finalement toute sa vie devient une lutte avec le gendarme qui s'attache à ses trousses comme un ennemi personnel. Et quand il ne peut plus échapper, il tue le gendarme. C'est la fatalité. Le livre d'un philosophe mûri dans l'expérience de la guerre — Genevoix a écrit un des plus beaux livres de guerre : « Eparges » qui est bien au-dessus du « Feu », de Barbusse, et de toute la littérature courante de guerre — et d'un grand ami et connaisseur de la nature. Pourquoi ne traduit-on pas ces livres en allemand ? Ils montreraient une tout autre face de la France que cette littérature de Montparnasse que l'on publie chez nous. Peut-être la traduction est-elle au-dessus des forces des traducteurs de métier ? Sans doute, car il s'y trouve un grand nombre d'expressions régionales dont on devine bien le sens, mais qu'il faudrait explorer pour pouvoir en faire la traduction exacte. Ensuite il faudrait les rendre par des expressions allemandes prises,

elles aussi, dans le langage des braconniers. On les chercherait en vain dans les dictionnaires. Un livre pareil,
peut-être, ne se traduit pas, il faudrait un poète pour
le recréer.

Dans notre voyage nous prendrons pour règle de
boire, avec le poisson, toujours un vin de la région. Ces
vins, en général de l'année et qui ne se prêtent qu'exceptionnellement à être mis en bouteilles, ont souvent
un goût spécial de raisin ou du terroir comme ce vin
de Cosne-sur-Loire — tout près d'Argent — que j'ai bu
aux environs de Paris chez un restaurateur qui était de
Cosne et qui allait chercher son vin chaque année, aussitôt la première fermentation, la véhémente, terminée,
chez ses cousins et ses beaux-frères. Ce vin restait
toute l'année sur la lie et n'était jamais ni soutiré ni
transvasé. On le transportait à Paris dans les fûts dans
lesquels le moût avait été mis.

Il n'y a rien d'aussi curieux que cette science de la
lie, toute récente d'ailleurs, qui est loin d'être éclaircie.
Un jour, les savants ont constaté, non sans surprise,
qu'il existe des centaines de races de lie, chacune ayant
son caractère spécial et dont certaines donnent un goût
spécial au vin. Jusque-là on avait cru que le goût de
chaque vin était déterminé par le cépage et par le sol.
Maintenant on a trouvé que presque chaque vignoble
avait sa race de lie spéciale. Ces races, on les cultive
et avec une race reconnue excellente on peut améliorer
un vin dont la race de lie est moins bonne. Dans les
vignobles, les bactéries de lie vivent sur le sol ; elles
émettent des millions de spores qui s'attachent aux
peaux de raisins et entrent avec ceux-ci dans le moût.
Là elles s'attaquent au sucre qui forme leur nourriture
et, en le digérant, elles le scindent en alcool et en acide
carbonique à parts à peu près égales. En général on ne
peut laisser le vin sur la lie qui, la fermentation terminée, lui communiquerait un goût fade ; mais, appa-

remment, il y a des races de lie spéciales qui en font
exception, comme dans ce vin de Cosne que nous
choisirons pour notre premier repas à Argent, à moins
que ce ne soit le fameux vin de Sancerre, tout proche
de là aussi, dont le goût de pierre à fusil nous tente.

Le lendemain nous resterons encore en Sologne, à
*Salbris, et nous passerons notre journée en belles pro-
menades dans la forêt, mais aussi en voyant passer tous
les grands rapides pour l'Auvergne, le Languedoc,
l'Espagne et les Pyrénées et ceux qui en reviennent, car
à Salbris on croise la grande ligne de Paris à Vierzon.
C'est un spectacle dont le voyageur par passion ne se
lasse jamais.

Le troisième jour, nous quitterons le paradis — un
peu mélancolique — des chasseurs et des braconniers
pour aller jusqu'à Romorantin, vieille cité historique.
Nous entrons dans la région des grands châteaux, construits après le retour d'Italie de François Ier d'où il
avait ramené Léonard de Vinci. Ces châteaux, merveilles de la Renaissance française, passent sous le nom
de « châteaux de la Loire », quoique un petit nombre
seulement dressent leurs tours et pignons sur les bords
de ce fleuve. Le château de Chambord, le plus célèbre,
le plus grandiose, avec sa toiture fabuleuse, se trouve
non loin de Romorantin.

Et puis, dans les journées suivantes, nous croiserons
ces vallées riantes et belles qui accompagnent pendant
longtemps la vallée de la Loire dans laquelle elles dé-
bouchent finalement : la vallée du Cher, dont nous connaissons la partie supérieure, et celle de l'Indre. Le but
de notre voyage, Le Blanc, se trouve dans la vallée de
la Creuse qui est sans doute la plus belle, la plus pittoresque, la plus riche en sites variés de toute la France
centrale.

La Creuse prend naissance sur le plateau de Millevaches, paysage de landes grandiose à mille mètres au-

dessus du niveau de la mer, aux sommets arrondis, tout violet en été quand la bruyère est en fleurs, et parsemé d'innombrables blocs de granit : les mille vaches Bientôt la rivière se creuse (d'où son nom) un lit profond dans la dure pierre dont les contours bizarres accompagnent son cours. Elle baigne Aubusson, ville célèbre pour ses tapis qui ne sont pas le produit d'une manufacture nationale, mais d'une industrie indépendante animée par le souffle de la concurrence. La Creuse continue son chemin à travers ce pays d'arbres dont nous avons essayé de donner un idée dans le premier chapitre, toujours encaissée entre des pentes raides jalonnées de rochers et d'arbres. A chaque tournant l'aspect change. De temps en temps, une idylle vient interrompre l'austérité grave de la vallée. Là où la Creuse reçoit la Sedelle, se dressent, sur un promontoire escarpé, les ruines du château de Crozant, qui fut un des plus grands de France, véritable forteresse pouvant contenir une armée de milliers d'hommes et imprenable par sa situation géographique. Aujourd'hui, au lieu d'être encadrées par les deux torrents, ces ruines se mirent dans un lac artificiel, long de plusieurs kilomètres et formé par le barrage d'Eguzon qui fournit la force électrique au réseau P.-O. Signe des temps modernes qui n'est peut-être pas au goût des nombreux peintres que ce site a depuis toujours attirés. Le pays, d'ailleurs, est aussi célèbre en littérature, Georges Sand, qui le chérissait, en ayant fait la scène de ses romans. Au Blanc cependant, où notre voyage aboutit, la Creuse s'est transformée d'enfant sauvage des bruyères en belle fille accueillante et sa vallée est riante et fertile comme celles de ses sœurs.

Terminerons-nous notre voyage imaginaire au Blanc ? Nous ne pouvons cependant pas y rester. Si nous le poussions plus loin, vers Poitiers et au delà, à travers le Marais Poitevin, vers l'Océan ? Nous croiserions

alors encore toute une suite de vallées, l'une plus belle
que l'autre : de la Gartempe que nous connaissons d'une
autre occasion, de la Vienne, du Clain. Nous verrions
la collégiale de Saint-Savin, église romane unique pour
son ensemble de fresques, les trésors d'art roman de
Poitiers, et, dans le Marais Poitevin, nous ferions la
connaissance d'une des régions les plus curieuses de
France, sorte de Spreewald où il n'y a qu'eaux et
arbres, où les routes sont formées par des canaux et
les automobiles remplacées par des bateaux. Nous
pourrions nous croire dans une autre Sologne, mais plus
sauvage, plus grandiose. Derrière ce labyrinthe de cours
d'eaux, se tient, au bord de l'Océan, La Rochelle, jadis
une vraie république indépendante des Protestants,
finalement leur dernier boulevard, dont la chute brisa
leur résistance. Et pour bien rester dans la tradition
française qui veut que toute bonne entreprise se termine dans un repas joyeux, nous irions encore un peu
plus loin, jusqu'à Marennes, pays béni des huîtres, où
elles deviennent grasses comme nulle part ailleurs et où
des bactéries spéciales leur confèrent cette couleur
verte qui, pour les gourmets, est le signe de la qualité
la plus exquise.

Voyage imaginaire ! Et voyage qu'il n'y aurait aucun
risque à transformer un jour en réalité, car aucune
déception nous attendrait. Au contraire, nous trou-
verions que tout, en vérité, serait bien plus beau parce
que vivant, colorié, savoureux, parfumé, palpable.

Et pour éviter tout risque, nous pourrions user d'une
petite mesure de prudence : nous faire annoncer partout par le fameux Club des Sans-club. Il s'en charge :
on n'a qu'à lui remettre le calendrier du voyage et
joindre cinquante centimes pour chaque étape, port de
la lettre que le club écrira à chacune des hôtelleries.
Pour devenir membre du club, il suffit d'acheter, à
n'importe quelle bibliothèque de gare, l'almanach

« Auberges de France » pour la somme de vingt francs. En arrivant à l'auberge, on portera le petit volume vert à la main et tout sera dit. C'est encore une des formes de la rationalisation de ce pays où la vie, quand on s'y connaît, roule si doucement sur billes.

Quel est, au fond, le secret de l'art de voyager, la clef merveilleuse qui ouvre la porte du paradis des découvertes ? De ce paradis dont l'accès reste à jamais défendu aux voyageurs « tout court », lesquels, d'ailleurs, ignorent jusqu'à son existence ?

C'est d'avoir accompli, dans son imagination, dix et vingt fois le voyage dont on tentera un jour la grande aventure.

XIV

PETITE VILLE DE PROVINCE

Le chemin de fer d'Argent au Blanc n'est pas le seul qui, en marge des grandes lignes et en les évitant le plus possible, cherche son chemin à travers le beau pays de France, réservant les plus agréables surprises au voyageur qui se confie à lui. Il y a ainsi une ligne de Paris à Tours par Vendôme, sensiblement de la même longeur que celle par Orléans et la vallée de la Loire, mais quelle différence dans le commerce ! Sur la grande ligne, vous couvrez les 235 kilomètres en deux heures et treize minutes, sans arrêt intermédiaire, en troisième classe. Une puissante locomotive électrique vous fait passer, comme dans un vertige, devant les merveilles de Blois et d'Amboise : à peine avez-vous eu le temps de les apercevoir que l'espace les a de nouveau englouties. Par Vendôme, vous mettrez quatre heures et demie en prenant l'express, le seul qui circule, ou

six heures par l'omnibus. Il suffit d'ailleurs d'aller jusqu'à Vendôme, à 180 kilomètres de Paris, et cela peut
se faire aisément dans une journée avec un billet de
dimanche.

Comme sur la grande ligne, le train remonte d'abord
la vallée animée de la Seine, escalade ensuite le plateau
de la Beauce et traverse cette plaine fertile, mais monotone. Peu à peu, les champs de blés et de betteraves
font place à des prés verdoyants ; des peupliers et des
saules font leur apparition sur les bords d'un petit
cours d'eau ; un petit vallon commence à se dessiner.
Il s'approfondit ; des collines l'accompagnent et soudain se dresse dans la belle campagne un fier château
flanqué d'une vieille petite cité : Châteaudun, sur les
bords du Loir. Le Loir, frère de la Loire, accompagne
au nord la vallée de sa grande sœur sur une longue
distance, pareil à l'Indre et au Cher qui le font au sud
du fleuve ; ensuite il se réunit avec quelques compagnons pour former la Maine, laquelle se tourne brusquement vers la Loire pour s'y jeter après un cours de
quelques kilomètres seulement.

Avant Châteaudun le train ne s'était arrêté qu'une
seule fois, à Dourdan, où il fallait changer la locomotive électrique contre une machine à vapeur. De Châteaudun à Vendôme, il s'arrêtera à chaque station.
Nous sommes entrés dans un pays qui fut jadis une
petite province et qui garde un cachet spécial : le comté
de Vendôme, le Vendômois. Ce caractère s'exprime
pour nos regards dans la forme des clochers romans
ayant tous une flèche svelte et massive, aspect rare en
France où ce sont plutôt les clochers inachevés, les
tronçons de clochers qui donnent leur note au paysage.
Mais, à vrai dire, l'époque romane a terminé presque
tous ses édifices, ce n'est qu'à l'époque gothique que
l'ardeur s'est refroidie, peut-être parce qu'on avait
entrepris des œuvres au-dessus des forces humaines.

Dans d'autres régions où le roman prévaut, les clochers ne sont cependant pas aussi élancés, aussi pointus, comme ici : leur grand modèle, nous le verrons à Vendôme même. Ce pays est encore riche en dolmens, grandes tables faites de pierres non équarries et sous lesquelles on a enterré les grands à l'âge de la pierre polie, riche aussi en cavernes préhistoriques où l'on trouve des crèches, des autels, et dont quelques-unes sont arrosées de sources souterraines. En outre, presque toutes ces églises romanes sont décorées de fresques très vieilles et la vallée est jalonnée de manoirs et de châteaux. Ceci prouve que le pays est riche et qu'il a dû atteindre très tôt un niveau élevé de civilisation.

La capitale de ce pays, Vendôme, dont le nom est connu de tous les visiteurs de Paris à cause de la place appelée d'après elle, n'a que neuf mille habitants ; encore une bonne partie en vit-elle dans les faubourgs aux maisons basses remplissant l'espace entre la gare et la cité. Celle-ci est située sur une île formée par deux bras du Loir, mais cette île est encore subdivisée en nombreux îlots par d'autres ramifications de la rivière. On voit partout ces filets d'eau et les petits ponts pour les franchir. Les maisons ont, à l'arrière, de petites tribunes en bois pour laver le linge ; çà et là des bateaux sont ammarés, des filets de pêches suspendus pour sécher. C'est cette eau verte, limpide, vivante, qui donne son cachet à la vieille cité. On a voulu parler de « Venise », mais la comparaison cloche, car à Venise l'eau est lourde, stagnante, saumâtre, tandis qu'ici elle est claire, rapide, gaie, fraîche ; elle tombe en cascades joyeuses du barrage sis derrière l'église, son chant ne s'endort jamais et la nuit, quand le silence se fait, il emplit toute la ville. Puis, il y a partout des arbres. Quels beaux arbres ! Dépassant les murs et les toits, les uns dominent toute la ville ; d'autres se penchent silencieusement sur les cours d'eau. Au milieu de la ville, derrière le Lycée Ronsard, se trouve tout un parc sur un îlot.

Si petite soit-elle, la ville est riche en curiosités comme pas une. Elle conserve un monument, vénérable entre tous, le clocher roman de l'église de la Trinité. C'est, sans aucun doute, le plus parfait clocher roman qui existe, de ce roman pur qui n'a pas subi les influences byzantines ou islamiques. On ne peut que le comparer au clocher roman de Chartres, plus connu et pour cela plus célèbre ; celui de Vendôme cependant est moins trapu, plus élégant. Construit tout d'une traite dans le XIe siècle, il se tient encore debout sans défaillance, tel que son maître le conçut et eut la chance de l'exécuter. Il est fait d'un beau calcaire couleur gris de fer et égayé par de petits reflets d'un jaune verdâtre dus à de minuscules algues. Les intempéries de neuf siècles n'ont eu aucune prise sur ce bâtiment auquel seul un coup de foudre a pu arracher, au XIXe siècle, un morceau de la flèche qui a été remplacé. Qu'il est beau et fier, solidement planté dans le sol, isolé, sans contact avec son église, tel les campaniles italiens ! Cet isolement, rare en France, est sans doute voulu parce que l'architecte s'était proposé, en concevant cette tour, de résoudre un problème qui préoccupait son époque et qu'il ne voulait pas confondre avec d'autres problèmes. Toutes ces constructions romanes, nous l'avons vu, sont le fruit d'aventures que les architectes monacaux tentèrent pour pousser l'évolution plus loin. Pour le maître de Vendôme, il s'est agi d'ériger une tour très haute — ses cent mètres signifient pour l'époque bien plus que les trois cents mètres de la tour Eiffel au XIXe — et en même temps assez solide pour qu'on puise y suspendre de lourdes cloches sans que leurs balancements rythmés en ébranlent la cohésion. Mais outre ce problème constructif, il y en eut un autre, de nature esthétique, qui hantait tous les bâtisseurs de clochers romans : celui de trouver une solution élégante au rajeunissement de la tour de bas en haut. Passer de la tour carrée primitive d'une manière grâcieuse à la forme octogonale et trouver de là une belle transition à la flèche, voilà qui les passionnait. On pourrait faire un grand ouvrage en ne montrant que toutes les tentatives faites pour résoudre ce problème. Ici encore, c'est l'art gothique qui a trouvé la solution grâce à sa technique qui donnait beaucoup plus de liberté aux architectes, mais aussi grâce à sa tendance innée qui cherchait l'élancement vers les hauteurs alors que le roman est toujours resté plus près de la terre. Dans cette évolution, les tours de la cathédrale de Laon marquent le tournant décisif, et le clocher de Fribourg, en Brisgovie, est, sans doute possible, l'exemple le plus parfait et le plus élégant de la solution finale.

On ne pourra guère imaginer de contraste plus saillant que celui entre l'austérité majestueuse de ce clocher et le jeu gracieux des dentelles en pierre qui couvrent la façade de l'église à laquelle il appartient. Cette façade est de la dernière époque gothique, de ce style dit « flamboyant » parce que ses ornements se composent d'innombrables languettes qui évoquent l'illusion d'un brasier dont les flammes se réunissent pour s'envoler dans le ciel. Cette façade n'est peut-être pas moins célèbre que la tour pour sa pureté de style et sa bonne conservation. L'extérieur de l'église fait ressortir de façon particulièrement claire les principes de la construction gothique parce que la façade n'a pas de tours qui, ailleurs, cachent la vue de la nef. On y voit, d'en face, comment les arcs-boutants, pareils à des bras, soulèvent le toit de la nef et le tiennent suspendu dans le ciel. Et l'intérieur, haut et spacieux avec sa clarté sublime, est tout fait pour démontrer que les maîtres gothiques ne cherchaient point l'obscurité mystique comme le veut un préjugé inexpugnable. On y trouve d'ailleurs les traces de toutes les époques, les exemples de tous les styles, du premier roman jusqu'au dernier gothique, de sorte qu'avec les témoignages recueillis on pourrait composer toute une grammaire d'art religieux du moyen âge sans que toutefois cette diversité nuise à l'unité de l'impression. Les vieux maîtres d'œuvre connaissaient ce secret : d'évoluer en bâtissant sans interrompre la continuité.

A Vendôme, la question qui nous a plus d'une fois préoccupés : comment d'aussi petites villes furent à mêmes d'ériger de si grands monuments, s'impose de façon particulièrement nette, parce que Vendôme est restée une très petite ville, limitée, somme toute, à son emplacement primitif entre les bras du Loir. Ailleurs, les villes se sont étendues autour de leurs églises, ce qui a créé d'autres proportions, mais à Vendôme, alors que le clocher se dresse tout près de l'artère centrale, la ville cesse littéralement au chevet de l'église : de grands arbres y abritent le barrage où l'eau écume et rugit, et, au delà du pont, voilà les prés, les saules, les peupliers, toute la paix de la campagne.

Et cette église n'est pas la seule de la ville. Sur la place du marché s'élève un clocher gothique couvert d'un bonnet Renaissance, reste d'une église disparue. Une troisième église est curieuse pour sa voûte en bois qui vaut la peine de s'y arrêter quelques instants.

Après l'invention de la technique de voûte gothique, les architectes français ne voulurent plus retourner au plafond horizontal fait de poutres et de planches. Cela était décidemment démodé. La mode, dans le sens moderne du mot, a joué le plus grand rôle dans l'architecture du moyen âge, comme d'ailleurs de tous les temps et dans tous les domaines. Il aurait été contre l'honneur d'un architecte « à la page » de construire dans une mode abandonnée. Quand l'argent ne suffisait pas pour faire une belle voûte en pierres, il fallait inventer autre chose. Quelqu'un créa la voûte en bois qui part de tout autres principes que la voûte en pierre tant romane que gothique. Elle emprunte son idée à la construction des navires. Une telle voûte ressemble à la coque renversée d'un vaisseau : ses bords s'appuyent sur les parois alors que la quille forme le faîte. Les « couples » montent à distances égales et les intervalles sont remplis de planches à rainures et languettes. Toute la construction est visible de l'intérieur comme la carcasse d'une péniche. Puisqu'il n'y aurait pas de sens d'étayer cette construction du dehors par un système d'arcs-boutants, la poussée étant trop faible bien qu'existante, on réunit les bords de la carcasse par des poutres qui traversent la nef de l'église d'un mur à l'autre. (En Allemagne on trouve aussi cette façon d'amortir la poussée latérale par des poutres quelquefois dans des églises gothiques voûtées en pierre.) A Vendôme, ces poutres sont sculptées de façon très curieuse. Leurs bouts sont transformés en têtes de dragons qui semblent sortir du mur pour engloutir (ou cracher) la poutre elle-même. Celle-ci est sculptée au milieu en forme de deux anges volants qui ont la face tournée l'une contre l'autre. Ils semblent se donner les mains pour tenir un bouquet de fleurs ou quelque chose de semblable. Le tout, bien entendu, est d'un seul morceau, autrement il ne pourrait remplir sa tâche. Le bedeau attira mon attention sur des têtes de « crocodiles », mais c'était bel et bien des dragons scandinaves semblables à ceux qui ornaient les proues des vaisseaux vikings. Les fervents de l'art médiéval, les purs, auront sans doute souri avec mépris à la seule idée qu'une chose aussi profane que la mode ait pu exercer une influence sur les maîtres d'œuvres du passé. Le hasard m'a fourni une jolie preuve : A Provins il existe une église couverte d'une voûte en bois.

Plus tard, on en a eu honte. Qu'a-t-on fait ? On l'a cachée sous un système de travées gothiques exécutées
en plâtre ! On avait sauvé la face.

Une quatrième église, chapelle plutôt, attenante au
Lycée Ronsard, est également couverte d'une voûte en
bois, mais le chœur a une voûte gothique. Le contraste
entre la voûte en bois très calme et d'une grande harmonie et le jeu un peu compliqué des ogives est particulièrement instructif. On est frappé de la ressemblance de ce baldaquin en pierre avec un parapluie.

Ce lycée Ronsard est une vieille école célèbre, où
Balzac a fait ses études et qui doit son nom au premier
grand poète du français moderne, Ronsard, né d'une
famille noble du Vendômois et contemporain de Calvin, lequel fut le premier grand prosateur. Le lycée est
merveilleusement logé dans un palais du XVIe siècle, de
ce style sobre, objectif et cependant magnifique de
l'époque, avec déjà de hautes fenêtres. On remarquera
une très belle cour intérieure et le vieux parc derrière
le corps de bâtiment sur un des nombreux îlots.

Nous sommes loin d'avoir épuisé les richesses d'art
de cette petite ville, mais il n'est pas question d'écrire
un guide. Il y a un musée, également dans un vieux
palais au milieu d'un jardin ; il est surtout riche en
objets préhistoriques et il prétend à la gloire de posséder la collection la plus complète — non pas de
France, ni de l'Europe, mais du globe — de polissoirs
néolithiques. On les trouvera un peu monotones, ces
polissoirs ; pour l'œil profane, ils se ressemblent énor-
mément. Ce qui est encore vraiment intéressant à Vendôme, c'est le grand nombre de maisons anciennes, de
style gothique et Renaissance, avec leurs portails, cours,
échauguettes, tourelles, et surtout l'Hôtel de ville cu-
rieusement aménagé dans la grande porte du pont du
Loir. Cette porte est flanquée de deux tours rondes
formidables et reliées entre elles par un étage ; à l'une

des tours, une aile est jointe, formant un angle droit.
Dans son coin, une tourelle se lève sur un cul-de-lampe
fort curieux.

Avec ses monuments, c'est le site incomparable qui
fait le charme de la vieille cité. Pour en apprécier la
beauté, il faut monter au vieux château fort. Aussitôt
le pont du Loir franchi, la rive gauche monte presque
à pic : elle forme comme un immense mur de protection à l'ombre duquel la ville s'est blottie. Sur un
éperon, les vieilles tours se dressent, toujours impres-
sionnantes bien que démantelées. Pourquoi les a-t-on
détruites puisque le duc de Vendôme, au XVIIᵉ siècle,
fut un bâtard du roi Henri IV ? Ou sont-elles simplement tombées en ruines, parce que la mode, encore la
mode, n'était plus aux châteaux forts, mais aux rési-
deuces princières érigées dans la plaine au milieu d'un
beau parc ? La vieille enceinte renferme de nos jours un
très beau jardin public, orné de magnifiques cèdres. La
vue, de là-haut, est d'un charme tout particulier. La ville
semble une immense touffe d'arbres ou un grand coussin vert dans lequel sont disposés les toits d'ardoise gris-
bleu. Le regard plonge dans des cours et jardins dont on
ne soupçonnait pas l'existence. Au mois de mai, quand
les marronniers étaient ornés de leurs cierges blancs,
quand de tous les clos jaillissaient les gerbes blanches
et roses du lilas, quand de tous les murs tombaient les
grappes violettes des glycines, ce fut, dans la lumière
argentée qu'on connaît de tant de tableaux, une
symphonie merveilleuse de couleurs brodées sur un
fond émeraude. Et pour que tous les sens fussent satis-
faits, le vent apportait des bouffées de parfum de lilas
et le chant éternel des eaux du barrage.

Faut-il dire qu'à Vendôme on mange très bien ? Ne
reprochera-t-on pas à ce livre qu'on y « déjeune » beau-

coup trop ? Certes, du point du vue artistique, c'est une faute. Cependant, s'agit-il de faire une œuvre littéraire ou de tracer un portrait vivant de la France ? Et comment un tableau de Vendôme, de toute ville française, serait-il complet sans qu'on parle des auberges ? Après les yeux, le nez et les oreilles, le palais aussi demande son droit.

Nous nous sommes proposés de donner une idée de la place que tient dans la France actuelle une petite ville de neuf mille habitants. Disons tout de suite que son rôle est autrement important qu'en Allemagne. Chez nous, une ville qui exercerait à peu près la même influence sur une région aurait de trente à cinquante mille habitants. C'est déjà une ville populeuse, impersonnelle, ayant perdu son caractère intime. C'est pourquoi, en Allemagne, il est très difficile de se former une idée juste de ce que furent au moyen âge les villes impériales. On oublie que c'étaient de petites villes, mais de puissants centres de culture. En France, on peut s'en rendre compte par analogie. Seulement il existe, sur ce terrain, une différence fondamentale entre la France et l'Allemagne. En France la culture des cités s'est indissolublement amalgamée avec celle de la cour royale, tandis que chez nous, trois cultures différentes coëxistent, et souvent juxtaposées de façon curieuse. Il y a d'abord celle des cités, comme Francfort et Nuremberg, la plus « allemande » des trois ; tout en reposant sur des bases latines et chrétiennes, elle est cependant originale, et par son génie et par ses formes. Toute autre est la culture des évêchés tels Mayence ou Würzburg ; elle est caractérisée par l'influence italienne. La plus récente est celle des cours princières, copiée en général sur le modèle de Versailles ; citons Dresde où des artistes géniaux ont trouvé des expressions heureuses et originales.

Dans tous ceci, il s'agit de culture et non de civilisation. Rappelons-nous que si la civilisation est un
« ordre sacré », la culture en est la fleur fine. Or, l'art
culinaire ressort du domaine de la culture. Qu'un pays
soit civilisé au plus haut degré, cela n'empêche point
qu'on peut y manger très mal. Au contraire, il est inconcevable qu'on vous offre, dans un milieu vraiment
cultivé, un mauvais repas : l'un exclut l'autre. C'est
pourquoi on n'échappe pas à la nécessité de parler
cuisine quand on veut juger d'une ville.

Inutile de dire qu'il existe à Vendôme, naturellement,
un certain nombre de bons hôtels. Leurs entrées sont
ornées de toutes les plaques possibles de toutes sortes
de Clubs touristiques et autres. Ces plaques sont des
recommandations et des censures. Il existe entre elles
une hiérarchie qu'il est bon de connaître. On peut s'y
fier en tout repos.

J'avais déjeuné dans un de ces hôtels sur la grande
rue. On y était fort bien. Comme public, il y avait
quelques officiers de la garnison, des hobereaux de la
campagne environnante, un vieux ménage très cérémo-
niel, un jeune couple d'amants arrivé de Paris en voiture et quelques personnes indifférentes. Le menu était
choisi : hors-d'œuvre bien assortis, brochet, asperges,
poulet rôti, beignets, fromages, fruits, pour quinze
francs ; le vin du pays, excellent, à deux francs la
carafe. Tous les plats étaient préparés avec soin et le
service était impeccable, de cette politesse du cœur et
de cette prévenance qui font la joie du voyageur. En
Suisse, par exemple, on a trop souvent l'impression
d'être « client », objet d'exploitation. La plus grande
correction ne réussit pas à effacer cette impression.
En France, dans les bons hôtels de province où la
vieille tradition est vivante, on a le sentiment d'être
invité : « paying guest », comme disent les Anglais.
Ainsi le garçon apporta un immense plat avec tout un

monceau d'asperges. Il le plaça devant moi et je me
servis à mon gré. Quand il revint le chercher, il s'ex-
cusa en soulignant que je n'avais qu'à faire signe pour
être à nouveau servi. Il ne faut pas que l'impression
puisse naître dans le convive qu'on veuille lui mesurer
la nourriture. Lorsque je partis, la patronne m'accompagna jusque sous le porche de la maison, en me faisant
des remerciements en paroles choisies. Dans une pareille
atmosphère on se sent à son aise, on apprécie la bonne
chère et l'on digère bien.

Pour connaître une ville étrangère, la plupart des
visiteurs se munissent d'un guide et le suivent le nez
dans le livre et le doigt sur la ligne. Qui n'a jamais vu
les « Misses » avec leur Baedeker, poussant des « Aoh! »
quand il y a une étoile et des « Aoh! Aoh! Look here! »
quand il y en a deux ? Le voyageur avisé fera un grand
crochet pour les éviter. Non ! ce n'est pas la bonne
méthode ! Mieux vaut, après un coup d'œil rapide sur
le plan, mettre le guide dans sa poche et partir pour la
bonne aventure. En France cela est facilité du fait
qu'il existe partout des « Syndicats d'Initiative » qui
ont érigé, à tous les carrefours, des panneaux avec des
plans ou des cartes. Aux bureaux de ces syndicats qu'on
nomme couramment « Essi », on trouvera toujours
gratis ou presque des pliants avec le plan de la ville et
l'indication des curiosités et, en outre, des guides plus
explicites, souvent fort intéressants, pour un prix très
modeste. Le plan de ces vieilles cités est d'ailleurs fort
simple : il y a au milieu une ou deux places : celle de
l'Hôtel-de-ville par exemple et celle de la cathédrale.
La « grand'rue » traverse la cité d'un bout à l'autre,
croisée d'une ou deux rues transversales. Puis il y a le
dédale des ruelles, le tout contenu par la ceinture des
remparts. Dès lors, on n'a qu'à partir au hasard de ce
qui paraît attrayant, se laissant guider par son flair en
ne dédaignant point de pénétrer dans les cours et les

impasses ; aussitôt qu'on se heurte .aux remparts, on rebrousse chemin sous un autre angle. Ainsi on aura tôt fait de couvrir toute la ville d'un réseau de diago- nales, auquel rien n'échappe. On aura ainsi connu l'immense joie de la découverte. C'est alors qu'on se reposera un peu pour étudier le guide. On aura la satis- faction de constater qu'on avait tout trouvé tout seul et, dans une deuxième tournée, lente cette fois et ré- fléchie, on étudiera de près ce qui en vaut la peine.

Au cours de ces zigzags, j'avais découvert dans une vieille rue un hôtel portant la plaque du « Club des Sans-club ». C'est, on le sait, la plus haute distinction décernée chaque année par un jury de connaisseurs et que l'on ne peut acheter ni par des dons volontaires, ni par des insertions. Il faut seulement faire attention à ce que la plaque soit bien de l'année courante. Ce sera peut-être cher ? Le prix n'est pas indiqué à l'extérieur. Ayons confiance tout de même ! A sept heures, j'entre dans la salle à manger : personne. Au bureau, dans les couloirs : personne. Je pénètre dans le sanctuaire de la cuisine : « Monsieur n'a qu'à se mettre à table, le service commencera aussitôt. » Je serai seul et, dans un va-et-vient solennel, un garçon s'empressera autour de moi avec des gestes rituels et des paroles sacramentelles. Il déposera devant moi des plats exquis et merveilleusement présentés et qui auraient suffi pour toute une joyeuse compagnie ; il me laissera seul, puis reviendra pour m'inciter à me servir encore : « Un peu de poisson, Monsieur ? Ce morceau de poitrine ? » et il remplira chaque fois mon verre. Il le fera avec cette dignité de citoyen libre qui se sent mon égal et qui entend me rendre un service. Tout cela dans la grande salle à demi-obscure, où toute la lumière est concentrée sur la seule nappe de ma table, et dans une ambiance de solennité, d'abondance, de générosité, de savoir-faire, de savoir-vivre, ambiance de la plus haute culture. Ce n'est que vers la fin de mon repas que d'autres convives arrivèrent.

Pour terminer, un choix de cinq fromages me fut présenté, tous du Vendômois, question d'honneur : trois fromages de chèvre et deux de vache. Les fromages de vache étaient, au fond, d'une même sorte, mais l'un était « cendré » et l'autre « bleu ». C'est-à-dire que le premier avait été conservé, pour mûrir, dans des cendres de bois où il était abrité des bactéries de toutes sortes, alors que l'autre, exposé à l'air, s'était couvert d'une peau de moisissure qui le rendait « bleu ». Cela faisait en même temps deux goûts entièrement dif-férents.

La science des fromages est sans doute une des plus vieilles, mais elle est restée à l'état empirique ; c'est une science qui n'a été cultivée nulle part comme en France. Les hommes de la pierre polie ont dû certes faire déjà de très bons fromages variés, car lorsque les Romains occupèrent la riche Gaule on fabriquait déjà à Roquefort le fromage célèbre que les gourmets de Rome — et il y en eut de fameux — firent venir de là. Or, les Gaulois, ces rustres, querelleurs, joueurs, bu-veurs et qui ne s'intéressaient qu'à la guerre et à la chasse, n'ont certainement pas inventé cet art subtil. Faire du bon fromage est une question de patience et de longue haleine. Ce sont encore de minuscules cham-pignons qui y jouent le rôle décisif, comme pour la fer-mentation du vin. Seulement, alors que la lie du vin a été scientifiquement étudiée, on ignore encore tout sur les races de bactéries qui déterminent le goût du Roquefort, du Brie, du Camembert. On sait seulement par expérience que dans telle cave, dans telle armoire même, il y a une flore bactériologique favorable qui fait réussir le fromage, alors qu'à côté il ne réussit pas. Il existe trois grandes catégories de fromages selon le lait : de chèvres, de brebis, de vaches. Les fromages

de vaches sont subdivisés en pâtes dures (Cantal) et
pâtes molles (Brie). Les fromages de chèvre sont tous
excellents et l'on peut les manger toute l'année dans
chaque état de maturité. Pour les autres fromages, il
y a des mois : ainsi le Roquefort n'est vraiment délicieux qu'en hiver. Il y a tout un calendrier établi qu'on
peut se procurer à Paris chez Androuët, le grand marchand de fromages, qui tient en même temps un restaurant de fromages où l'on peut goûter cent cinquante
sortes de fromages et deux cents différents mets faits
avec du fromage. Pour laisser mûrir les fromages on
ne se borne pas à les exposer à l'air ou à les couvrir de
cendres, mais on les met encore dans du foin, comme
à Pithiviers, ou on les enveloppe de feuilles de noyers
ou de châtaigniers, comme à Dreux. On devine combien c'est compliqué. La conservation du fromage est
une science à part ; elle est d'ailleurs facilitée par l'invention des appareils frigorifiques. Un fromage mûrit
à peu près comme une poire de qualité qui durant des
mois reste dure, sèche, immangeable, puis un jour
devient juteuse, savoureuse, parfumée, état dans lequel elle ne reste que peu de temps pour devenir blette
et bonne à jeter. Le processus est un peu plus lent pour
les fromages et on peut l'attarder par le froid, mais le
marchand de fromages doit exercer une surveillance
sévère s'il ne veut essuyer des pertes : ce n'est pas
facile quand on a cent cinquante sortes dans ses caves.
A Paris, on peut observer que dans un magasin tel fromage est moins cher à l'extérieur qu'à l'intérieur. C'est
que sur la route on étale les fromages qui sont sur le
point de passer et qu'on offre à meilleur compte pour
les faire écouler.

Le secret de la fabrication du fromage appartient
donc à la vieille race paysanne qui est à la base de la
population française, et il doit dater de l'âge de pierre.
En général, on se fait une idée fausse de ces temps

reculés qui ont été sans doute bien plus semblables aux temps modernes que nous ne le présumons. Ceux qui ont fait la grande guerre en Russie le croiront. Ils ont vécu dans des villages à l'écart de la vie moderne et où l'usage du fer était presque inconnu. Seuls, la faux, la faucille et les bandages des roues étaient de fer, pour le reste on s'arrangeait sans fer, parce qu'on était trop pauvre pour l'acheter. Les chevaux n'étaient pas ferrés ; les clous étaient en bois dur ; à défaut de vis, on rassemblait les pièces à l'aide de coins ; les clôtures étaient tressées de branches. Beaucoup de choses que nous clouons étaient ligotées par de l'osier. Les petits garçons avaient des patins en bois de coupe triangulaire, dont l'arête seule était consolidée par un bout de fil de fer, et le tout attaché au soulier avec de la ficelle. Chaque paysan cultivait du lin et du chanvre et avait des moutons ; il ne portait que des habits entièrement faits par lui-même. L'araire même, la vieille « socha », était entièrement de bois. Osera-t-on prétendre que ces hommes étaient différents de nous ? Ces paysans, que leurs seigneurs traitaient de « bétail », étaient doux, gais, éveillés ; ils aimaient à chanter, et tout en étant analphabètes, — malgré eux, car ils aspiraient à apprendre à lire et à écrire, — ils se servaient de leur langue avec une facilité étonnante. Ces moujiks ont d'ailleurs une grande ressemblance avec les paysans de France. Peut-être toutes les races de paysans autochtones d'Europe sont-elles de la même souche ?

Après le repas, le garçon apporta le livre d'or qu'il fallait signer : ses pages étaient couvertes de vers plus ou moins réussis, de louanges, de bons mots, de plaisanteries. Le prix du repas était de seize francs, plus deux francs pour les vins et dix pour cent pour le service, majoration qui, en province, est toujours ajoutée à la note.

Et il était grand temps de partir pour ne pas manquer le train de Paris.

Chose curieuse ; ce qui m'avait engagé d'aller à Vendôme, ce n'était pas seulement le nom connu, ni même le clocher roman, dont je n'avais entendu parler que vaguement, c'était au fond la carte des chemins de fer français. Toutes les fois que je l'avais étudiée, cette ligne, qui part de Paris et qui va loin sans être une « grande ligne », m'avait hypnotisé. C'était devenu une hantise, une véritable tentation. Un jour j'y cédai, et ce fut pour moi une journée merveilleuse.

XV

JOUR DE MARCHÉ A MÉNILMONTANT

Quand le brave bourgeois de Passy ou d'Auteuil lit ou entend le mot de « Ménilmontant », il en éprouve un vrai choc, et il regrette que M. Chiappe, l'homme fort de la Corse, ne soit plus préfet de police de Paris, lui qui savait si bien tenir en respect cette « bande » ; car Ménilmontant et Belleville, à côté, sont ces hauteurs bordant Paris à l'est, d'où les hommes en salopettes, la casquette enfoncée et baissée sur le front, le foulard autour du cou, descendent, quand les choses se gâtent, afin de piller, d'incendier, de violer, d'assassiner. Et là-haut se trouvent les fameux cafés d'apaches, où devant le zinc les filles et les souteneurs tiennent leurs conciliabules pour arrêter le plan de la nuit avant de descendre sur les grands boulevards chercher le butin. Là-haut aussi se trouve le cimetière du Père-Lachaise, avec le mur des Fédérés et la rue Haxo de terrible mémoire, où le 26 mai 1871 les otages ont été assassinés. Non, décidément l'homme bien pensant n'a rien à voir dans ces quartiers et, sans nécessité urgente, il n'ira pas plus loin qu'à la Place de la République d'où il jettera un regard furtif dans la rue du faubourg du Temple.

S'il voulait vaincre son préjugé, il serait étonné de voir comme on est bien à Ménilmontant et comme les gens sont aimables et inoffensifs. Sur ces hauteurs, d'où l'on a de merveilleuses échappées sur le panorama de Paris, l'air est toujours agité et frais. On le respire avec délice quand, en pleine canicule et revenant de la ville, on remonte du fond des stations du métro qui se trouvent à six étages de profondeur, parce que la voie ne peut monter aussi fortement que le terrain. Les gens qui y vivent portent également dans leurs cœurs l'idéal de tous les Français : posséder un jour une maisonnette dans la petite patrie, avoir un jardin, élever des poules et des lapins et aller à la chasse et à la pêche. Peut-être ont-ils quelquefois l'extérieur un peu aventurier ! Mais ne sont-ce pas souvent, en France, les gens les plus sérieux qui font exprès d'avoir cet aspect ? Il leur faut ce contrepoids contre la tendance par trop bourgeoise de leur âme. D'ailleurs, un journal du monde n'a-t-il pas un jour déploré que, jusque dans la meilleure société, les jeunes gens se donnent un air de « gigolos », parce que cela plaît aux femmes, qui, de leur côté, affectent des manières de demi-mondaines ?

Il est très agréable de vivre à Ménilmontant. Tout ce XXe arrondissement forme d'ailleurs une ville à part, une petite patrie avec son patriotisme local. D'un côté, on est à quelques pas des anciennes fortifications, au delà desquelles il y a encore du terrain libre, non bâti ; de l'autre, on ne met pas plus de dix minutes pour gagner, par le métro, le centre de la ville. On a cette merveilleuse promenade du Père-Lachaise, véritable parc avec ses allées ombragées, où l'on peut, en se pro-

menant, apprendre tout un chapitre de l'histoire et de
la sculpture françaises : on sera toujours de nouveau
ému devant le Monument aux Morts de Bartholomé et
on rêvera sous le saule pleureur de Musset. Et si l'on
préfère la vie vivante à la nécropole, on poussera sa
promenade jusqu'aux Buttes-Chaumont, anciennes car-
rières de gypse transformées par Napoléon III en parc,
« romantique » s'il en fut, avec rochers et grottes et
petits temples, des arbres presque séculaires, des prés
verdoyants, des ruisseaux joyeux descendant les pentes
en petits sauts, avec un lac et un hardi pont suspendu,
cet ensemble animé de centaines et de centaines d'enfants avec leurs mamans ou leurs « mémères ».

Le soir, devant les stations du Métro, à l'heure où
les puits dégorgent les hommes rentrant du travail, se
tiennent les vendeuses de fleurs, femmes ou fillettes,
qui vous assourdissent avec leur : « Fleurissez-vous !
Vingt sous la botte ! Fleurissez-vous donc ! » Des violettes de Toulouse, des roses de Brunoy, des mimosas
ou œillets de la Côte d'azur, mais aussi des fleurs paysannes : pivoines rouges démodées ou œillets plumaires,
et des fleurs de la forêt et des champs : jacinthes des
bois, muguets, marguerites, bouquets bariolés, selon la
saison. De jeunes femmes, le bébé sur le bras, attendent le père. Elles guettent l'ascenseur quand la
porte s'ouvre avec fracas. Dès son arrivée, il embras-
sera tendrement sa petite famille, achetera un bouquet
de fleurs pour sa femme et prendra le petit qui étend
les bras vers lui : Ils ne sont pas si féroces que cela, les
hommes de Ménilmontant.

Le dimanche, les familles vont se promener. Sur
l'Avenue Gambetta, sur la rue Belgrand, on voit ces
groupes charmants que nous avons décrits en parlant
de la vie en famille.

A Ménilmontant, un marché important se tient, deux
fois par semaine, sur la rue Belgrand et la rue de la

Chine. On y peut étudier le peuple à loisir. Quand un certain nombre de Français se réunissent, une vie plus intense naît immédiatement. Les hommes, sans même bouger, se chargent d'électricité : leur sol les ionise. Les figures commencent à rayonner, les regards s'illuminent. N'y a-t-il personne pour faire une bonne petite blague ? Ah ! que la vie est belle ! On dit aussi : qu'elle est bonne ! Elle est bien jolie, cette expression : la vie est bonne. Bonne dans un sens double : comme une mère affectueuse et charitable, mais aussi bonne à croquer.

La grande majorité des acheteurs est formée par les femmes, car les hommes sont au travail. Autrement ce seraient peut-être les hommes qui prévaudraient : ils aiment bien aller au marché en France. Ne faut-il pas manger ce qui a été acheté ? Il vaut mieux alors faire son choix soi-même. Les femmes sont si bavardes et si facilement dupes ! On trouve aussi des occasions : un lot de fromages de chèvres vendus à vil prix, des têtes de veau pour presque rien. Les femmes n'y font pas attention. Et les marchands volants qui ne payent pas de taxe et sont toujours en fuite devant les agents ! Ils vous vendent des fois des brochets épatants, frais, les branchies toutes rouges, à moitié prix. On se régale doublement pour avoir épargné de l'argent et volé le fisc. En province, quand les hommes vont au marché, rien que pour leur plaisir et leur information, on appelle cela d'une expression charmante : « Faire le tour du persil. »

Couramment on voit des hommes qui accompagnent leur femme en portant le filet ou poussant la petite voiturette qu'on appelle « poussette » et qui ressemble à une voiture d'enfant. Un jour, le maire d'une commune de la banlieue avait défendu les poussettes sous prétexte qu'elles empêchaient la circulation. Quelle émotion ! Dans des affiches incendiaires, on accusa le maire de violer les Droits de l'Homme. On alla jusque devant le Conseil d'Etat. En attendant on conseilla aux mamans de mettre le bébé dans la poussette : on verrait bien si une brute d'agent empêcherait une mère de pénétrer entre les rangs avec sa voiture d'enfant !

Les marchés et les foires ont conservé en France une importance bien plus grande qu'en Allemagne. Nous l'avons constaté à l'exemple des chemins de fer. En 1934, on a tenu, non loin de Grenoble, une foire pour la 715ᵉ fois : en faisant le calcul, on remonte à l'an 1220, époque à laquelle fut construite la Cathédrale de Chartres.

Célèbre est la foire de Beaucaire, en face de Tarascon, qui dure quatre semaines, du 1ᵉʳ au 28 juillet. Dans le département de la Creuse, une vieille foire se tient une fois par an, le 22 juillet, sur un mamelon rocheux couvert d'herbes maigres et de genévriers, loin de toute habitation humaine. On en ignore les origines ; tout ce qu'on sait c'est que cette foire s'est tenue là depuis « toujours ». C'est sans doute un ancien lieu saint, où les ancêtres les plus lointains se sont déjà réunis pour sacrifier aux dieux et faire ensuite le troc des fourrures, du bétail, des poteries contre un beau poignard en corne de renne, un bâton de commandement en ivoire sculpté, et plus tard contre les premières armes en métal. Puis on y a acheté et vendu des esclaves. Durant toute l'année, on peut, sur ces hauteurs, rêver dans la solitude la plus complète, éveiller les images du passé, et on n'aura, comme compagnons que les abeilles et les papillons. Mais, ce jour du 22 juillet, les paysans de toute la région y affluent. On y traite de grosses affaires. Un de mes amis, négociant en vins, y rencontre ses clients, les petits marchands de vin qui lui passent des marchés de tant et tant de wagons-réservoirs, avec livraisons échelonnées sur toute l'année. On tope et après on trinque dans les auberges du prochain village. C'est une date comme la Chandeleur, la Sainte-Catherine ou la Saint-Martin. Pourqu'une affaire réussisse, il faut qu'elle soit traitée ce jour-là. Le porcelet qui y est acheté s'engraisse plus vite, la faux coupe mieux et garde plus longtemps son tranchant.

A Paris même, il y a toute une série de foires célèbres : la Foire aux jambons, aux puces, à la ferraille, la Foire du Trône et bien d'autres. A elle seule, la Foire du Trône rapporte à la ville de Paris plus de cent mille francs de droits de place. A Paris vit, dans des roulottes, tout un peuple de nomades : ils font le tour des foires et, dans l'intervalle, on les trouvera quelque part sur les boulevards extérieurs, surtout à Montmartre. La ville de Paris a créé pour leurs enfants une école spéciale, en roulotte aussi, c'est-à-dire dans un vaste camion automobile, école qui suit les forains. Les enfants ainsi ne restent pas sans instruction. On la trouvera, à chaque foire, dans quelque petite rue attenante.

Les marchés sont en réalité de petites foires, car on n'y achète pas seulement des vivres, mais aussi des étoffes, des robes, des bas, des souliers, des blouses, des tricotages, des habits de travail. Qui possède un stand sur un marché a l'existence assurée. Il y a toujours des centaines de candidats, mais rarement de vacances. A un temps, les places se transmettaient par héritage ou par mariage et restaient ainsi dans les familles. Cet état de choses est à peu près disparu et on tient compte de l'ancienneté dans la fréquentation des marchés et de l'ordre chronologique des demandes d'emplacements. La loi veut qu'à la mairie il y ait un registre indiquant les places vacantes pour que chacun puisse concourir, mais les emplacements disponibles sont rares.

Sur le marché de Ménilmontant, les gens se pressent devant les stands de coupes d'étoffes et de patrons pour

la confection de robes : c'est l'indice qu'on se trouve
dans un quartier populeux. On le voit bien moins aux
stands de vivres. On lit dans les journaux que la France
« souffre ». Certes, il y a de la misère comme partout
et comme il y en a toujours eue ; mais sur ce marché,
où les ouvriers et les petites gens sont la grande majorité, vous ne le croiriez pas. Quelle foule riante, agitée,
joyeuse ! On assiste à une fête. L'on y vend, deux fois
par semaine, plus de poulets à rôtir et plus de langoustes que dans maintes villes assez importantes
d'Allemagne au cours d'un mois.

Ce qui surprend, c'est le grand choix de vivres dans
tous les prix : c'est toute une démonstration de la
rationalisation en France. De partout les marchandises
arrivent rapidement et sans grands frais. Comme elles
viennent de régions différentes qui se succèdent dans
la récolte, une même espèce peut tenir le marché pendant longtemps sans que les prix varient sensiblement.
On a des pommes de terre nouvelles à partir du mois
de décembre, des petits pois et des haricots verts à partir de janvier ; les fraises et les cerises font leur apparition fin avril. Ailleurs, il faut acheter ces produits
hors saison dans des magasins spéciaux, à prix élevés ;
ici, ils abondent durant de longs mois dans des quartiers
ouvriers et toujours à des prix abordables.

Le choix des poissons de mer et de rivière est im-
pressionnant. Mais le gros poisson de mer est moins
estimé et on lui préfère les merlans et maquereaux, les
soles, limandes, dorades, raies, mulets, vives. Comme
poissons de rivières, il y a toujours des lottes, puis, suivant la saison, des brochets, aloses, saumons. Les
truites abondent de même que la friture de petits poissons de tous genres. La variété de coquillages et de
crustacés est incroyable. On est abasourdi de voir une
femme du peuple, grasse, mal habillée, acheter un
homard ; à regarder de près, cependant, ce n'est pas

un luxe. De minuscules escargots de mer, pas plus gros que des cerises, se vendent par litre. Il faut retirer le petit animal avec un crochet. C'est savoureux : cela sent la mer, le roulement des vagues, l'espace infini, mais quel jeu de patience ! On ne peut se représenter l'ouvrier qui voudrait rassasier sa faim avec une pareille nourriture. Chose étonnante à première vue : on ne trouve pas d'huîtres sur le marché. La raison en est qu'il y a, dans les mois avec r, des marchands d'huîtres à chaque coin de rue. Le plus modeste épicier en fait venir, pour le dimanche, quelques paniers de Marennes ou d'Arcachon. Il les ouvre aussi et les porte à domicile. En hiver, on voit les gens le dimanche vers midi, traverser les rues avec précaution, balançant un plat avec un monceau d'huîtres portugaises soigneusement entassées, car il ne faut pas que l'eau de mer de la valve soit perdue. On les paye à partir de deux francs la douzaine, ce qui prouve bien que ce n'est pas un luxe.

La viande, elle aussi, se vend sur le marché et toute préparée. Les côtelettes et les biftecks sont étalés, les rôtis de toutes les grandeurs ficelés et lardés, souvent déjà pesés et marqués du prix du morceau. On n'a que l'embarras du choix et, rentré à la maison, on peut les mettre immédiatement sur le gril ou dans la casserole. La volaille abonde, ainsi que les lapins. On peut acheter une cuisse d'oie, une aile avec le blanc, la carcasse. Il en est de même pour le dindon.

Nombreux sont les stands de beurre et de fromages. Nous avons vu l'importance de la fabrication des fromages en France. Afin de s'y reconnaître, il faut savoir la géographie de la France. La Normandie en compte à elle seule vingt et une sortes. Si le cœur vous en dit, vous achèterez à chaque marché une sorte différente et après six mois vous n'aurez pas encore accompli le tour. Un jour, j'achetai du Saint-Nectaire, fromage classique de l'Auvergne. Sur ma demande s'il était authentique, le marchand me nomma tout de suite son fournisseur, un paysan de Chambon. « Vous êtes peut-être de là-bas ? Vous le connaissez peut-être ? » Il y a des spécialités pour les seuls initiés : le tome de Savoie (tome, paraît-il, est un mot de la langue primitive) et le feuillé de Dreux. En France, on ne mange pas, comme en Allemagne, le fromage avec du pain et du beurre pour le goûter ou le repas du soir, mais comme dessert, en petite quantité, à peu près tous les jours. Un repas sans fromage manque du point final.

Les Français aiment mieux acheter au marché que dans les magasins. Il y a là sans doute un atavisme. Mais il faut avouer que c'est tellement commode, quand le marché est bien achalandé ! On fait d'abord le tour pour voir ce qui est offert et pour comparer les prix. En revenant, on achète où l'on trouve le plus grand avantage. Quelquefois les différences de prix sont étonnantes. L'étranger peut y acheter en tout repos, sans savoir le français, car tout est marqué de son prix. Il n'a qu'à indiquer du doigt ce qu'il veut et nommer la quantité. Quand les prix s'entendent pour un demi-kilo (une livre, qui est restée la mesure courante), le vendeur est obligé par la loi de donner un quart de livre, soit 125 grammes, même si cela ne fait qu'une très petite somme. Il le fera de bonne grâce.

En dehors de cela, il n'y a pas de spectacle plus amusant que d'observer cette foule grouillante et rien de plus instructif aussi. On flane, on s'arrête aux stands des camelots qui, à grand renfort de voix et d'imagination, vantent quelque nouveauté ménagère, quelque remède contre les douleurs, quelque bigoudi pour faire des bouclettes, on observe les vendeurs irréguliers qui, pour la plupart, sont à deux, un couple : l'homme porte toute la marchandise dans une mallette (la réserve est dans un café à côté) et l'étale rapidement sur les bords du trottoir ; la femme, tout en incitant les clients, fait tourner ses yeux en rond pour voir si l'agent de police ou le receveur des droits de place s'approche ; on prend alors la fuite pour recommencer le même jeu un peu plus loin. On les connaît : ce sont toujours les mêmes. Un jour, je regardais un camelot faire la démonstration d'un nouveau moulin à légumes. A côté de moi une femme du peuple semblait toute ravie. Soudain, elle se réveille et s'adresse à moi en disant : « Vous aimez cela, les soupes veloutées ? Moi je les adore ! »

Sur le marché de Ménilmontant il y a un agent de police qui est comme une vision de ma prime jeunesse. Nous avions, à la maison paternelle, le recueil des contes de Bechstein avec les bois célèbres de Ludwig Richter, le grand graveur et peintre romantique. A l'histoire du Petit Poucet se trouve une gravure montrant l'ogre, le couteau entre les dents, tenant le petit Poucet dans le creux de la main. Mais je n'ai jamais eu peur de cet ogre et je n'ai pas tremblé pour la vie du petit Poucet, parce que l'ogre a un petit air bonasse qui montre bien que le petit Poucet ne sera pas mangé. L'artiste aurait pu prendre comme modèle cet agent du marché de Ménilmontant. S'il est dans le Club des cent kilos, il y a sûrement une place d'honneur. Et, malgré tous ses efforts pour se donner un air farouche, un air « œil de la loi », il ne réussit pas à effrayer : le bon père de famille perce.

* * *

Ce qui n'a pas été vendu sur le marché, les marchands de « quat' saisons » essayent de l'écouler le soir dans la rue de Ménilmontant. C'est une de ces vieilles artères, anciennes sorties de Paris comme la rue de Belleville, les rues de Charonne, de Charenton, du faubourg Saint-Denis. Elle monte droite et raide sur les hauteurs où se tenaient jadis les « ménils montants », les maisons sur la montagne. Les femmes attendent en bas leurs maris et on remonte ensemble la rue en flânant, entre les « balladeuses » des marchands ambulants et les étalages des boutiquiers. Le nom poétique de balladeuses désigne les petites voitures des marchands. On peut les louer au mois, à la semaine, au jour même, quand on a quelque chose à vendre ; des entreprises spéciales s'occupent de cette branche de commerce. Tout en bavardant, on achète ici une botte de poireaux pour 70 centimes qui, le matin, avait valu un franc ; là, des carottes soldées « pour rien » — « on liquide ! on liquide !!! » — ou bien des fraises ou des abricots. On rencontre des copains, on s'arrête, on rit, on va finalement boire l'apéro. C'est bien « peuple français », bien que les étrangers, Russes, Polonais, Italiens soient nombreux. Mais le « type » français, ce mot pris dans son sens original de matrice destinée à produire, en frappant, des empreintes semblables, ce type est si vigoureux que les étrangers adoptent, immédiatement et sans s'en apercevoir, l'attitude française. Un étranger, qui en France veut se mêler à la vie de tout le monde, a besoin d'un effort continu et conscient pour ne pas devenir Français tellement les forces d'assimilation sont puissantes.

Un jour, dans la cohue, j'avais acheté quelques fruits. Absorbé par quelque chose, j'avais oublié que la bonne femme qui servait d'autres clients devait me rendre ma monnaie. Un peu plus loin, le boucher m'arrête : « On vous appelle, Monsieur ! » Je me retourne, toute la rue me regarde, la vendeuse agite joyeusement ses bras : « Mais, Monsieur, s'écrie-t-elle, votre monnaie ! » Les commères me regardent en riant, tout en hochant les têtes. Est-ce possible que pareille chose puisse arriver à un homme posé ? Je balbutie quelques mots d'excuse et la marchande, en me rendant les vingt-deux sous qui me revenaient, me donne généreusement l'ab-

soute en disant : « Cela peut bien arriver une fois ! »
Evidemment cela ne devrait pas, mais que voulez-vous :
on est tous pécheurs.

Un peu plus haut, une petite fille va faire sa première
communion, petite fiancée du ciel, toute de blanc vêtue
avec un grand voile. On lui fait respectueusement de
la place ; la mère porte le voile et les marraines accompagnent leur filleule de regards orgueilleux et atten-
dris : « Ce qu'elle est belle ! Ce qu'elle a grandi depuis
qu'on l'a tenue sur les fonts baptismaux ! »

On voit des groupes agités à un carrefour : un homme
a été tué par un camion. Il a été tout de suite raide
mort. On n'en voit plus rien, sauf un peu de sciure sur
les pavés et quelques taches noires. Sans doute des
heures se sont passées ; mais les voisins ne quittent pas
la place, ils ne se lassent pas de discuter le cas et de
raconter comme le sang a giclé ! Ils ne rentreront qu'à
l'heure de la soupe quand la mère les appellera.

Tout en haut, une « cité ouvrière » se dresse, grand
bloc d'immeubles en briques d'un plan volontairement
irrégulier, comprenant des cours, des squares, des
emplacements de jeux d'enfants, des passages voûtés,
trente escaliers et cinq cents appartements, le tout
séparé de la rue par un grillage. Le style est d'avant-
guerre. Que d'enfants ! On ne dirait pas que la France
en manque. Mais naturellement cinq cents familles par
deux, cela fait déjà mille enfants. Les bas et les mouchoirs sèchent dans les fenêtres grandes ouvertes. Des
hommes, la pipe à la bouche, se penchent au dehors
pour regarder jouer les enfants. Un agent de police,
l'uniforme tout léché, les cuirs luisants, rentre du service, attendu de ses deux enfants ; il les prend sur les
bras pour les baiser tendrement. Et les couples rentrent,
la botte de poireaux sous le bras ou dans le filet. Il
doit y avoir des chômeurs, car une affiche annonce la
distribution gratuite de beurre organisée par un grand

journal. Ce qui frappe, c'est que tous les visages sont aimables, joyeux même ; des regards curieux suivent l'étranger qui pénètre dans le dédale des passages et des cours. En France, on verra rarement des visages moroses ou excités : c'est un peuple de philosophes. L'on cherchera en vain les figures altières. Quand on rencontre un jeune homme qui affecte un air brutal et pressé, on est sûr qu'il est « camelot du roy » ou « croix de feu », car les ligues adorent l'idéal nitzschéen de la « bête blonde ». Seulement ces jeunes gens n'y réussissent guère : c'est trop contraire au génie du pays.

XVI

L'ILE ENCHANTÉE

Plus d'une fois, au cours de notre exploration de la France, nous nous sommes heurtés à ces formules toutes faites dont la langue française abonde et qui, dans la vie de la nation, jouent un si grand rôle. On chercherait en vain le parallèle en Allemagne. En France, ces formules frappées lors d'une occasion particulière, gardent leur poids sonnant durant de longues années, alors que chez nous les « Schlagworte », ces « paroles frappées », s'usent avec une rapidité effrayante, de sorte qu'après un temps relativement court un homme sérieux a honte de s'en servir. Combien de celles qui en 1933, par leur son de trompette, faisaient battre les cœurs et semblaient vouloir défier les millénaires, sont, en 1936, profondément dépréciées, sonnant faux et creux ! La jeunesse surtout s'en détourne. Rien de plus instructif que l'article paru en mai 1936 dans la revue « Das Schwarze Korps », hebdomadaire des « Sections Spéciales » (S.S.) et intitulé : « Nun aber Schluss ! » (Finissons-en !)

Ce n'est pas seulement que le climat de la France soit de façon générale plus favorable à la conservation que le climat allemand ; il y a encore une raison profonde. Le peuple français, au prix de lourds sacrifices, a fini par réaliser un état d'équilibre duquel, nous autres Allemands, nous sommes encore loin. Cela le dispense de rechercher toujours du nouveau. Nous sommes toujours, pour employer le terme de Goethe, ou « himmel-hochjauchzend » (jubilants dans le haut des cieux) ou bien « zu Tode betrübt » (affligés jusqu'à la mort), et, dans la lutte passionnée que nous menons pour établir l'équilibre entre les deux extrêmes, nous saisissons avec avidité tout ce qui semble promettre une aide : nous en tirons ce qu'il peut donner et le rejetons après l'avoir vidé de son contenu.

La nation française est en réalité un grand bloc homogène, mais à la surface duquel des tiraillements ne cessent de se produire. L'étranger ne voit qu'eux et en conclut à de profonds dissentiments qui, en réalité, n'existent pas. Du peuple allemand, on voit surtout et on admire la carapace solide, sans fentes ni fissures, et l'armure brillante, mais on ne remarque pas la lutte qui se fait à l'intérieur, dans les âmes plutôt que sur le plan matériel, cette lutte ardente de la « Volkwerdung » qui veut fondre en une unité les éléments disparates de la nation comme dans un creuset.

Ce qui est curieux en France, ce n'est pas seulement que des formules restent en circulation comme une monnaie qui garde longtemps son cours, mais que les auteurs de pareilles formules en tirent une sorte d'immortalité. S'il est vrai que M. Edouard Herriot a d'autres titres pour ne pas être oublié, même si les portes de l'Académie lui restent fermées, — car l'illustre Compagnie ne reçoit guère que des hommes de droite et le cas de M. Georges Duhamel fait tache d'huile, — il n'est pas moins vrai qu'un des titres de M. Herriot est d'avoir créé le mot du « Français moyen », qui a fait fortune bien au delà des frontières françaises. Camille Pelletau a frappé la formule des « deux cents familles », qui, tout en étant vieille de quarante ans, possède encore une si grande vitalité qu'elle a pu servir de cri de guerre dans les élections de 1936 ; elle est même pour beaucoup dans la victoire des gauches parce que comme pas une elle était propre à frapper l'imagination des masses. Et bien que le règne des deux cents familles semble révolu, puisqu'on a changé le statut de la Banque de France qui doit devenir la Banque de la France (encore une formule heureuse !), elle ne mourra certainement pas de si tôt. Henri de Kérillis, le rédacteur en chef impétueux et combattif de l'« Echo de Paris », est l'inventeur de « l'homme au couteau entre les dents » qui, au début, fut une véritable image, une affiche électorale symbolisant le bolchevisme. Un socialiste, Lafargue, a trouvé le « Droit à la paresse », qui semble destiné à un renouveau de vie à un moment où l'on « organise les loisirs ». Et Adolphe Boschot, l'aimable et infatigable promoteur de la musique de Mozart, laquelle, — chose étonnante ! — est loin d'être aussi populaire en France que celle de Beethoven, de Schubert et de Wagner, — peut-être parce qu'elle est trop apparentée au génie français alors que les autre compositeurs allemands lui ouvrent d'infinis horizons nouveaux, — Adolphe Boschot restera immortel comme créateur de la « Cape Boschot ». Les académiciens portent, on le sait, un uniforme vert brodé, mais on avait oublié de les doter d'un pardessus. Lorsque, par un jour de pluie ou en hiver, ils étaient obligés de parader, à un enterrement par exemple, chacun s'abritait au mieux sous un imperméable ou un raglan. Il fallut un homme témé-

raire pour mettre fin à cet état de choses déplorable.
Quand Adolphe Boschot fut élu, il dessina une cape
pour aller avec l'habit vert. Dans l'expression « Cape
Boschot », son nom survivra même quand, après quelques siècles, il faudra consulter les dictionnaires pour
savoir qui était cet homme.

Ces réflexions m'avaient passé par la tête, lorsqu'un
jour j'entendis, de la façon la plus spirituelle, défendre
par un poète, M. Roger Dévigne, son droit d'auteur
du mot « Ludovisiens ». Par un S, je vous prie et non
par un C, ce qui serait peut-être plus exact du point de
vue étymologique puisque le mot est dérivé de Ludo-
vic, mais qui se prononce mal. Bon nombre de Français
même ne sauront pas ce que c'est qu'un « Ludovisien ».
Eh bien ! c'est un habitant de l'Ile Saint-Louis, de l'île
enchantée. M. Léon Blum, par exemple, est un « Ludovisien », et il doit en coûter à cet homme, qui semble
beaucoup plus fait pour mener la vie d'un bibliophile,
d'un critique d'art, que de militer à la tête d'un grand
parti ouvrier et à la tête du gouvernement, il doit lui
en coûter de s'arracher tous les matins à la paix et au
charme de l'île enchantée.

Les noms des habitants des villes, c'est en français
toute une science. Evidemment, il est facile de dériver
« Parisiens » de « Paris ». Mais les habitants de Charle-
ville, de Château-Thierry, d'Epernay, comment s'ap-
pellent-ils ? Qui aurait assez d'imagination pour deviner
« Carolopolitains », « Théodoriciens » (par un C, cette
fois !) et « Sparnaciens » ? Il faut le savoir et, puisque
en général on ne le sait pas, il faut avoir recours à son
fidèle valet de chambre : le dictionnaire.

Si peu de Français savent ce qu'est un Ludovisien,
le nombre de ceux qui connaissent la petite patrie
des Ludovisiens n'est peut-être pas plus grand. C'est
une vraie petite patrie, au centre de Paris, chérie de
tous ceux qui l'habitent et pour rien au monde ne

l'échangeraient contre un des quartiers bruyants qui n'en sont séparés que par un bras de la Seine. Et c'est une véritable île enchantée, cachée derrière les toiles d'araignées, où il fait doux de rêver, où la vie perd sa réalité brutale et devient un songe peuplé des ombres du passé. Encore n'est-ce pas un passé fort éloigné, car il n'a guère plus de trois siècles, mais c'est un passé animé de bien curieux spécimens de la gent humaine. Nous n'y trouverons pas les héros tragiques de la grande histoire tapageuse, mais, au début, les personnages drôlatiques des nouveaux riches de l'époque, des « marchands de canon » mêlés aux austères magistrats, et, plus tard, le peuple des poètes, des amants, des artistes : à chaque coin de rue, des plaques commémoratives que des âmes pieuses on fait apposer nous en révèlent les noms.

Quelle figure bizarre que ce Restif de la Bretonne, auquel on doit de si intéressants documents sur la vie des paysans avant la Révolution, — documents qui démontrent le haut niveau de vie qu'ils avaient atteint — mais qui est aussi l'auteur d'histoires fort saugrenues ! Sur la fin de sa vie, il avait pris l'habitude de faire chaque jour sa petite promenade dans l'île Saint-Louis. Pour son plaisir, il s'était fait faire une bague avec une sorte de griffe qui lui servait pour graver dans les murs des quais et des maisons les noms de toutes les maîtresses qu'il avait eues dans sa vie et, en outre, ceux de ses ennemis, parmi lesquels il comptait, en premier lieu, sa femme et son gendre. Il avait cependant eu soin de cacher le nom de ses ennemis sous des pseudonymes, et sa femme parut sous celui de « monstrum horribile ». Cette manie innocente a failli lui coûter la vie, car le soir du 14 juillet 1789, quand le peuple, ivre de son succès, refluait de la Bastille qu'il avait prise, son gendre le dénonça à cette foule qui avait léché du sang comme un réactionnaire dangereux, et il aurait été tué sans l'intervention d'une blanchisseuse qui depuis longtemps s'était amusée à observer ce vieillard un peu toqué et se porta garante de son innocence. Pour trancher le cas, on appela le commissaire de police qui signifia à M. Restif de ne plus jamais se laisser voir dans ces parages, ce qui fut fait.

Et quel personnage tragi-comique que ce « commissaire aux Armées », Gruyn des Bordes, fils d'un simple tavernier, Gruyn, qui avait tenu le cabaret de la « Pomme-de-Pin », à la Place de la Contrescarpe, où fréquentaient Molière, Boileau et Racine ! Ce Gruyn, enrichi par des fournitures de guerre, avait épousé une jeune femme de très bonne famille et fit construire, en l'île Saint-Louis et pour y passer sa lune de miel, le plus délicieux des nids d'amour. Mais il tomba en disgrâce avant même qu'il ait pu en profiter. On lui fit un procès qui le priva de son argent, et sa jeune femme dut vendre cet hôtel qui a été décoré par les plus grands artistes contemporains et qui est un véritable bijou. Plus tard, il abrita les amours de la « Grande Demoiselle », cousine germaine de Louis XIV, laquelle, sur ses vieux jours, s'était éprise d'un jeune et brillant aventurier, le duc de Lauzun, dont l'hôtel porte le nom.

Jusqu'à la fin du XVIᵉ sièele, l'île Saint-Louis, qui s'appelait alors île Notre-Dame parce qu'elle était voisine de Notre-Dame et appartenait au chapitre de la cathédrale, avait été un lieu inculte, fait de bancs de sable, de maigres pâturages et de haies de saules. Les bateliers de Paris avaient pris l'habitude d'y raccommoder et goudronner leurs péniches. Tout le monde sait que les armes de la Ville de Paris sont formées d'un vaisseau portant la devise « Fluctuat nec mergitur » (Que les vagues le menacent, il ne sombrera pas). Mais les gens ne sont peut-être pas si nombreux qui connaissent la raison pourquoi cette ville, située à l'intérieur du pays, a des armes qu'on donnerait plutôt à un port de mer. C'est que les bateliers, les « marchands de l'eau » comme on les appelait, étaient, dès l'origine, les gens les plus riches et les plus puissants de Paris. Il semble en avoir été ainsi dès l'époque gallo-romaine, puisque au XIXe siècle on a découvert sous le chœur de Notre-Dame un autel érigé par les « nautæ ». Ce sont les bateliers qui ont fait la richesse de Paris. Dans un pays qui n'a pas de mines d'or, le métal précieux ne peut être attiré que par le commerce. Or, celui-ci ne ne peut se faire dans un pays qui n'a de réseau routier que sur les voies navigables. La vieille Gaule, il est vrai, avait été dotée de routes par les Romains, mais elles étaient construites d'après les nécessités stratégiques ; au moyen âge d'ailleurs, il n'en restait plus beaucoup. Jusqu'à nos jours, le transport par eau est beaucoup plus avantageux que n'importe quel autre moyen. Encore maintenant on transporte, pour ne citer qu'un exemple, des marchandises lourdes provenant de Bohême à Paris, en les faisant descendre l'Elbe jusqu'à Hambourg, en les transportant sur mer jusqu'au Havre, d'où on les fait remorquer en remontant la Seine jusqu'à Paris. (En suivant toutes les sinuosités du cours de ce fleuve, la longueur est à peu près le double de celle du chemin de fer.) Les frais de transport de Trieste au Japon sont inférieurs d'ailleurs au tarif de Petite Vitesse ordinaire de Paris à Berlin.

Ce qui différencie la batellerie du moyen âge de celle de nos jours c'est qu'à cette époque elle n'exécutait pas de transports pour le compte de tiers, — sauf des cas exceptionnels comme le transport des croisés en Terre-Sainte, problème intéressant, mais qui nous éloignerait trop de notre sujet, — et le batelier était en même temps marchand. Ainsi les « marchands de l'eau » parisiens achetaient pour leur compte les produits du pays, tels les vins, mais surtout les produits de l'industrie artisanale laquelle possédait pour beaucoup d'articles un monopole de fait. Ils partaient ensuite pour des côtes lointaines et ne revenaient qu'après avoir vendu tout leur stock, soit contre monnaie de métal, soit, au troc, contre d'autres marchandises dont ils étaient sûrs de trouver l'écoulement chez eux. C'était l'époque par excellence de la rareté : les marchandises n'avaient pas de cours fixés, leur prix de vente ne s'établissait pas sur un prix de revient, dans le commerce étranger au moins. Quand une marchandise était rare et en même temps recherchée, elle se vendait à des prix de fantaisie, même si la valeur intrinsèque était quasi nulle. Il en est resté ainsi jusque dans notre siècle pour le commerce colonial, où l'on a pu échanger des perles en verre presque sans valeur contre de l'ivoire précieux. Il en sera toujours ainsi en temps de guerre. Le risque, il est vrai, était grand, mais une seule expédition réussie pouvait rapporter une fortune. Par leur commerce, les « marchands de l'eau » parisiens étaient devenus de beaucoup la classe la plus riche et la plus influente. Toujours jaloux du pouvoir royal, ils s'étaient emparés de la gestion des affaires municipales ; leur prévôt était le vrai bourgmestre de Paris et leurs armes devinrent les armes de Paris. Il y eut bien un prévôt royal à côté de celui des « marchands de l'eau », mais il n'avait rien à dire : c'était un bourgeois qui achetait ou affermait cette charge. On sait qu'Etienne Marcel, le plus célèbre des prévôts des « marchands de l'eau », le dernier grand prévôt, a tenté d'introduire en France le parlementarisme sur le modèle anglais. Le même Etienne Marcel a fait construire une nouvelle enceinte de Paris et y a englobé le château du Louvre. Le roi habitait alors le Palais de la Cité et avait comme refuge le château du Louvre hors les murs. Pour ne pas être prisonnier de la ville, le roi Charles V fit bâtir en réponse, à la Porte Saint-Antoine, le « Chastel Saint-Antoine » devenu plus tard « La Bastille », véritable forteresse où il pouvait se réfugier en temps de révolte et d'où il avait la sortie libre sur les champs.

Le dimanche, notre île était, pour les Parisiens, un but favori de promenades. On s'y faisait passer, on dansait et on buvait, dans de nombreuses guinguettes, le vin léger de Ménilmontant, de Belleville et de Montmartre, car toutes ces collines étaient plantées de vignes formant une belle couronne verte autour de Paris.

De temps en temps, l'île fut employée pour des parades militaires, dont quelques-unes sont restées célèbres ; — le roi de France était alors le seul souverain qui entretenait une armée de métier — mais elle avait encore une autre destination lugubre : de servir de scène aux nombreux duels. Chez les vieux peuples germaniques, tant qu'ils habitaient la Scandinavie qui est leur berceau à tous, les duels eurent toujours lieu sur une île. Les duellistes s'y rendaient sans témoins et le vainqueur seul en revenait vivant. On choisissait des îles pour qu'aucun ne pût prendre la fuite. De pareils us se maintiennent durant des siècles, quand les circonstances ont depuis longtemps changé et quand personne n'en connaît plus l'origine et le sens. La noblesse française avait été, dans ses origines, franque ou normande, mais, même quand d'autres éléments l'avaient depuis longtemps inondée, il restait, dans son subconscient, le savoir qu'un duel doit être fait sur une île. Vers la fin du moyen âge, les duels étaient devenus un moyen commode de se débarrasser d'un rival. Il y eut toujours des aventuriers nobles menant grand train, ayant toujours besoin d'argent, criblés de dettes, grands escrimeurs en même temps, qui se chargeaient, moyennant finances, de provoquer quelqu'un en duel soit qu'ils l'offensassent ou qu'ils se prétendissent offensés par lui. Un noble, et pareillement un riche roturier qui ne voulait pas « perdre sa face », ne pouvait refuser un duel, même quand il savait qu'il n'en reviendrait pas vivant. Ces pratiques se sont maintenues jusque dans le XIXᵉ siècle. On connaît, de la littérature, l'histoire de « Mon Oncle Benjamin », de Claude Tillier, et le cas rapporté par Balzac dans son « Père Goriot ».

Quoi qu'il en soit, un jour, le bon roi Henri, qui choyait dans son cœur de grands plans d'embellissement de Paris, avait vu avec déplaisir, en allant déjeuner chez son ami Sully, cet endroit malpropre et délaissé, et, puisque Sully fut le Grand Voyer du royaume, il lui dit : « Ecoute, Max ! il faut que ça change ! Tu vas faire lotir l'île Notre-Dame. »

Nous croyons, en général, que les lotissements de terrains sont une invention moderne ; loin de là ! Ils étaient fréquents au XVIᵉ siècle. Ceux qui possédaient des jardins ou d'autres terrains devant les portes de la ville les lotissaient pour en tirer de l'argent, exactement de la même façon que cela se fait aujourd'hui dans la banlieue de Paris pour des parcs de châteaux. Il y avait des entrepreneurs qui s'en chargeaient, tout comme à présent. En 1544, la rue de la Cerisaie fut ouverte près de la Bastille pour faciliter le lotissement des jardins de l'hôtel d'Etampes qui était une vieille demeure seigneuriale du XIVᵉ siècle : le propriétaire gardait la maison et ne vendait que les jardins. Il ne faut pas oublier que Paris était déjà à cette époque une grande ville de plusieurs centaines de milliers d'habitants pour laquelle tous les problèmes se posaient, problèmes qui n'ont commencé à harceler les dirigeants de nos grandes villes allemandes qu'aux XIXᵉ et XXᵉ siècles : création d'habitations, d'égouts, adduction d'eau potable, etc. Les Templiers surtout, qui possédaient la plupart des terres au nord-est de la ville, avaient beaucoup loti. Ils faisaient eux-mêmes construire des maisons de rapport et en louaient les appartements et, puisque ces maisons étaient fort belles et modernes, ils trouvaient facilement des locataires.

Maximilien de Béthune, duc de Sully, baron de
Rosny, un des plus grands ministres que la France ait
jamais eus, n'était donc nullement embarrassé de
l'ordre de son ami royal, mais répondit simplement :
« Très bien ! » Il fit venir un grand entrepreneur, le
sieur Marie, dont un pont de la Seine porte le nom,
et fit un contrat avec lui. L'entrepreneur devait com-
bler un fossé qui séparait l'île en deux parties, faire
construire des ponts, des murs de quais, aplanir le
terrain et aménager des rues, après quoi il pourrait
vendre les emplacements pour édifier des maisons.
C'était la chose la plus simple du monde. Il n'y avait
qu'une petite difficulté : c'est que l'île appartenait au
Chapitre de Notre-Dame. On tomba d'accord pour lui
payer une redevance pour chaque parcelle vendue.
Comme il arrive souvent, le premier entrepreneur fit
faillite ; le deuxième, aussi ; puis, le premier, qui avait
trouvé des associés solvables dans les personnes d'un
« commissaire aux guerres » (nous dirions : « marchand
de canons ») et du trésorier d'une corporation riche,
reprit l'affaire en mains et, malgré d'innombrables procès qui résultaient de ces avatars tant avec le chapitre
qu'avec les acheteurs de parcelles, l'île fut à peu près
bâtie en 1664.

C'est le roi Henri IV, sans doute le plus génial de
tous les rois français, un homme moderne dans le meilleur sens du mot, qui a empreint la physionomie de Paris de son cachet particulier. Pour ce faire, il a d'abord
brisé la puissance des « marchands de l'eau » ; dès lors
ce fut le pouvoir royal qui seul décida. Jusqu'au XVIe
siècle, Paris avait connu deux sortes d'habitations : les
hôtels particuliers, de style gothique comme l'hôtel de
Sens derrière l'Hôtel de ville, qui en reste un spécimen
type, et les maisons des bourgeois, étroites, hautes,
ayant pignon sur rue, les étages supérieurs en encor-
bellement, maisons telles que nous les avons trouvées

à Thiers et en d'autres villes médiévales et comme il en existe encore une dans la rue François-Miron. En Allemagne, il y a encore de nombreuses vieilles cités entièrement composées de maisons de ce genre et on continue d'en bâtir de pareilles. Au XVIe siècle, on commençait, sous l'influence de la Renaissance italienne, de construire à Paris des maisons tournant un côté vers la rue, côté qu'on transformait souvent en une belle façade en pierres de taille sculptées dans le nouveau style. Paris est encore riche de maisons de cette époque. Le roi Henri, qui n'a pas seulement fait lotir l'île Saint-Louis, mais qui a créé tout le quartier du « Marais » autour de la Place des Vosges, a fait une ordonnance obligeant les constructeurs de nouvelles maisons de les ériger toutes dans le même style et à la même hauteur. L'observation de cette règle à travers les siècles a donné à Paris cet aspect qui frappe tous les étrangers qui, par exemple, voient pour la première fois les Grands Boulevards. La Place des Vosges, dessinée sur les ordres du roi et d'après ses indications, est un exemple merveilleux de cette unité de style, et nul visiteur de Paris ne devrait manquer d'aller la voir. Il est seulement dommage que les arbres qu'on y a plantés ne permettent plus d'embrasser d'un seul coup d'œil l'ensemble de la place.

Le lotissement de l'île Saint-Louis, ou comme on continuait à l'appeler jusqu'en 1725, l'île Notre-Dame, connut un très grand succès. Voici pourquoi : La vieille aristocratie avait ses hôtels particuliers dans les quartiers de la rive droite près de la Seine ; les nouveaux riches manquaient de demeures convenables. Le lotissement de l'île leur donna une occasion inespérée de se faire bâtir des maisons somptueuses en plein centre de la ville. Ils en profitèrent. Les premiers propriétaires étaient des « commissaires aux guerres » enrichis dans les luttes interminables qui précédèrent le règne

de Henri IV, des intendants de finances, des fermiers
généraux, des banquiers et encore de hauts magistrats
qui appartenaient à la riche bourgeoisie, laquelle avait
fini par acheter presque tous les offices. On y trouve
aussi un « intendant des plaisirs du roi ». Heureusement, ces gens ne manquaient pas de goût. En tout cas,
les cas échéant, ils n'hésitaient pas à s'adresser aux
premiers artistes de leur époque. L'hôtel Lauzun,
construit sur les ordres d'un fils de cabaretier, en est
l'exemple probant.

L'île Saint-Louis connut l'inconstance de la fortune.
Quand l'aristocratie, au XVIIIᵉ siècle, quitta les parties est de la capitale pour habiter le faubourg Saint-
Germain (où elle est restée), les nouveaux riches émi-
grèrent aussi de l'île pour s'installer autour de la Chaussée d'Antin. Les poètes et artistes vinrent alors prendre
possession de l'Ile. Elle est restée leur domaine. Les
Goncourt habitaient l'hôtel Lauzun et y conviaient
leurs amis pour fumer en commun du hachich, mode
nouvellement importée de l'Orient. Baudelaire avait
loué une mansarde dans le même hôtel, dont la Ville
était propriétaire. Si en France on peut devenir immortel pour avoir frappé une locution, on le devient
aussi pour avoir réussi un seul beau poème. C'est le
cas du poète Arvers, né en l'île Saint-Louis, auteur du
célèbre sonnet :

« Mon âme a son secret, ma vie a son mystère. »
Jusqu'à nos jours, ce sont les poètes, les écrivains, les
journalistes, peintres, sculpteurs, éditeurs qui habitent
cette île. Elle semble comme faite exprès pour eux :
entourée qu'elle est d'un cercle magique que le bruit,
la hâte, l'effervescence de la vie moderne ne peuvent
franchir, on y vit dans le royaume des songes, dans le
manoir de la Belle au bois dormant. Dans l'ombre des
magnifiques arbres séculaires qui bordent les quais, on
peut passer ses heures à jeter la ligne ; à contempler

le jeu jamais pareil des eaux lesquelles, dans un effort infatigable, semblent vouloir emporter au loin cette immense barque ancrée dans le sol ; à s'abandonner aux rêves. Les ombres sortent de leurs cachettes ; elles glissent le long des maisons en se serrant contre les murs. Ces ruelles étroites, aux perspectives pittoresques, se peuplent d'un monde muet et pâle. Le clavecin retentit dans un nid d'amour. Alors, au cœur d'un Paris bruyant, pressé, brutal, l'île Saint-Louis révèle son être intime : elle est l'île enchantée.

XVII

COMPTE RENDU SPORTIF

Si notre époque est caractérisée par la tendance des Etats à se rétracter de plus en plus dans l'autarchie en érigeant des murs toujours plus hauts sur les frontières, un fait cependant frappe notre attention : le fait qu'il se forme entre les peuples une nouvelle communauté de vues et d'intérêts, celle du sport, communauté internationale par excellence.

Non pas que ce soit quelque chose d'entièrement neuf. Le moyen âge a déjà connu le sport international ; nous le verrons tout à l'heure. Seulement, ce sport était le privilège des élites, tandis que de nos jours il est devenu un mouvement des masses lesquelles pensent « international », à l'opposé des élites qui se sont figées dans un nationalisme plus ou moins étroit.

Dans la Grèce classique, le sport, nous le savons, a tenu une place première, mais il était purement national. Né de ces jeux de guerre qu'on retrouve chez tous les peuples guerriers et qui sont destinés à préparer les adolescents à leur métier, le seul censé digne d'un homme libre, il ne pouvait être que national.   \

Chez les Romains, ce que nous appellerions sport était plutôt un spectacle offert aux masses pour entretenir leur bonne humeur. « Panem et circenses ! » Donnez du pain à la plèbe et amusez-la, et nous, les maîtres, pourrons faire ce que bon nous semblera.

Si le sport grec a été réveillé, grâce à l'initiative d'un Français, dans les « Jeux olympiques » modernes, — internationaux ceux-ci, — les « circenses » ont également retrouvé leur rôle sous la forme de spectacles militaires offerts aux foules, rôle devenu de premier ordre dans la vie de certains Etats modernes.

Cependant, l'idée internationale ne nous est venue ni de Grèce ni de Rome : elle est essentiellement chrétienne, née au moyen âge, lequel fut une immense tentative d'organiser la vie des peuples sur des bases entièrement nouvelles en les réunissant tous dans une vaste communauté.

Les problèmes qui passionnent les hommes de nos jours ont beaucoup de ressemblance avec ceux qui se posaient au début de notre millénaire. Comme alors, il s'agit de créer de nouvelles formes de la vie collective. Le moyen âge, néanmoins, était en avance sur nous sur bien des points. Il était d'abord totalitaire et ne connaissait qu'une seule philosophie, qu'une seule croyance : celle de l'Eglise. Tous les hommes, à peu de choses près, pensaient pareillement : il n'y eut pas de partis. La vie spirituelle était grandement facilitée par l'existence d'une langue internationale, le latin, que tout homme quelque peu cultivé savait non seulement écrire, mais parler. Les langues nationales n'étaient au fond que des dialectes. En réalité, les dialectes ou groupes de dialectes de nos jours sont aussi des langues étrangères pour ceux qui appartiennent à un autre groupe : un paysan de l'Artois n'a aucune possibilité de comprendre le catalan de Perpignan, la langue d'oc de Béziers, le provençal d'Arles ou d'Aix. Il faut qu'il apprenne une langue médiatrice, le français. Il n'en est pas autrement en Allemagne. Un Bavarois ne peut s'entendre avec un Frison : ils communiquent entre eux par le « haut-allemand » qu'ils ont péniblement appris à l'école. Chez nous la difficulté est peut-être encore plus grande, parce que le haut-allemand n'est pas le langage d'une région (comme le français est celui de l'Ile-de-France), mais une langue de littérature ; pour cette raison les dialectes ont gardé plus de vigueur et percent davantage dans le parler même des gens cultivés. En apprenant tous et dans tous les pays la même langue médiatrice, les hommes du moyen âge avaient un grand avantage sur nous.

En plus, toute la vie sociale était régie par des lois internationales : celles de la Chevalerie. Nées en France, ces lois avaient conquis le monde occidental ; elles réglaient aussi, et surtout, le domaine du sport. Un chevalier était chez lui dans tous les pays chrétiens. Les frontières ne séparaient pas les pays, mais elles indiquaient simplement les limites du domaine d'un seigneur : c'étaient des bornes. Le peu d'importance qu'on leur donnait est illustré par le fait qu'on les traçait sans tenir compte ni des données géographiques ni des langues ni des races. Dans le traité de Verdun, si lourd de conséquences, il ne s'est agi que de partager un héritage qui, dans la pensée des bénéficiaires, devait continuer à former une unité politique. En réalité, il n'existe qu'une sorte de frontières naturelles : celles des langues, parce que le domaine d'une langue forme un règne spirituel nettement différent de tous les autres. Ces frontières sont en même temps les plus durables : depuis toujours la limite entre le français et l'allemand passe à travers la ville de Fribourg en Suisse ; depuis mémoire d'hommes la ville haute de

Bruxelles parle français et la ville basse flamand.
Même en Bohême, où l'allemand a dominé durant des
siècles tant dans le domaine politique que culturel et
économique, les limites entre l'allemand et le tchèque
n'ont guère changé. Seuls les îlots d'une autre langue
finissent par être engloutis.

Le sport international du moyen âge a, de la façon
la plus naturelle, produit aussi des champions internationaux. Un chevalier fort de son art s'en alla courir
les pays, accompagné de son écuyer, pour se mesurer
avec ses concurrents. Il était partout le bienvenu :
tantôt on le trouvera à la cour du roi de Naples, de
Provence, de Navarre, ou à la cour de l'Empereur. On
organisait des « matchs » en son honneur et les poètes
célébraient ses triomphes, ses « records », dirons-nous.
Durant des siècles, les noms de ces chevaliers errants
ont survécu dans les chansons et les légendes. Les
Schmeling et Speicher et aussi Ladoumègue pourront
leur envier la gloire immortelle.

En dehors des « matchs » organisés à la cour des rois,
on connut aussi la fête sportive populaire. Une fois par
an, tous les chevaliers de la Franconie se réunissaient
sur le pré de Hassfurt-sur-le-Mein pour passer quelques
bonnes journées en tournois, en banquets et en beuve-
ries. On apportait son manger ; on cuisinait et on
rôtissait sur place, et on buvait le vin léger et parfumé
de la région ou bien la bière brune et épaisse de Nuremberg et de Bamberg. Les masses populaires arrivaient
de loin, campant également sur place. Un monument
nous est resté de ces fêtes sportives : une fort belle église
gothique merveilleusement conservée que les chevaliers
avaient fait construire en bordure du pré aux tournois
et où ils faisaient leurs dévotions avant de lutter. De nos
jours le train passe tout près de cette église qui étonne
le voyageur parce qu'elle diffère entièrement du type
des églises paroissiales de la région.

Le peuple, lui aussi, faisait du sport. Les paysans organisaient des courses sur leurs chevaux de labour ; les jeunes gens couraient les pieds liés, dans un sac ou avec un seau d'eau sur la tête. En pays souabe, il s'est conservé jusqu'à nos jours la course des bergers et bergères de Markgröningen, qui vont pieds nus sur les champs de blé fraîchement coupés.

L'Europe formant au moyen âge une grande unité spirituelle, ces fêtes ont été certainement à peu près pareilles dans tous les pays. On m'assure qu'elles existent encore dans certaines contrées de la France.

D'aucuns ont voulu contester cette unité du monde médiéval. Ils se sont réclamés de chroniqueurs ayant rapporté qu'une véritable aversion avait séparé par exemple pendant les croisades les chevaliers français et allemands. Les Français « polis » et raffinés raillaient, dit-on, les ours mal léchés des forêts germaniques, non seulement pour leurs mœurs, mais aussi pour leur tactique de combat. Tout en étant vrai, cela ne prouve rien. En Allemagne, même jusque dans la grande guerre, les soldats de l'Allemagne du Sud ne pouvaient « sentir » les Prussiens, mais cela ne les a pas empêchés d'être unis dans un même amour de la patrie.

Avec l'empereur Maximilien mourut le « dernier chevalier » et avec la chevalerie mourut le sport. On avait appris à tuer son adversaire de loin, lâchement, sans s'exposer au danger. C'était la fin du « fair play » sans lequel le sport ne peut vivre. Jusqu'alors chacun avait couru le même danger et le plus vaillant avait remporté la victoire. Quelquefois, les chefs seuls luttaient et leur victoire ou défaite était acceptée par les troupes, puisqu'au fond il ne s'était agi que de savoir qui serait le nouveau propriétaire du domaine ; mais dorénavant l'art guerrier consistera à abattre de loin, par des moyens mécaniques, le plus d'hommes possible.

Le sport et la guerre — telle que nous la concevons — sont des adversaires irréductibles. Tant que cette guerre moderne sévissait en Europe, aucune renaissance du sport ne fut possible. Un coin de l'Europe cependant devint peu à peu un asile d'où la guerre était bannie : les Iles britanniques. Aucun ennemi n'avait plus foulé depuis longtemps le sol anglais ; puis la nation britannique avait cessé de faire elle-même les guerres inévitables. Devenue riche, elle avait pu se payer des soudards. Sur le continent, elle trouvait en outre toujours des princes avides de mettre leurs armées, moyennant payement, au service du Roi d'Angleterre.

Dans toute jeunesse vit cependant une volonté de combat. Toute jeunesse veut développer ses forces et, pour en devenir consciente, elle a besoin de les mesurer dans la lutte. Quand la guerre ne peut satisfaire à ce besoin, il faut trouver autre chose. C'est la raison qui fit renaître le sport en Angleterre. Il lui a fallu longtemps pour conquérir le continent, car les autorités militaires de tous les pays étaient, par instinct, hostiles au sport, auquel elles ont opposé un mépris hautain. Soumis à des règles universellement admises qui excluent la bassesse, — tuer un ennemi de loin par un coup de fusil est pourtant une action de lâche bassesse quoi qu'on dise, — le sport crée l'habitude du « fair play ». Aussitôt qu'il devient international, les adversaires, mis en contact personnel, apprennent à se connaître et finissent par s'estimer. Si l'Allemagne, en 1914, avait connu la valeur guerrière des soldats français, la guerre — qui n'était aucunement fatale — n'aurait peut-être pas éclaté. En plus de tout cela, le sport est une soupape pour les instincts guerriers nés avec tout petit mâle et qui sommeillent en lui, prêts à s'éveiller brusquement quand on ne leur ouvre pas une échappatoire.

Le cyclisme fut le premier sport qui prit de l'envergure sur le continent. Il est devenu et resté le sport
populaire français par excellence. Rien de plus curieux
que d'observer les catégories de sport que chaque pays
préfère. En France, en dehors du cyclisme, c'est l'automobilisme et l'aviation. Tous les trois ont ceci de commun qu'ils se servent d'une machine. Les Français ont
une aversion innée contre la force brutale ; pour cette
raison ils n'aiment pas l'effort des muscles. La machine est là pour fournir l'effort, le rôle de l'homme
est de s'en servir avec intelligence et de perfectionner
de plus en plus la machine. On objectera que le
cyclisme est un exercice des jambes. Le plaisir du
cyclisme est cependant non point de sentir la force de
ses muscles, mais de dévorer, en se servant d'une machine, l'espace avec une vitesse inaccessible aux piétons.
Que chacun se souvienne de sa jeunesse : comme on se
sentait maître, roi, dieu ! Là réside aussi l'attrait de
l'automobilisme et de l'aviation : la différence entre
ces trois catégories n'est que graduelle et non pas
essentielle. Et s'il est vrai que, pour prendre part au
« Tour de France », il faut de solides jambes, il n'en
est pas moins vrai que c'est la volonté, force immaté-
rielle, qui finit par triompher. Les vainqueurs du
« Tour de France » ne représentent point du tout le
type de l'athlète comme les boxeurs, lesquels, dans tous
les pays, ont le même aspect de brutes : ce sont des
hommes moyens, mais animés d'une énergie extraordinaire. Ils ont même plutôt des âmes sensibles.
Quand, au moment décisif, le pneu crève, la fourche se
casse, ils n'ont pas honte de s'effondrer et de verser
des larmes, ce qui de tout temps a été considéré indigne
d'un héros.

La marche sur route d'ailleurs, qui, à première vue,
semble un sport monotone et stupide où seuls les
muscles décident, est en réalité aussi une compétition

entre les volontés. Tous les ans, un grand journal parisien organise une marche Paris-Strasbourg, cinq cents
kilomètres sur route à travers monts et vaux, non par
étapes, mais d'une seule haleine. Que les marcheurs
prennent du repos, c'est leur affaire. Cela donne le
vertige d'imaginer l'effort de volonté qui est nécessaire
pour ne pas faiblir dans une marche de plusieurs jours
et nuits sur l'asphalte, toujours talonné par les concurrents, mangeant, buvant en route, s'accordant quelques instants de répit quand on a pris une avance suffisante ou qu'on est à bout de forces. Cette énergie
entêtée, cette volonté farouche de ne céder à aucun
prix sont des qualités bien françaises, bien paysannes,
bien qu'elles s'accordent mal avec l'image de la France
qu'on se fait à l'étranger. C'est cette ténacité paysanne
qui a sauvé la France à Verdun.

Inutile d'insister sur le « Tour de France », compétition devenue classique et qui lance ses pauvres victimes durant quatre semaines, autour de ce grand
hexagone qu'est la France, en accumulant sur leur
route, avec un raffinement sadique, des difficultés
inouïes. Au moins y a-t-il des étapes et des jours de
repos officiels. Le « Tour » a atteint le comble de son
apogée vers 1933 quand toute la nation y prit une part
passionnée. Dans le pays entier, jusqu'aux plus petits
villages, on voyait partout des haut-parleurs, alors
neufs, et les gens de la campagne installés devant eux
pour suivre à la minute les coureurs. Depuis, l'attrait
du « Tour » a visiblement diminué ; il est, de façon
un peu trop visible, devenu une entreprise de publicité.
Puis on sait que les chances ne sont pas égales : telle
vedette trouve toutes les facilités : quand son pneu
crève, sa chaîne casse, un camarade du « team », prenant part à la course à cette seule fin, lui cède sa
machine, alors que le petit coureur, même s'il gagne
les étapes les plus difficiles, ne peut remporter la vic-

toire, parce qu'il doit perdre son temps dans les réparations inévitables.

Si le cyclisme est venu d'Angleterre, on peut affirmer que l'automobilisme et l'aviation, comme sport, sont nés sur le sol français.

La plus ancienne voiture automobile est celle de **Cugnot** créée à Paris en 1769. Cugnot était un ingénieur militaire et sa machine devait servir pour traîner des canons. Elle a parfaitement marché, seulement il fallait des arrêts fréquents pour renouveler l'eau de la chaudière, et aussi elle était difficile à diriger. De sorte qu'ayant enfoncé un mur dès sa première sortie, on renonça à poursuivre l'expérience. Cette célèbre voiture est exposée au Conservatoire des Arts et Métiers, à Paris.

Le premier moteur d'automobile vraiment utilisable a été créé en 1886, simultanément par Daimler, à Cannstatt, et Benz, à Mannheim. Les timbres commémoratifs de la Poste allemande ont célébré ce fait en 1936. Cela ne veut pas dire qu'il n'y ait pas eu d'automobiles à moteur à explosions avant cette date, au contraire. Des années avant 1886, on avait même déjà organisé en France des courses d'automobiles sur route ; seulement, la vitesse ne dépassait pas quinze ou vingt kilomètres. Quand une voiture marchait une demi-heure sans arrêt, c'était un grand succès. Au salon de l'automobile de 1934, tous ces vétérans étaient réunis dans une exposition vraiment curieuse et émouvante.

Dans la contemplation du passé, on commet toujours les mêmes erreurs. On prend le passé comme une suite de faits isolés, une suite de jalons, alors qu'il est en réalité un fleuve, large et ininterrompu duquel surgit de temps en temps ici un fait, là un autre, restés la plupart du temps inaperçus des contemporains, ne formant ni étape, ni pouvant arrêter la marche de ce fleuve. Dans l'année 1880 et les suivantes, les meilleurs ingénieurs de tous les pays étaient hantés de ce problème du moteur à explosions : celui-ci avait réussi une petite amélioration, celui-là une autre. Finalement quand tous les éléments furent trouvés, Daimler et Benz, indépendants l'un de l'autre, réussissaient à en faire la synthèse.

Il n'en a pas été autrement pour la création de la locomotive. On apprend à l'école que George Stephenson est l'inventeur de la locomotive. Quelle erreur ! Depuis quarante ans qu'on avait la machine à vapeur, les inventeurs s'ingéniaient à construire une voiture qui serait mue par une machine à vapeur montée sur elle. On connaissait parfaitement les expériences de Cugnot, de Denys Papin et d'autres. De nombreuses solutions se présentaient aux intéressés et, pour les éprouver, les Anglais, en sportsmen qu'ils étaient déjà, organisaient une course de locomotives, comme on fait courir les chevaux ou les levriers. Dans cette fameuse course de Rainhill, la machine de Stephenson triompha. Stephenson n'est pas « l'inventeur » de la locomotive ; elle n'est pas sortie de son cerveau comme Pallas-Athênê est sortie toute armée de la tête de Zéus.

Si le sport a eu sa part dans l'histoire de la locomotive, l'automobile est entièrement née du sport et cette nouvelle sorte de sport était le privilège des riches. Voilà au moins de la richesse bien employée. Personne en effet n'aurait jamais cru quel facteur économique l'automobile deviendrait un jour. Qui aurait rêvé qu'il ferait renaître un vaste réseau routier ? Vers 1900, les gens avaient complètement oublié qu'il existait des routes. De Paris à Melun, oui, pour les messagers, mais une route de Paris à Lyon ? Pourquoi faire ?

L'aviation, elle aussi, est fille du sport. Seulement, après l'expérience de l'automobile, on pouvait mieux préjuger l'importance de l'avion. Puis, l'aviation réali-

sait un des rêves les plus vieux de l'humanité, rêve
ancré dans tous les cœurs comme un souvenir lointain.
Qui n'a jamais volé dans son sommeil ? Et en volant
ainsi, combien de fois a-t-on fait cette réflexion :
« Qui donc a voulu me faire croire que je ne savais
voler ? Mais me voilà qui vole ! » Les médecins, il est
vrai, viennent vous prouver que c'est simplement un
petit incident de digestion ou une question de position
dans le lit. Pauvres gens que ronge la passion de tout
expliquer mécaniquement !

L'aviation a été populaire dès ses débuts : les Blériot,
les Farman, les Chavez étaient de vrais héros populaires comme les chevaliers errants des légendes. Seulement de nos jours l'évolution est trop rapide. Il faut
un vrai effort pour se rappeler qu'il n'y a guère plus
d'un quart de siècle que Blériot, sur une machine frêle,
traversa le premier la Manche et posa son appareil sur
les rochers de craie de Douvres. Quel homme curieux
que ce Blériot ! Fanatique obsédé d'une idée à laquelle
il croyait, aventurier de grand style, il avait tout misé
sur une carte, joué toute sa fortune et se trouvait
acculé à la faillite quand le succès vint le sauver.

L'Allemagne de Guillaume II, toute occupée à gagner
de l'argent et optant plutôt pour les Zeppelins majestueux et très voyants, n'a pas suffisamment fait attention à ce qui se passait en France. On aurait pu se
dire qu'un peuple, qui en peu d'années créa l'automobilisme et l'aéronautique, ne pouvait logiquement être
un peuple « dégénéré ». Tant d'imagination, tant de
courage, tant d'énergie dynamique et d'entêtement
tenace ne peuvent naître d'une nation fatiguée. Mais
l'axiome de la décadence française était si généralement admis en Allemagne, il était surtout si commode,
qu'on voyait plutôt dans ces faits l'amour « bien connu » des Gaulois pour tout ce qui est nouveau au lieu
de les prendre au sérieux. Si l'on se demande quelles

sont les raisons de ce jugement faux, on en trouvera deux principales : en première ligne la littérature française dite de « fin de siècle » et en seconde ligne cette habitude française de négliger la tenue extérieure, de laisser aller les choses à la dérive, de dénigrer tout.

De nos jours, la France court le même risque d'être sous-estimée, à cause de son attitude trop négative en face des problèmes extérieurs, à cause de la peur qu'elle affiche trop visiblement, mais surtout à cause de la littérature d'exportation qui lui fait le plus grand tort.

Les Français eux-mêmes n'en sont pas conscients. Eux qui connaissent leurs forces réelles et surtout les immenses réserves dont ils disposent, ils ne s'inquiètent pas outre mesure des dangers qui les menacent. Dans le fond de leurs âmes, ils sont convaincus qu'aucun mal ne peut leur arriver. La personne France, la Grande Mère, n'est-elle pas là pour veiller ? Et puis le monde entier n'est-il pas là pour voler au secours de la France menacée ?

Ce sont les réserves en richesses matérielles, en forces de l'âme, en intelligence, en imagination qui donnent à la France son calme paisible. De l'importance de ces réserves citons un exemple qui, à première vue, paraîtra plus amusant que probant, mais qui a son sens profond : les réserves en vin de Champagne. Selon une statistique de 1936, ces réserves, dans le territoire strictement délimité du vignoble champenois, s'élevaient en chiffres ronds à 90.000.000 de bouteilles prêtes pour la vente et à 45.000.000 litres de vin en fûts non encore champagnisé, devant donner encore 60.000.000 de bouteilles. La vente annuelle variant entre trente et quarante millions, ces réserves l'assurent pour environ cinq ans. Qu'est-ce que cela signifie ? Que la Champagne aura toujours de quoi vivre, même

si les récoltes sont mauvaises pendant cinq années con-
sécutives. En France, on ne vit pas au jour le jour.

Que l'aviation n'a pas été un sport des snobs, mais
un sport très populaire dès ses débuts, la grande attraction que les fêtes aéronautiques ont toujours exercée en
France sur les masses, le prouve. Jusqu'à une époque
récente, il était fort difficile de réunir les Français en
masses. C'était déjà énorme quand un parti politique
réussissait à rassembler cinquante mille partisans pour
une manifestation. Mais une fête aéronautique organisée à Vincennes le 29 avril 1934 attira plus de cent
mille spectateurs bien que le prix d'entrée le plus bas
fût de dix francs. (Cela a profondément changé en ce
qui concerne les manifestations politiques à la suite du
6 février 1934 qui a réveillé les masses : la fête nationale de 1936 a réuni un demi-million de personnes,
selon les journaux de droite, et un million, selon ceux
de gauche ; la fête de la Paix, le 9 août 1936 au Parc
de Saint-Cloud, un demi-million.) Qu'est-ce qui avait
attiré les masses à Vincennes ? Un match entre les
deux plus grands acrobates de l'air français, véritables
héros populaires : Michel **Détroyat** et Marcel **Doret**.
Petit détail amusant : les deux « as » n'ont pas seulement le même monogramme, mais leurs noms et pré-
noms se terminent aussi par les mêmes lettres. Nous le
signalons parce que l'étranger en France est souvent
mis dans le plus grand embarras par la ressemblance
des noms. Comment distinguer, dans la grande politique, Fernand Bouisson de Ferdinand Buisson ? Et,
dans la littérature, comment se reconnaître dans les
Maurras, Maurois, Mauriac, Morand et Malraux ? Il
faut un bon moment pour commencer à comprendre
que Maurras est royaliste et Malraux communiste, puis
on retient peu à peu que Mauriac est catholique, Maurois anglophile et Morand grand voyageur.

Marcel Doret, homme d'une quarantaine d'années, avait été pendant longtemps le grand champion de l'acrobatie aérienne. Un jour cependant, Détroyat, son cadet de dix ans, avait fait à Milan « match nul » contre le grand « as » allemand Fieseler, c'està-dire qu'il avait égalé cette célébrité internationale. Inquiété par ce succès, Doret avait provoqué son concurrent à une joute aérienne, laquelle devait avoir lieu ce jour d'avril 1934.

Inutile de dire que les moyens de transport étaient absolument insuffisants. L'administration du Métro n'avait-elle peut-être pas entendu parler de cette fête ? Toujours était-il que rien n'était prévu. Une ligne conduit au château de Vincennes, mais quelques stations avant le terminus, à la Place de la Nation, trois autres lignes amenaient des milliers et des milliers de passagers qui tous voulaient prendre la correspondance pour Vincennes. Il aurait pu être facile de continuer les trains de ces lignes jusqu'à Vincennes, puisque toutes les voies sont raccordées. Non, il fallait débarquer. Les allées souterraines étaient rapidement bondées de monde et on mettait vingt minutes pour parvenir d'un quai à l'autre. On était littéralement serré comme des harengs. Quelle chaleur et quelle atmosphère ! Mais personne ne s'évanouit, aucun des nombreux bébés ne se mit à pleurer, personne ne grognait : on était gai. Tout servait à ce public pour s'amuser. La bonne blague, quand un garçon costaud se vit pressé contre les formes rondelettes d'une bonne dame ! Arrivé au portillon il fallait encore attendre qu'on fût admis sur le quai ; de temps en temps il s'ouvrit pour laisser passer quelques gens, mais presque aussitôt quatre employés, vrais athlètes aux forces herculéennes, se jetaient contre ce portillon pour le fermer à nouveau. Les trains pour Vincennes arrivaient naturellement pleins. Alors le public pressait ceux qui se trouvaient à la hauteur des portes pour les faire entrer de force. Finalement, le contrôleur fit rentrer les derniers ventres saillants afin de pouvoir fermer les portes, car « le train ne peut partir que les portes fermées ». Quel amusement ! Il valait à lui seul les dix francs.

La lutte était merveilleuse et passionnante. Il faut être reporter sportif pour en fournir une description : au simple mortel, les expressions techniques manquent à tout instant. Ces hommes semblaient avoir vaincu la pesanteur. Ils escaladaient les hauteurs comme sur une échelle, ils se laissaient tomber, tourner en vrille, ils volaient tête en bas, comme si cela ne présentait aucun danger. On aurait dit des plongeurs dans un immense bassin transparent. Seulement les plongeurs ont besoin de retourner à chaque instant à la surface pour prendre l'air. Pour réussir de pareils exploits, il faut deux choses : une machine parfaite et un parfait sentiment de l'équilibre. Garder, dans toute position, l'équilibre, savoir le rétablir immédiatement quand il est dérangé, voilà qui fait le grand acrobate de l'air. Il n'y a rien d'étonnant que la France, « pays de l'équilibre », soit aussi le pays où naquit l'acrobatie aérienne.

L'aspect politique du sport mérite encore quelques observations. Le sport n'est pas seulement l'antidote de la guerre, mais aussi des querelles intérieures. On l'a bien vu en France. Après l'élan des élections de 1932, le peuple avait connu la plus amère des déceptions. Au lieu de penser aux réformes nécessaires, à l'organisation de la paix surtout, le Parlement épuisait ses forces dans des jalousies, des intrigues, des maquignonnages. Le peuple se réfugiait dans le domaine du sport. En janvier et février 1934, quand les journaux noircissaient leurs pages d'histoires plus ou moins controuvées sur le scandale Stavisky et la mort du Conseiller Prince, on pouvait observer chaque jour que l'homme de la rue n'y jettait même pas un regard, mais commençait sa lecture à la page 4, aux « nouvelles sportives » : Si Roubaix avait battu Prague, si l'Italie était en forme, de quels noms la Hongrie composerait son « onze », voilà ce qu'il importait de savoir. On aurait pu croire la guerre revenue quand on lisait les grandes manchettes : « L'Allemagne bat la France » (par trois buts contre deux) ; « Victoire écrasante de l'Italie » (dans le saut en hauteur des cavaliers) ; « La France triomphe aisément de ses adversaires » (dans la course cycliste sur route) ; en réalité, cela prouve que les masses non seulement méprisent les petites querelles intérieures, mais, dans le domaine extérieur, pensent **internationalement**, tandis que les élites restent plus ou moins étroitement nationales. C'est un renversement fort curieux. Au fond, c'est l'indice d'un profond changement des esprits, amorcé déjà avant la guerre, ensuite éclipsé, s'accentuant maintenant de plus en plus précisément à la suite de l'expérience de la guerre. Les masses populaires de tous **les pays** ne connaissent plus le sentiment d'hostilité contre d'autres peuples, elles désirent se rencontrer avec leurs voisins et ex-ennemis sur un terrain commun, et le domaine du sport semble tout prédestiné pour cela.

En 1914, on n'était pas encore mûr pour bannir les nationalismes du domaine sportif. La victoire des Mercédès dans le Grand-Prix de France, un peu avant la guerre, avait fortement irrité les Français. Ce jour d'avril 1934, il y eut aussi des Allemands à l'aérodrome de Vincennes. Le jeune Gerd **Achgelis**, ne voulant ni ne pouvant lutter contre des maîtres incontestés comme Doret et Détroyat, reçut cependant les applaudissements les plus chaleureux pour ses performances ; et quand l'aviatrice allemande Liesel **Bach** mesura ses forces avec Hélène Boucher et fut déclarée vainqueur, le public accepta avec une parfaite bonne grâce la défaite de sa favorite et ne ménagea pas les ovations à l'étrangère. C'est un grand progrès.

Ce qui caractérise notre époque c'est que les masses ont pris connaissance de leurs forces. On ne pourra plus jamais arrêter ce processus et il ne faut pas vouloir l'arrêter, car les masses sont hostiles à l'idée même de la guerre et leur pression seule obligera un jour les élites à faire la paix. Ces élites se plaignent d'être dépossédées. C'est vrai, mais c'est inévitable. Si les élites du XIIe siècle n'avaient pas été dépossédées par les bourgeois, nous n'aurions pas de cathédrales gothiques. Comme alors, il s'agit de créer de nouvelles formes de la vie, formes collectives, non seulement à l'intérieur des pays, mais entre les nations. Le sport international nous montre en somme ce que sera un jour la vie en commun des peuples.

XVIII

RÉVOLTE A PARIS

Personne n'aurait pu prévoir, le dimanche 4 février 1934, que le sang coulerait deux jours après dans les rues de Paris. La destitution de Chiappe, il est vrai, avait fait l'effet d'un coup de foudre. Le dimanche matin, les gens avaient arraché les journaux des mains des vendeurs. Ce fut une de ces journées où les directeurs de journaux se frottent les mains parce qu'il faut imprimer édition après édition et faire marcher les grandes rotatives à tout rendement.

Depuis quelque temps on prévoyait qu'un jour prochain la lutte ouverte éclaterait entre le président du conseil Daladier et le préfet de police Chiappe, homme

presque omnipotent et dans lequel tous les bien pensants voyaient à cette époque le sauveur prédestiné de
la France. Il était de petite taille, énergique et natif
de la Corse, faillait-il davantage pour en faire un dicta-
teur ? Les camelots du Roy, troupe de choc du parti
royaliste, avaient à plusieurs reprises organisé de violentes manifestations dans les rues du Quartier Latin,
renversé des poteaux électriques, détruit des kiosques
à journaux et érigé des « barricades ». M. Chiappe
avait regardé ce désordre d'un œil paternel et s'était
borné à faire arrêter chaque soir les plus tumultueux
des manifestants pour les faire relâcher le lendemain
matin afin qu'ils puissent recommencer dans la soirée.

C'est le scandale Stavisky qui avait fourni le prétexte
de ces démonstrations. Un maître-chanteur de pro-
venance judéo-polonaise avait fondé avec la collusion
du maire de Bayonne, député radical-socialiste, un
mont-de-piété municipal qui devait surtout servir à
prêter sur les prétendus trésors de bijoux fantastiques
des Grands d'Espagne chassés de leur pays par la révolution. Il avait su se procurer des recommandations de
nombreux hommes influents et fait vendre, par ses
démarcheurs, un peu partout des bons émis et gagés
par les objets précieux. Mais il avait fait émettre ces
bons en nombre illimité sans se soucier des valeurs
réelles engagées. Il en naquit un énorme scandale.

Comme le maire de Bayonne était député radical-
socialiste et que d'autres membres de ce parti politique, le plus important de France, semblaient mêlés
à l'affaire, les hommes de droite crurent le moment
venu pour porter un coup décisif aux radicaux-socialistes. On fit donc, à l'aide des journaux, une affaire
énorme de ces tromperies qu'on évaluait à des centaines de millions. Ce n'est qu'un an après qu'on a su
que le dommage entier se montait à 48 millions de
francs actuels, somme relativement petite quand on la

compare à d'autres scandales que la France a connus. Mais il s'agissait d'émouvoir l'opinion publique et de faire marcher la rue.

En réalité, la majorité du peuple français n'a été aucunement émue par cette affaire. Un journal indépendant, au moment où la campagne battait son plein, a organisé une enquête en province par des envoyés spéciaux. La plupart des gens qu'on questionnait n'avaient même pas entendu parler de Stavisky. « A Paris tout est pourri », cela se sait depuis longtemps. Mais à Paris même, ni dans le Métropolitain, ni dans les cafés des quartiers extérieurs, personne ne parlait de Stavisky, et ce sont pourtant les lieux où l'on peut entendre « la voix du peuple ». Les gens du peuple continuaient à tourner les premières pages des journaux et ne commençaient à lire qu'à la quatrième, page du sport. Stavisky avait surtout trompé les sociétés d'assurances, donc le « capitalisme » et non la petite épargne. Il n'était pas la peine de s'émouvoir parce que les Assurances devaient amortir quelques millions de leurs réserves ! Puis c'était un « débrouillard » qui avait dépensé royalement et fait vivre beaucoup de gens et comme tel il avait droit à la sympathie populaire.

Que l'Administration et le Parlement soient « pourris », le peuple en France le croit depuis toujours. « Chez nous tout est pourri » est une phrase typique du vocabulaire politique qu'on a pu entendre il y a trente ans et probablement déjà il y a cent ans et même deux cents. On n'a qu'à se rappeler le scandale fantastique de Law au début du XVIIIe siècle. Probablement ce jugement sommaire est-il aujourd'hui tout aussi faux ou tout aussi juste que jadis. Tous ces scandales n'ont rien à faire avec les sources de force et de richesse dont la France se nourrit et qui lui permettent de réparer toutes les pertes dans un délai étonnemment court.

Le dimanche après-midi les grands boulevards étaient remplis d'une foule joyeuse et agitée qui attendait avec curiosité ce que « ça donnerait ». Dans ce peuple gai et heureux tout rassemblement prend tout de suite un caractère de « fête populaire » : nous avons dû le constater à plusieurs reprises. On ne voyait que figures riantes et yeux brillants. « Qu'est-ce que ça donnera ? Est-ce que ça donnera quelque chose ? » On ne pouvait avancer que très lentement. Vers cinq heures, l'amusement commença. Les camelots du Roy, répartis en petits groupes dans la foule, chantaient : « Conspuez le voleur, conspuez le voleur, conspuez ! » sur l'air des lampions, air classique en de pareilles occurences. Cela faisait très bien et ces jeunes gens étaient de si beaux gaillards ! Les agents de police étaient rassemblés par cinquante ou cent aux coins des rues. Naturellement on ne chantait que là où il n'y en avait pas. Alors ils s'efforcèrent de parvenir aux endroits d'où retentissait le chant. Mais avant qu'ils n'eussent percé la foule, le chant s'était tu et les chanteurs étaient redevenus de simples promeneurs. C'était fort gai et tout le monde s'amusait de bon cœur. A Paris, le public prend, par principe, parti contre la police.

Cela continua jusque vers sept heures, puis tout le monde s'en alla dîner. A neuf heures, les grands boulevards étaient vides et mornes.

Le mardi 6 février, on pouvait avoir au début la même impression que tout finirait dans un grand divertissement. D'importantes démonstrations avaient été annoncées et l'on savait par les journaux que tous les cortèges aboutiraient à la Place de la Concorde. C'est là que le public avait afflué dans l'attente des choses qui viendraient. Vers six heures et demie du soir, on pouvait y compter entre quarante et cinquante mille hommes au plus. Ils entouraient l'immense place sur laquelle Louis XVI a été décapité, se tenaient debout sur les balustrades et sur les terrasses du jardin des Tuileries. La place était inondée de la lumière de ses innombrables candélabres ; l'obélisque et les chevaux de Marly étaient en outre illuminés par un système de phares électriques. Les fontaines ne jouaient pas. Sur le Pont de la Concorde qui mène au Palais-Bourbon, dans lequel la Chambre tenait une séance « historique », la police avait dressé une barricade faite de camions automobiles. Devant elle se tenaient à cheval les gardes républicains et devant ceux-ci à pied les gardes mobiles. En avant de ce double cordon il y avait encore des agents de police, comme on en voit à tous les carrefours. C'était extrêmement pittoresque, personne n'osera le contester. En ce qui concerne l'efficacité, on est en droit d'avancer la présomption qu'une double rangée de chevaux de frise, avec un certain nombre de gardes mobiles derrière eux, aurait pu empêcher tout le malheur. Mais il faut toujours que l'enfant soit d'abord tombé dans le puits pour prendre ensuite les précautions utiles !

Les Français sont de vieux praticiens de la révolution. Ils savent exactement comme on a procédé à telle ou telle occasion et comment il faut s'y prendre pour aboutir. Ils connaissent leur histoire. Pour conquérir la Chambre des députés, — chaque tacticien de la Révolution voit cela de loin, — il faut l'attaquer de front en arrivant par le Pont de la Concorde. Impossible de la prendre en venant du Boulevard Saint-Germain, parce que sur la rive gauche la place manque pour déployer les grandes masses. Celles-ci doivent se rassembler sur la vaste place de la Concorde ; quand, de là, cinquante mille hommes s'avancent vers le Palais-Bourbon, la poussée des masses drainées entre les parapets du pont est tellement formidable que rien ne peut résister. Que l'avant-garde tombe : la victoire est certaine.

Qu'il se soit agi d'inonder la Chambre, de chasser le
gouvernement et d'établir une sorte de dictature, personne ne le conteste plus aujourd'hui. Mais pour exécuter le plan on avait besoin des masses : il fallait
réussir à les entraîner. Or, les masses ne bougeaient
pas. Elles trouvaient fort amusant de regarder le spectacle, mais ne faisaient pas mine de sortir de leur rôle
passif. Sur la place même, qui était à peu près vide,
on voyait des groupes et des tas de manifestants entourant çà et là un drapeau ou un chef, changeant de
temps en temps de place sans raison apparente. Un
groupe s'efforçait, à grand renfort de cris, d'incendier
un autobus resté en panne près de l'obélisque : on avait
ouvert le robinet et allumé l'essence, mais la voiture
ne voulait pas prendre feu. Ensuite on essayait de la
renverser : en vain, les ressorts rendaient impossible
cette opération. Finalement elle flambait quand même.
Quelle victoire ! La fumée noire, coupée de languettes
de feu rouges, formait un contraste étrange avec la
lumière blanche dont la place était baignée. Un autre
groupe apportait avec de grands « holà » des bancs de
jardins dont on construisait un bûcher qui fut également allumé. A l'entrée des Champs-Elysées, toute une
équipe érigeait, fort péniblement, une barricade faite
de reverbères et de bancs, barricade dénuée d'ailleurs
de tout sens ; mais les jeunes gens y travaillaient comme
s'il s'agissait de sauver leurs âmes. Pour décor, on avait
allumé le gaz qui sortait des trous dans la terre d'où les
reverbères avaient été arrachés. Cela donnait de
longues flammes rouges, tourmentées par le vent dans
un jeu fantastique. D'autres encore faisaient le tour de
la place pour casser à coup de pierres les vitres des
candélabres restés debout, et chaque fois, le bris du
verre était salué par des cris de triomphe.

Le lendemain, on pouvait lire dans la presse patriotique que « la fleur de la nation française » avait ainsi

exprimé son dégoût d'un régime abject. En vérité, tout
cela n'avait rien de terrible. En France, nous avons dû
le constater maintes fois, toutes les choses perdent de
leur poids : toutes graves qu'elles sont, elles prennent un
aspect amusant. Ce fut un grand enfantillage ! A cette
heure-ci, les jeunes patriotes étaient seuls sur la place ;
la plèbe n'avait pas encore fait son apparition. Le
public tout autour s'amusait. C'était avant tout pittoresque : un régal pour les yeux.

De temps en temps les agents de police faisaient une
« attaque ». On voyait soudain émerger d'un coin de
la vaste place une troupe d'une cinquantaine de petits
bonshommes en capes et képis, brandissant des matraques blanches, pour se ruer sur quelque groupe de
manifestants qui se dispersait aussitôt en hurlant.
Quelle blague ! Le public applaudissait. Il prenait parti
pour les manifestants, cela s'entend. L'impuissance de
la police était une grande source de satisfaction et
d'hilarité.

Personne cependant ne pensait à prendre part à ce
jeu, et cela pourtant était indispensable pour réussir.

On se rappelait les vieux tableaux de bataille.
Comme champs de bataille, mesurée aux proportions
d'autrefois, cette place de la Concorde était énorme.
Encore sous Napoléon, l'infanterie ne fit feu que lorsqu'elle put discerner le blanc dans les yeux de l'adversaire ; tellement on était près les uns des autres. Tantôt
à droite, tantôt à gauche, une de ses petites attaques se
déclenchait maintenant, mais les manifestants recu-
laient toujours pour se rassembler un peu plus loin. Les
cris, les huées étaient la chose principale. Nos ancêtres
avaient toujours besoin de se mettre d'abord en colère
pour pouvoir lutter : on le faisait en se conspuant réci-
proquement. Tout ce spectacle ressemblait à une de
ces batailles antiques où on luttait d'abord à coup d'in-
jures, ensuite à coup de « glaives » de tôle qui s'ébré-

chaient rapidement, de sorte qu'il était nécessaire de faire de temps en temps une pause afin de pouvoir, sur une pierre et avec un caillou, battre les lames comme on bat une faux.

Quand il n'y avait pas d'attaques, on pouvait à loisir se promener entre les rangs hostiles en allant se chauffer les mains à un des brasiers et en échangeant un mot avec la force armée. Il suffisait de faire attention, pour se retirer immédiatement sur son petit mur, quand une attaque repartait. Mais on la voyait venir de loin. C'est de cette façon que le célèbre peintre allemand, Gerhard von Kügelgen, s'était promené avec ses deux petits garçons sur les digues de l'Elbe à Dresde, alors que la bataille d'artillerie faisait rage entre Russes et Français qui occupaient les rives opposées ; et lorsqu'un boulet tomba près d'eux il s'écria indigné : « Est-ce que ces gens ne voient pas qu'il y a ici du monde ? »

* * *

D'un coup, toute la situation changea. Devant le pont, deux à trois cents jeunes gens résolus s'étaient rassemblés : ils étaient las de ces jeux puérils. Si aucun doute ne peut subsister sur l'intention générale, il est tout aussi certain qu'il n'y avait pas de plan préconçu dans les détails, pas d'Etat-major dirigeant la bataille. Chacun agissait au petit bonheur sans se soucier des autres, et ces jeunes gens, ayant maintenant perdu patience, avaient décidé d'agir. Peut-être espéraient-ils vaguement entraîner les masses s'ils attaquaient ? Bref ! ils partirent à l'assaut de la barricade sur le pont.

La police, sans doute, avait entendu dire que, par temps froid, une douche d'eau produit des effets salutaires. En prévision de cela elle avait placé deux pompiers, deux, virgule, zéro, aux deux côtés du pont avec des lances à jet. Malheureusement les aggresseurs portaient des imperméables de toile cirée et un instant après ils avaient percé le cordon des gendarmes. La garde républicaine à cheval voulut les rejeter, mais n'avait pas de place sur le pont pour évoluer. On entendit soudain des coups de feu.

Plus tard on s'est querellé durant des mois pour savoir qui avait donné l'ordre de tirer et si les avertissements légaux avaient eu lieu. Mais, en réalité, les gendarmes avaient tiré de leur propre initiative n'ayant pas d'autre moyen pour se défendre. Ce ne fut pas non plus une « fusilade insensée », comme on l'a dit : il n'y eut que de trente à quarante coups de fusil au plus. Aucune mitrailleuse n'était entrée en action. Au fond, tout cela n'était pas si grave : quelques claquements qu'on n'entendait guère, et c'est tout. Mais des jeunes gens se vautraient dans leur sang. Des projectiles sifflaient par-dessus les têtes des spectateurs ; cela donnait la chair de poule. Et de l'autre côté de la place, sur la terrasse de l'Hôtel Crillon, une servante tomba, frappée au front. Il y eut un moment de silence, puis un tumulte fou éclata : « Ils tirent à balle ! Ah ! les cochons ! Les assassins ! Assassins ! Assassins ! » Toute la place hurlait. Voyons ! Ce n'était donc plus une plaisanterie ?

Des blessés furent portés à travers la place par leurs camarades ; on appela des autos qui se frayèrent un chemin dans la foule. Au café Weber, de la rue Royale, on installa une infirmerie. La « fusillade » n'avait duré que quelques instants. Mais il soufflait maintenant un autre vent. Il n'était plus question d'attaques et de simulacres de bataille. C'était trop sérieux. La foule ressemblait à une fourmilière. Qu'est-ce que cela donnera encore, si le sang coule ? Depuis longtemps du sang français n'avait pas été versé par des Français dans des luttes fratricides. Une révolution ? Ce n'était pas pour rire.

Pendant tout ce temps se déroulait à la tour Eiffel la publicité lumineuse de la maison Citroën. Dans un rythme régulier, les textes et les images se succédaient, comme si de rien n'était ! C'était agaçant à voir. On finissait par éprouver une véritable haine contre cet automatisme sans âme, dépourvu de sens, qui accomplissait son jeu quoiqu'il arrivât. Cela donnait froid. Au-dessous de la Place, le service du Métropolitain continuait lui aussi. Certes, la station « Concorde » était fermée pour le public, mais les trains allaient et venaient, comme d'habitude. On les entendait bien et de temps en temps le sol tremblait. Il y avait des hommes dans ces trains qui allaient d'un bout de la ville à l'autre, qui changeaient de train à la Concorde, insouciants, inconscients de ce qui se passait au-dessus de leur têtes et tout au plus s'ils se demandaient pourquoi les portes de sortie étaient fermées.

Dans l'intervalle, un nouvel acte du drame se préparait. A côté du Grand-Palais, sur les Champs-Elysées, des Anciens Combattants de l'U.N.C. se rassemblaient pour manifester de leur côté. L'U.N.C. est la deuxième des grandes fédérations après l'Union Fédérale ; elle est plus à droite que celle-ci. C'était le groupe parisien qui entreprenait une action isolée. Braves gens qui voulaient crier leur dégoût des scandales. Ils portaient un grand calicot avec cette inscription : « Nous voulons que la France vive dans l'honneur et la propreté. » Dans leur intime pensée ceux qui tiraient les ficelles avaient espéré que les Anciens Combattants joueraient le rôle de bélier. Personne n'osera tirer sur les héros de la Grande Guerre quand ils forment l'avant-garde, drapeaux flottants, les poitrines ornées de décorations gagnées au péril de leur vie ! En vérité, les anciens combattants authentiques n'étaient pas très nombreux. J'en ai compté environ deux mille sur un total de douze mille que comprend la section parisienne ; mais der-

rière eux commençaient déjà à s'assembler les fana-
tiques, les aventuriers, les sans-scrupules.

Vers neuf heures, le cortège devait s'ébranler. Près
de deux heures s'étaient écoulées depuis les coups de
feu du pont de la Concorde. Les anciens combattants
cependant, à quelques centaines de mètres du lieu de la
catastrophe, semblaient l'ignorer. Tout à coup un jeune
homme arriva de ce côté et s'écria : « Ils tirent à balle !
A côté de moi un homme est tombé. J'ai vu gicler
le sang ! Ah ! les assassins ! » Comme trophée il bran-
dissait le casque d'un garde républicain qu'il avait
« conquis », un de ces casques de dragons étincelant,
d'aspect vraiment martial, terminé d'une queue de
cheval. On le lui arracha ; il passa de main en main :
on le jeta en l'air, et, finalement, on le mit sur la
hampe d'un drapeau.

Mais les hommes étaient visiblement embarrassés :
c'était le comble ! On n'était pourtant pas venu pour
se faire tuer ? Les dirigeants hésitaient. Enfin, ils
finirent par donner le signal du départ.

Ce cortège, drapeaux déployés en tête, suivis de
rangs d'hommes solennels habillés pour la plupart de
noir, afin de donner plus de poids à leur manifestation,
les poitrines ornées de croix et de médailles, avait
quelque chose d'infiniment touchant. On connaît le
culte respectueux dont sont l'objet en France les sau-
veurs de la patrie. De tous les côtés le public affluait
et applaudissait. Une cause, pour laquelle les anciens
combattants entraient en scène devait être bonne, sans
nul doute ! C'est encore eux qui sauveront la patrie
une deuxième fois, eux qui nettoieront les écuries
d'Augias. Le cortège avançait lentement par des allées
mal éclairées ; les drapeaux flottaient toujours et les
hommes chantaient la « Marseillaise ». Quel chant guerrier ! On comprend qu'il ait pu enthousiasmer les
masses. Les femmes agitaient leurs mouchoirs ou bat-

taient des mains avec passion. C'était comme une immense vague d'espérance ! Qui a vu ce spectacle ne l'oubliera pas.

Arrivé à l'entrée de la Place de la Concorde, le cortège s'arrêta ; car il y avait là cette barricade stupide que les jeunes gens avaient dressée. Il fallut la contourner. Tout ce que ces jeunes gens avaient fait était insensé, et, en particulier, cette attaque prématurée qui avait forcé les gendarmes de se servir de leurs armes. Les anciens combattants hésitèrent. Que feraient-ils ? Se tourneraient-ils à droite, vers la Chambre ? Quel malheur que cela donnerait ! Non ! Ils tournèrent à gauche, vers la rue Royale. Aucun coup de feu n'a été tiré sur les anciens combattants, et tout ce qu'on a raconté là-dessus est de pure invention. Plus tard ils furent bousculés par la police dans la rue du Faubourg-Saint-Honoré, mais cela est une autre affaire.

Le grand danger semblait écarté. Il ne fallait plus penser à prendre à l'assaut le Palais-Bourbon. La séance « historique » d'ailleurs était terminée et il n'y avait plus personne. L'intérêt du public diminua. Il était dix heures : il était temps d'aller se coucher. Entre dix et onze heures, la police évacua la Place de la Concorde sans difficulté. C'était encore un tableau de bataille, mais beaucoup plus guerrier que tout à l'heure, car, au lieu des petits bonhommes à courtes pattes qui couraient en brandissant leurs matraques, la garde républicaine à cheval galopait par-ci par-là et repoussait les manifestants. Des estafettes montées sur motocyclettes traversaient la place à grande allure. Une lune tardive montait au-dessus des toits, et le stupide jeu de lumière de la Tour Eiffel continuait.

Durant cette échauffourée, les agents de police, les gardes mobiles et gardes républicains se sont comportés avec une correction parfaite. Combien les a-t-on hués, conspués et provoqués ! Ils se laissaient bousculer et, pas un moment, ils n'ont perdu leur sang-froid. On se demande si en d'autres pays la police aurait eu la même pondération et la même patience.

Sur la place de la Concorde, il n'y a eu, en aucun moment, plus de cinq à six mille manifestants véritables, massés çà et là par groupes de quelques centaines. Entre les groupes, on circulait, on approchait les gardes qui graves et calmes, la figure soucieuse, se tenaient à côté de leurs chevaux. Une fois de plus on était frappé de l'aspect de « père de famille » qu'ont les Français du peuple. Si la foule devenait encombrante, on la repoussait sans violence, plutôt avec des bons mots. « Pauvre dame », dit un garde à une femme qui se trouvait coincée entre la foule et le parapet du quai, « vous auriez mieux fait de rester à la maison. Aujourd'hui, cela pète ! » Et tout le monde de rire de bon cœur.

Qu'a-t-on raconté sur cette soirée, de bonne et de mauvaise foi ! Le lendemain on ne se fiait plus à ses yeux en comparant les récits des différentes feuilles. « Le gouvernement a fait tirer sur les anciens combattants ! » c'était encore le moindre des mensonges. On pouvait devenir tout à fait sceptique sur la valeur de tous les récits historiques, surtout en pensant que dans le passé il n'existait pas d'historiographes impartiaux, mais que les historiens écrivaient à la solde de princes et dans le but de rehausser la gloire de leurs protecteurs. Admettons que nous ne possédions sur la journée du six février que les comptes rendus des feuilles de droite et nous en garderions une image entièrement fausse. La commission de la Chambre a dû travailler durant des mois pour rétablir la vérité objective, et, à cette époque, tous les souvenirs étaient encore frais. On se demande dans ces conditions ce qu'il peut y avoir par exemple comme noyau vrai dans les exploits du Bellum Gallicum. Probablement presque rien.

A partir de onze heures ce ne fut plus qu'une série d'escarmouches dans les rues avoisinant la Place de la Concorde. A ce moment les mauvais éléments des faubourgs s'en mêlaient et donnaient libre cours à leur haine de la police. On avait dépavé la rue, brisé les arcs de fonte qui entouraient le gazon du Jardin des Tuileries et on s'en servait comme projectiles. La police fut attaquée et elle répondait en rejetant les pierres et les morceaux de fer. On aurait dit une bataille entre garçons. Seulement c'était sérieux et le sang coulait des fronts. Quiconque tombait entre les mains des agents était passé à tabac et oubliait de se relever pour un moment. Il y eut aussi des coups de revolver. Tout ceci n'avait absolument rien à faire ni avec la politique ni avec le scandale Stavisky.

Vers onze heures et demie un grand cortège de jeunes gens descendit les grands boulevards vers la Madeleine et la Place de la Concorde. C'était la chose la plus étonnante qu'on pût voir. Des camelots du Roy criaient : « Vive Chiappe ». Ils étaient suivis par un groupe qui criait : « Chiappe en prison ! » Les communistes étaient arrivés en toute hâte pour être du jeu. Ainsi cela se suivait, tantôt les uns, tantôt les autres, adversaires irréductibles entre eux, mais unis dans leur haine de l'ordre. La « fleur de la nation » et les communards. « Vernunft wird Unsinn. » Cette masse tenta encore une fois de plus de forcer le Pont de la Concorde, tentative absolument idiote. C'est alors qu'il y eut une véritable fusillade et le plus de victimes. Des victimes pour quoi ? pour la propreté ? pour l'honneur ? pour un idéal ? — Non ! pour la passion et la bêtise.

Après minuit tout se calma. Enfin la Tour Eiffel avait cessé son jeu de lumière qui était devenu insupportable. Des voitures de la Croix-Rouge circulaient. On se dirigeait vers le ministère de la Marine que les camelots du Roy avaient voulu incendier. Les vendeurs de journaux criaient les dernières nouvelles, édition spéciale des événements de la soirée. On se les arrachait. Les journaux donnaient aussi les résultats du tirage de la loterie nationale qui avait eu lieu dans la soirée au Trocadéro un peu plus en aval de la Seine. La France s'était enrichi d'une douzaine de nouveaux millionnaires, mais elle avait perdu une douzaine de morts.

Puis tout le monde se hâta à attraper le dernier train de banlieue ou le dernier métro. Hors les murs on retrouva la paix : elle n'avait pas été troublée.

On avait assisté à une journée historique. On le sentait déjà. Ce n'était pas une simple révolte. C'était le début d'une nouvelle période de l'histoire de la Nation française, période qui nous réservera peut-être encore bien des surprises.

XIX

JEUNESSES RÉPUBLICAINES

Dans l'attente d'un autobus, je déchiffrais une petite fiche collée sur le coin du mur. La jeunesse républicaine du quartier y invitait à une conférence que M. Jacques Duboin, ancien ministre, tiendrait à telle date et telle heure à son siège social. Entrée libre, participation aux frais.

Cela semblait intéressant. Jacques Duboin est très connu par une longue série d'articles qu'il a publiés dans l'« Œuvre » sous le titre « Ce qu'on appelle la crise ». Ces articles ont été recueillis dans un livre portant le même nom. Il a écrit d'autres livres qui ont fait un certain bruit : « La grande relève des hommes par la machine » et une satire : « Kou l'Ahuri ou la misère dans l'abondance ». Qu'est-ce qui peut bien engager un homme de cette renommée de faire une conférence au sein d'une toute petite société, dans une petite salle « au fond de la cour au premier à gauche » ? Dieu le sait. Peut-être est-il « du quartier » ? Le président de la Société est-il son cousin ? Il faudrait voir cela.

Quand la soirée fut venue, il s'avéra difficile de trouver la salle. J'avais bien retenu le nom de la rue, nom rappelant le moyen âge, mais point le numéro. Ces rues dans les vieux quartiers sont en général courtes, et je pensais que certainement les gens feraient queue devant la porte. On le trouverait donc bien. Mais personne ne fit queue. C'était, en effet, un de ces vieux quartiers où depuis le XVIe siècle le commerce et l'industrie sont extrêmement vivants. Toutes les portes étaient couvertes de plaques indiquant les noms ou les raisons sociales des entreprises qui y étaient logées. Parmi elles, je retrouvai enfin la petite fiche avec l'invitation. C'était là, en effet, le lieu de la réunion. A bien regarder, il y avait aussi la raison sociale de la Société. Il fallait passer sous un porche et traverser une cour obscure et poisseuse. Au fond, dans le coin, un escalier sale et puant, aux marches usées, conduisait à la salle. On n'oserait affirmer que c'était digne d'un ministre. Un ministre allemand, même « ancien », n'y mettrait pas les pieds. Mais en France ce titre est un peu déprécié, au moins à Paris, où les ministres et anciens ministres foisonnent. En haut, on entra dans une sorte de classe, longue et étroite, dont le fond était occupé par une scène. En France, on fait beaucoup de théâtre. Toute Société qui se respecte donne une représentation théâtrale pour la moindre occasion. Ce sont, bien entendu, toujours des amateurs qui remplissent les différents rôles. Français et Françaises semblent tout créés pour le théâtre. Regardez les femmes dans les rues, comment elles marchent et comment elles se donnent en spectacle ! N'est-ce pas comme si elles étaient toujours sur les tréteaux, dans la lumière crue de la scène, tous les regards tournés vers elles ? En jouant dans une pièce elles n'ont qu'à faire comme tous les jours et ce sera parfait. La dernière fois on paraissait avoir donné une pièce de chevalerie, à en juger d'après le fond et les coulisses qui étaient peints avec une naïveté touchante par un amateur sans doute, quelque jeune peintre en bâtiments qui se piquait d'art. On ne se serait pas cru à Paris et chez les « Jeunesses républicaines », mais quelque part au village. Il est vrai que les Français sont modestes : c'est une de leurs vertus principales. L'imagination supplée à la réalité.

Il y avait déjà pas mal de gens. La jeunesse proprement dite n'était pas nombreuse, mais on voyait de jeunes ouvriers et artisans, de jeunes filles, puis des adultes : ouvriers, commerçants, artisans ; en somme, une assemblée bien française, qui veut dire petite bourgeoise, bien animée d'esprit. Quelques jeunes gens faisaient le service d'ordre. Près de moi, une jeune fille était assise avec sa mère, peut-être une institutrice, aux yeux brûlant de curiosité et de vitalité. Je ne pouvais m'abstenir de la regarder longuement. Mais peut-être n'était-ce qu'une ouvrière de la fleur artificielle ou une petite couturière, car elle avait les doigts piqués de coups d'épingles et sa tenue était très simple. Il n'était point difficile de la rêver en mère future d'un héros révolutionnaire. Certainement elle était encore vierge.

Peu à peu la salle se remplit. Après un moment, le garçon de l'association, dans un uniforme crasseux, fit son apparition sur la scène, rangea les chaises, apporta une carafe d'eau et un verre, et peu après le « bureau » y prit place.

Grande déception ! « Monsieur Duboin est grippé et alité. » Ah ! ah ! s'écria tout le monde. « Soyez sans crainte ! son secrétaire M. Lair, qui l'accompagne partout et qui est tout aussi « calé » et même mieux que son chef et maître, est là pour le remplacer. » Mais on était quand même déçu. La personne d'un ministre aurait peut-être communiqué un peu de son éclat à cette pauvre salle.

Le président des Jeunesses républicaines du quartier est un jeune médecin. Nous avons ailleurs parlé du rôle des médecins dans la politique. Les médecins de campagne et les instituteurs ont fait la troisième République dans un pays dont la population désirait le retour à la monarchie. Celui-ci est, sans aucun doute, très zélé et très capable et doit avoir de très bonnes relations, parce qu'il réussissait à obliger des ministres comme conférenciers. Des hommes plus réputés encore que Jacques Duboin ont parlé dans cette salle, entr'autres le célèbre mathématicien et homme d'Etat Paul Painlevé ! A la bonne heure ! Le président en parle avec fierté.

On se souvient que Paul Painlevé fut l'homme qui a reconnu le premier la supériorité des appareils à vol « plus lourds que l'air » sur les « moins lourds ». C'est à lui que la France doit l'avance qu'elle a longtemps eue dans le domaine de l'aviation. En Allemagne on croyait aux « moins lourds ». Il y eut une véritable compétition entre les deux écoles, compétition qui rappelle celle qui eut lieu entre les styles gothiques et romans au XIIIe siècle en Allemagne. Les Français avaient tout de suite compris les possibilités de la technique gothique et l'avaient développée avec la logique qui leur était propre, mais les architectes allemands se cramponnaient au style roman. Ils construisirent, encore en roman, la très belle église Saint-Georges, à Limburg-sur-Lahn, à une époque où pas trop loin de là naquirent les merveilles gothiques d'Amiens et de Reims. « Ce magnifique art allemand a été aussi aveugle que fier ; il était devenu démodé » (Wilhelm Pinder). Plus tard, on a quand-même donné à toutes ces églises romanes des voûtes gothiques.

Le jeune docteur fit un petit speech dans un français très soigné et très bien articulé. Il tenait le manuscrit à la main, par simple coquetterie, car il avait très bien étudié son rôle. Dans dix ans il sera le député du quartier ; dans trente ans, le sénateur ; un jour il sera ministre. Son chemin est tout tracé : il n'a qu'à aller droit devant lui.

Il ne faut point s'imaginer ces jeunes médecins semblables à celui que Céline a dépeint dans son roman « Voyage au bout de la nuit », qui a fait tant de bruit : Ils sont bourgeois, dans le meilleur sens du mot. Cela veut dire que leurs parents ont « des réserves ». Pour André Siegfried c'est précisément cette particularité qui fait le bourgeois : on n'envoie pas un fils à l'Ecole de médecine quand on n'a que tout juste l'argent pour payer les études ; il faut aussi qu'il puisse vivre après d'une façon convenable et sans soucis. On lui installera un cabinet de consultation dans l'appartement des parents ; c'est chez eux qu'il vivra au début et cela ne lui coûtera rien. Les moments difficiles seront passés, quand il aura réussi à attirer au moins quatre patients journellement qui viendront à la consultation : 4 × 25 francs font cent francs. Ces petits honoraires le feront vivre. Il faudra qu'il ne se marie pas trop tard. Il n'est pas de bon ton que les jeunes gens restent célibataires au delà de la vingt-cinquième année, aussi trouvera-t-il aisément une femme avec une jolie dot : ce n'est pas ce qui manque en France. Et tout le reste viendra tout seul.

Après le docteur, — en France seuls les médecins sont appelés « docteurs » — ce fut le secrétaire de M.

Duboin qui prit la parole.   Au premier regard, il n'y avait pas de doute : c'était un habitué de l'estrade.

« On parle toujours de crise, commença-t-il, mais, au fond, qu'est-ce que cette crise ? Quand elle avait duré assez longtemps, ayant démenti ainsi les pronostics des plus grands savants et des économistes, quelqu'un arriva et nous révéla son secret : c'est une crise cyclique ! Ah ! ah ! Magnifique ! Donc, c'est une crise « cyclique ». Cela vient ; cela dure un certain temps ; puis cela s'en va tout seul. Ainsi en a-t-il toujours été. Seul un fou se fera du mauvais sang pour si peu ! Il n'y a qu'à attendre. Très bien ! Nous avons attendu. Mais la crise, au lieu de nous faire le plaisir de s'en aller, n'a fait qu'empirer. Longtemps la France en resta épargnée, et maintenant elle en ressent tout le poids. Ne serait-elle peut-être tout de même pas cyclique ?

« L'homme qui a parlé ainsi me rappelle cet automobiliste dont le moteur ne veut plus marcher et finit par s'arrêter tout à fait. L'automobiliste enlève les bougies, les nettoie, les remet : le moteur ne part pas. Il bricole un peu par-ci par-là : le moteur ne part toujours pas. Mon Dieu, se dit-il, à quoi bon se faire de la bile ? Au lieu d'épuiser la batterie du starter, allons déjeuner puisqu'il y a un bon restaurant tout près ; quand le moteur sera refroidi, il marchera peut-être à nouveau : cela s'est vu. Il se met à table, le repas est très bon et le vin excellent — cela se trouve encore en France, heureusement, malgré la crise ; — puis il revient vers sa voiture, convaincu que cette fois « ça collera ». Ce serait d'ailleurs ridicule, puisque le moteur n'a jamais refusé son service. Mais décidément il ne veut pas.

« Que pensez-vous d'un pareil homme ? »

Tout le monde riait et le contact était établi. L'athmosphère de la salle commençait à s'animer.

« Eh bien ! notre homme devint furieux. D'abord il essaya le starter jusqu'à ce que l'accu fût vide ; puis il tenta son bonheur avec la manivelle, mais celle-ci finit par faire un choc en retour et lui cassa presque le poignet. Alors il se calma. Il résolut d'aller chercher un mécanicien qui, après dè longues recherches, trouva la cause. Il fallut remorquer la voiture dans le garage, défaire le moteur, échanger des pièces abîmées et le composer à nouveau. Alors il marcha. Cela demanda du temps et coûta de l'argent. Mais si on ne l'avait pas fait, la voiture serait toujours en panne sur la route.

« Eh bien ! voyez-vous, c'est exactement le cas de notre mécanisme économique. Il ne marche plus. Pourquoi ? Parce qu'il est détraqué. Depuis des années on ne fait que bricoler. Puis on essaie et on ne réussit pas à le remettre en marche. Pas par des tours de passe-passe monétaires, ni par de « grands travaux publics » : en dépense en vain en argent fou et après on n'est pas plus avancé. Il faudrait examiner le moteur et re-chercher la cause réelle, celle qui est au fond des difficultés. Mais on ne veut pas. Il faudrait peut-être re-faire tout le mécanisme : On en a peur, mais on finira par y être forcé.

« Quelle est la cause véritable ?

« Aucune recette du passé n'est valable pour ce qu'on appelle la « crise ». Car, dans les cinq millénaires pas-sés, l'humanité a toujours vécu sous le régime de la pénurie. Il n'y a jamais eu assez de ce qu'il fallait. Mais nous, nous vivons sous le régime de l'abondance. De tout, il y a de trop. En Amérique on chauffe les chau-dières avec des grains de blé et on jette le café à la mer. Pourquoi ? Il y en a de trop. Et quand il y a tout en trop, la marchandise ne vaut rien. Alors on essaye de créer une pénurie artificielle pour faire monter les prix. Mais c'est idiot !

« Jadis il y eut des crises à la suite de mauvaises récoltes. On ne craignait rien autant que la sécheresse, la grêle, les inondations. L'année dernière quand, au printemps, il ne pleuvait pas, les fermiers étaient pleins de joie. Pourvu que la sécheresse persiste ! Quelle bonne chose si une année il n'y avait pas de blé ! On vendrait au moins la récolte de l'année précédente. Et pour le vin, c'est exactement la même chose. Voit-on combien c'est idiot ?

« Mais s'il y a de trop de tout, pourquoi alors les hommes ne consomment-ils pas davantage ? Il y en a pourtant, et beaucoup, qui ne mangent pas à leur faim ! Pourquoi ? Parce qu'ils n'ont pas d'argent pour acheter. Et pourquoi n'ont-ils pas d'argent ? Parce qu'ils ne trouvent pas de travail. Et pourquoi ne trouvent-ils pas de travail ? Parce que la machine fait leur travail. Les hommes n'ont que leurs bras pour gagner de l'argent. Quand on n'a plus besoin de leur bras, ils ne gagnent rien. Quand ils ne gagnent rien, ils ne peuvent rien acheter. C'est tellement simple !

« Jadis, quand on construisait une route dans un arrondissement, il y avait de l'argent qui entrait en circulation. Les frais de la construction se composaient avant tout de salaires. Les ouvriers qui les touchaient portaient l'argent chez le boulanger, le boucher et à la crèmerie pour vivre ; ils achetaient des habits et des souliers. C'était une pluie bienfaisante qui tombait sur tout le pays. Maintenant, on a construit dans la Creuse un immense barrage ; il a fallu remuer des centaines de milliers de mètres cubes de terre et de rochers. On a tout fait avec des machines. L'entrepreneur les a amenées avec quelques ouvriers spécialisés et puis voilà ! Autrefois un tel travail aurait créé dans ce pauvre département du pouvoir d'achat pour longtemps. Là réside tout le problème : le travail moderne, le travail mécanique ne crée pas de pouvoir d'achat. Certes, quand la machine a été fabriquée, elle a aussi créé un certain pouvoir d'achat pour les ouvriers qui l'on faite ; mais c'est fini, elle n'en créera plus ou presque. Et c'est précisément le pouvoir d'achat des masses qu'il faut pour que les affaires marchent ! Les économistes les plus renommés cependant persistent à croire qu'un jour cela changera tout seul. Un jour le moteur recommencera à marcher : il ne faut qu'avoir la foi et la patience.

« Tenez, les savants ont calculé que, pour toute l'Amérique du Nord, 9.500.000 kilomètres carrés de terrain, alors que la France n'en a que 550.000, 4.000 hommes, avec les machines modernes, suffiraient à produire tout le blé nécessaire, 4.000 pour une population de 125 millions d'habitants. Tous les souliers pour toute la population de la France peuvent être aisément fabriqués dans une seule usine. Pour la fabrication de toutes les lampes électriques pour le monde entier il suffit de quelques centaines d'hommes. Ce ne sont point des fantaisies ! »

Et l'orateur de citer des chiffres exacts et des noms : aucun doute n'est plus permis. Les auditeurs restent tout interdits. Ils n'osent plus respirer, c'est le vertige, et c'est le désespoir ! Voilà des choses dont on ne s'était pas encore rendu compte ! C'est comme ça que vont les choses ? Mais alors, nous autres chômeurs — il y en a dans la salle — nous ne trouverons donc plus jamais de travail ? Il faut abandonner tout espoir ?

« Mais ce n'est pas tout, continue l'orateur. Vous savez tous ce que c'est que le travail à la chaîne. Invention américaine. C'est Ford qui, le premier, l'a organisé en grand. Mais c'est déjà dépassé. A Milwaukee, il y a l'usine A. O. Smith qui peut fabriquer journellement dix mille châssis d'automobiles pour les General Motors : un châssis toutes les trois secondes. On travaille à la chaîne à un rythme qui ne donne que huit secondes de temps pour chaque manipulation. Mais c'est trop rapide et les ouvriers les plus habiles n'arrivent pas à suivre, on les a remplacés par des automates. A gauche et à droite de la chaîne, il y a les hommes-robots qui font tout. Quelques surveillants font simplement le tour pour examiner si tout marche bien. Chaque jour on consomme onze cents tonnes de tôle d'acier. Des automates les découpent et des aimants les assortissent selon le poids, les dimensions et l'épaisseur et les transportent au lieu où la machine en a besoin. Les rivets sont aspirés et placés par des machines, à une pression de vingt tonnes, par soixante à la fois. Vous voyez les pauvres ouvriers riveurs qui jadis les plaçaient un à un à coups de marteau ? Fini, ce gagne-pain ! Deux cent huit ouvriers suffisent pour tout surveiller et pour fabriquer journée par journée dix mille châssis d'automobiles. Cela fait environ cinquante châssis par ouvrier et par jour. Vous voyez ça, hein ? Dans le sous-sol il y a la centrale d'où on règle la marche de chaque machine, comme sur le tableau d'une usine électrique. Et au-dessus, il y a le vacarme formidable que font tous ces hommes-robots. Toutes les trois secondes, cela crache un châssis. Infernal, quoi ? »

Les auditeurs ont la chair de poule, on le voit bien.

« Eh bien ! que faut-il faire ? Casser toutes ces machines qui font tant de mal ? Mais a-t-il profité aux tisserands d'avoir cassé les premiers métiers mécaniques ? Faut-il renoncer aux chemins de fer parce qu'ils ont privé de leur gagne-pain les propriétaires de chevaux ? Tout cela est de la folie. Personne ne peut arrêter le progrès, et celui qui l'essaiera sera écrasé.

« Le chômage est la suite inévitable du progrès technique. Personne ne peut plus faire disparaître le chômage. C'est que l'humanité a été libérée de la vieille malédiction — c'en fut bien une ! — « Tu mangeras ton pain à la sueur de ton front ». Ce sont les machines qui l'en ont délivrée. Mais l'humanité ne sait pas encore tirer les conséquences de ce fait : elle se trouve désemparée devant la nouvelle situation.

« Pourtant la solution est simple : Il faut que la communauté produise à l'avenir les biens indispensables pour la vie. Chaque membre de la communauté sera obligé de fournir le travail nécessaire pendant un certain temps, et ceci gratis, que ce soit durant quelques heures par semaine ou pendant quelques années de sa vie. En revanche, la communauté mettra à sa disposition, gratis, ce qu'il lui faut pour vivre, à lui et à sa famille. Tous les éléments sont réunis en France : Il y a plus de blé que la population n'en consomme, plus de vin qu'elle n'en boit. N'est-il pas stupide qu'ici à Paris il y ait des gens qui ne mangent pas à leur faim, alors que, à moins de cinquante kilomètres, on rend le blé impropre à la consommation en le saupoudrant de bleu de méthylène ? C'est pire que stupide, c'est un crime ! Et un crime inexcusable, car il s'agit simplement d'une question d'organisation pour laquelle il faut un peu d'intelligence et de bonne volonté.

« Vous savez, M. Duboin s'occupe depuis longtemps de ce problème. Ne croyez surtout pas que tout cela est utopique ! Nous parcourons tout le pays, nous sommes en relations avec toutes les industries et les meilleurs cerveaux. Nous savons exactement ce qui est possible et ce qui ne l'est pas. Nous ne sous-estimons aucune difficulté.

« Mais je vous le dis, en toute connaissance de cause : Il suffirait de trois mois pour créer en France cette nouvelle organisation. Dans le quart d'une année toute la misère pourrait disparaître du sol de la France. Voilà — il frappait vigoureusement sur sa serviette — tous les calculs, tous les projets, tous les décrets nécessaires. »

Puis l'orateur se mit à dépeindre le paradis dans lequel la terre pourrait être transformée si seulement les hommes voulaient.

« On maudit la technique, on parle de ses méfaits. Tout cela est du non-sens. La technique, en elle-même, n'est ni bonne ni mauvaise. Tout dépend de ce que les hommes en font. Il ne tient qu'à nous de changer ces prétendus méfaits en bienfaits. Mais pour cela il faut d'abord connaître les raisons et les interdépendances ; ensuite il faut agir logiquement et résolument. Il faut refaire le moteur : bricoler ne sert à rien.

« Cela viendra un jour parce que c'est inévitable. Personne ne peut empêcher l'évolution naturelle. On peut la retarder, mais non l'arrêter. Et en France le nouveau régime de l'abondance peut être réalisé plus aisément qu'ailleurs, car nous avons presque tout ce qu'il nous faut. Le peu qui nous manque nous pouvons l'échanger contre nos produits.

« Il ne s'agit point de ne plus travailler, de mener une vie de fainéants ; mais il s'agit d'organiser le travail de sorte qui'l ait de nouveau un sens et que tous aient leur part juste du travail et de ses produits. A présent, les uns ont tout et les autres n'ont rien. Jadis on avait le droit de dire : « Qui ne travaillera pas ne mangera pas », mais qui aura le courage de répondre cela à un chômeur involontaire ? C'est un mot qui a perdu tout son sens et qui est devenu une cruelle ironie. Les millions de chômeurs (25 millions sur tout le globe) ne demanderaient pas mieux que de travailler ! A-t-on le droit, au nom d'une morale périmée, de les laisser crever de faim, parce que le travail est mal organisé ? Dès à présent la communauté doit pourvoir à leur besoins ; ne vaut-il pas mieux alors de tenter la réorganisation ?

« Durant cinq mille ans l'humanité a vécu sous le régime de la rareté. En fin de compte, c'était la pénurie qui était à la base de toutes les guerres, de toutes les invasions, de toutes les migrations. Le temps de la pénurie est révolu ; toutes les tentatives de créer une pénurie artificielle, en jetant le café à la mer et en brûlant le coton et le blé, s'avèreront vaines. Il faut organiser l'abondance : voilà la grande tâche de notre époque. Une utopie dites-vous ? Mais les utopies sont les réalités anticipées ! Pensez au vol humain, à la radio ! Des utopies qu'il était facile de railler il y a cinquante ans. Et ce sont des réalités aujourd'hui !

, « Organisons l'abondance pour que la terre devienne un paradis ! »

Il y eut des applaudissements plutôt rares. Les auditeurs étaient trop préoccupés de ce qu'ils avaient entendu pour applaudir. Ils restaient comme interdits. Tout cela semblait trop beau ! Ils auraient bien voulu formuler des critiques, mais ils ne savaient pas où les accrocher. Ils avaient été pris au dépourvu : cela ne rentrait pas dans le cadre de l'idéologie traditionnelle. Les vieilles théories économiques, dont on s'était nourri jusqu'à présent, se trouvaient bouleversées.

« Personne n'a de questions à poser ? » Apparemment non, puisque personne ne leva le doigt. Tous au fond avaient bien des questions à formuler, mais ils ne savaient pas comment s'exprimer : cela était venu trop inattendu. Pourtant on se rappelle comment en France les discussions éclatent vives après une pareille conférence !

Finalement, un vieil homme se leva, après des invitations réitérées et pressées : « Et l'argent, qu'en faites-vous ? Au fonds, il n'y a pas de place pour l'argent dans votre système ? »

L'orateur était visiblement gêné. Il n'osa dire ni oui ni non. En revanche, il recommença à tracer en grandes lignes son tableau de la répartition des produits. Puis il ajouta : « Vous l'avez bien compris ?

Alors vous voyez vous-même qu'on n'a pas besoin d'argent. »

Plus besoin d'argent ! Les gens secouaient les têtes. « Mais alors c'est du pur roman ! » dit un sceptique. En effet ! on veut abolir l'argent ? Et les gens qui en ont, qu'en feront-ils ? Peut-on croire que ceux qui détiennent l'argent ne s'y opposeront pas ? Ce sont pourtant eux qui ont le pouvoir ?

C'est là-dessus qu'il aurait fallu discuter. Mais c'était trop neuf, et il était tard. On voyait bien aussi que tout ce monde était bouleversé.

Lentement la salle se vida. Le garçon offrit les livres de M. Duboin : « Ce qu'on appelle la crise » et « Kou l'Ahuri ». On distribuait des fiches invitant à entrer dans la Ligue du Droit à la Vie. A la sortie, on déposa son obole dans une assiette. Le jeune docteur, qui sortait un peu du cadre de ce public et de ces idées, avait adressé, après avoir remercié l'orateur, un appel pressant aux auditeurs de donner, parce que l'association était pauvre et que tout servait à organiser des conférences, des concerts, des spectacles !

On redescendit les marches vermoulues et on respira quand on eut passé la cour sale et le porche étroit. La vieille rue était endormie. Les sortants se perdirent rapidement. En tournant le coin, on était dans une grande artère avec des tubes rouges de néon, des autobus et l'entrée du métro, style « Jugend » de 1900.

Mais on restait néanmoins sous l'impression de ce qu'on avait entendu. Ce qu'avait dit l'orateur s'était enraciné dans l'âme et continuait d'exercer son influence, tel un catalysateur.

Au fond, cet homme avait eu parfaitement raison.

XX

ÉLECTIONS FRANÇAISES

On a souvent l'impression que tout ce qui se passe en France n'est en vérité qu'un jeu, malgré les passions et malgré les crimes qui peuvent en naître, un jeu qu'on aurait tort de prendre trop au sérieux. Tous ces événements que représentent-ils au fond ? Que se cache-t-il derrière leur film étourdissant ? Ne sont-ils peut-être que les conséquences d'une évolution qui, silencieuse et invisible, s'est faite dans les profondeurs ? Evolution déjà terminée et à laquelle on ne changera plus rien, lorsque les « événements », ces simples signes extérieurs, la rendent visible ? Faut-il s'étonner que, dans ces conditions les élections elles aussi, par lesquelles le peuple souverain manifeste sa volonté, ont ce « je ne sais quoi » du jeu ? Grande manifestation de la vie collective, elles sont en même temps un grand spectacle public et gratuit, un immense divertissement et une inépuisable mine d'or pour celui qui sait observer et comprendre. Regardons un peu ce spectacle !

Il est dans le caractère du peuple français — peuple d'individualistes farouches — de concéder à tout citoyen le droit de poser sa candidature individuellement, sans qu'il ait besoin pour cela de l'agrément d'un parti politique, d'un groupe économique, d'un comité quelconque. Pourvu qu'il suffise aux conditions fixées par la loi, il n'a qu'à se rendre à la Sous-Préfecture de son arrondissement pour y faire examiner ses papiers et déclarer qu'il sera candidat. La candidature doit être déclarée quinze jours avant la date des élections. Celles-ci ayant toujours lieu un dimanche, c'est donc un samedi qui est le dernier jour. Si la déclaration est faite ce samedi à 23 h. 50, cela suffit encore ; à 24 heures, c'est trop tard. Comme en 1936 le samedi respectif était celui de l'introduction de l'heure d'été et se terminait en conséquence à 23 heures, le gouvernement ne manqua pas d'attirer l'attention des citoyens sur ce fait exceptionnel. Il savait pourquoi : faute de cet avis, il risquait que quelque esprit méticuleux — ou farceur — profitât de l'occasion pour faire un procès à l'administration, portant, le cas échéant, la question jusque devant le Conseil d'Etat qui, en France, est appelé à trancher quelquefois de bien curieux litiges.

A tout citoyen qui fait déclaration de candidature, la municipalité doit attribuer gratuitement un panneau électoral. Tant de candidats et tant de panneaux, tous de même forme et dimensions et numérotés dans l'ordre des déclarations. C'est une image bien française que ces rangées de panneaux dressés contre les murs des mairies et des écoles ou fixés au sol entre les trottoirs et la chaussée. Jadis, la moyenne ne dépassait guère de quinze à dix-huit. Un changement avait été constaté lors des élections municipales de 1935, où l'on pouvait en compter de vingt-cinq à trente. Mais les élections de 1936 ont battu tous les records : c'était la folie générale ! A Paris, trente était presque un minimum ; le chiffre le plus élevé que j'aie trouvé était de quarante-quatre. La ville de Paris, dont les limites, rappelons-le, ne dépassent pas la ligne des anciennes fortifications de Thiers, avait eu besoin en 1935 de 21.000 panneaux, mais en 1936 il en a fallu 27.000, ce qui a causé des frais supplémentaires de un million et demi de francs. Toute une armée de charpentiers et de menuisiers fut mise en mouvement pour fabriquer en peu de jours quelque six mille panneaux nouveaux. Leur bois blanc, non encore terni par la lumière, apportait une petite note joyeuse dans la monotonie des rangées. Le soleil faisait couler, en grandes gouttes d'ambre, la résine dont le parfum évoquait la nostalgie des immenses forêts de Finlande, d'où tout ce bois coupé arrive par la voie des eaux : dans le port de Rouen, on peut toujours voir les vapeurs qui y montent avec la marée et dont la cargaison de planches et de poutres est transbordée sur les péniches et les wagons. L'éclat neuf de ces panneaux inspirait de la confiance : on espérait y trouver des idées neuves, des paroles non encore vides de sens. A côté d'eux, les vieilles planches brunies et sales avaient l'air bien mornes et désabusées : instinctivement on se méfiait des promesses qu'elles pourraient porter.

Cependant, bon nombre de ces panneaux restaient vides. Devant l'affluence énorme des candidats, trop pressés d'entrer dans le temple de l'immortalité, beaucoup avaient perdu le courage. Valait-il la peine de dépenser encore de l'argent pour des affiches quand les chances d'arriver étaient si petites ? Quelques affiches pourtant ne coûtent pas cher ; mais on est économe en France. A Paris, on peut faire la lutte électorale presque pour rien : quelques douzaines d'affiches pour exposer son programme, pour inviter à une réunion électorale, et voilà tout. La municipalité met encore les préaux des écoles, les salles de gymnastique à la disposition des candidats pour leurs réunions électorales ; à défaut, on trouvera toujours une salle de café à louer pour une somme minime. Si l'on veut adresser à ses électeurs une circulaire, la poste la portera à domicile pour un centime, un pauvre centime papier, le cinquième d'un vieux centime or. Une seule chose semble indispensable, c'est d'être quelqu'un, une personnalité, à moins qu'on ne soit le candidat d'un grand parti.

Il paraît qu'une loi autorise les municipalités à exiger la restitution des frais des candidats qui ne font pas usage de leur panneaux ; mais on n'a jamais entendu

parler qu'elle ait été appliquée. Tant de lois et tant
d'ordonnances restent lettre morte en France ! On
les fait pour satisfaire à un principe, pour immoler à
une idée : c'est leur seule raison d'être.

Sur son panneau, le candidat a le droit d'affirmer ce
que bon lui semble. Les extrémistes de toutes sortes en
profitent pour étaler au grand jour et impunément
leurs idées subversives. On apprend, non sans un certain étonnement, qu'il existe toujours en France un
mouvement anarchiste — on avait cru qu'il ne survivait
qu'en Espagne — et l'on se souvient que l'anarchisme
lui aussi est né en France. Trouvera-t-on dans le
monde une idée politique qui n'ait pas pris son essor
dans cette terre de France, patrie des idées ? Tel jour,
en tel endroit, le candidat anarchiste exposera son programme. Si l'on y allait ? On trouverait peut-être un
vieil ascète dans un milieu spirituel, une petite assemblée de philosophes décharnés vivant loin des réalités
de la vie dans un monde abstrait. — On fait la connaissance d'un mouvement léniniste qui condamne le parti
communiste officiel et l'accuse de trahison parce qu'il
complote avec les socialistes, et encore plus à gauche
on trouve un mouvement trotzkyiste qui réunit les purs
des purs. Un jour, quand les radicaux formeront l'extrême droite du Parlement, que les socialistes seront
« modérés » et les communistes le grand parti petit-
bourgeois national, franc-maçon et anticlérical, les
léninistes et les trotzkyistes occuperont l'aile gauche et
feront flotter le drapeau de la liberté, car en France
tous les noms de partis ne sont qu'étiquettes et glissent
dans un mouvement lent et imperceptible, tel un large
ruban, de gauche à droite. A l'extrême-droite les noms
usés tombent dans le néant, alors qu'à l'extrême gauche
de nouveaux noms font leur apparition. Mais en des-
sous de ce ruban d'étiquettes, les hommes restent
éternellement les mêmes. Il y a cinquante ans, les

« radicaux », qui alors l'étaient dans le sens propre du mot, visant à un changement radical et qui commencerait à la racine, étaient plus féroces que ne le sont de nos jours les communistes : ils annoncèrent, lors d'une lutte électorale, que s'ils obtenaient la victoire on ferait rouler des têtes. Voyez les bons ventres et les bonnes barbiches des radicaux actuels pour vous rendre compte du changement !

Le candidat, sur son panneau, a surtout la liberté de calomnier son adversaire : il peut s'en donner à cœur-joie. Menteur, traître, requin, voleur, assassin, tout cela est monnaie courante. Le lendemain, l'adversaire répond en paroles dignes et qui tremblent d'une colère sainte, réduisant à néant les reproches qu'on lui a faits et posant, finement, des questions délicates à son agresseur. Et le duel de continuer. Les gens qui passent s'arrêtent un instant, sourient et continuent leur chemin. Ils connaissent bien les deux compères, braves commerçants peut-être, très polis, très conciliants, pères de famille modèles et avec lesquels on peut, en prenant l'apéritif, discuter utilement de tous les grands problèmes de la vie. Mais il faut hurler avec les loups, c'est dans la règle du jeu.

Quand même y aurait-il un fond de vérité dans ces calomnies qu'on ne s'inquiéterait pas outre mesure. Avoir de petits démêlés avec les lois, cela n'a rien de honteux en France. Mon Dieu ! qui sera assez hypocrite pour jeter la première pierre ? Prenons un cas précis ! Quel est le plus grand crime : d'un maire, qui n'est pas payé pour son travail, faisant réparer son automobile privée aux frais de la commune, ou d'un superpatriote, catholique pratiquant et bailleur de fonds des « Croix de feu », qui place sa fortune à l'étranger afin de frustrer la Patrie (par un grand P) des impôts ? Il existe en France des gens riches, « très bien », qui ne craignent pas de faire tous les trois mois le voyage à Bâle, ou à Londres, ou à Bruxelles pour encaisser personnellement le montant des coupons de leurs valeurs. Le peuple de France ne s'inquiète pas trop de la lettre de la loi, en portant son jugement. Ainsi, dans une ville provençale, le maire avait été condamné par les tribunaux pour malversations au détriment de la caisse communale, mais les citoyens l'ont réélu avec une majorité écrasante, bien que, condamné de droit commun, il ne fût pas éligible. Ils se sont dit que les magistrats auraient peut-être déployé moins de zèle si le maire n'eût pas été, par hasard, communiste. Les choses sont ainsi en France et personne n'y changera jamais rien.

Des hommes qu'on ne s'attendrait pas à voir dans la lutte politique s'avisent un jour de poser leur candidature. A Auteuil, quartier aristocratique de Paris, on pouvait voir, en 1935, l'affiche d'un valet de chambre-maître d'hôtel qui, à grand renfort d'éloquence, exposait aux électeurs qu'il fallait précisément dans ce quartier riche au conseil municipal un représentant des « gens de maison » sans lesquels les riches ne peuvent mener leur vie. On aurait voulu voir la tête de M. le Comte ou de M. le Marquis, au service duquel était ce valet de chambre ! Mais il n'aura pas osé lui faire une observation. — Dans un quartier ouvrier, au contraire, où se trouve une grande piscine, le professeur de natation a posé en 1936 sa candidature à la députation. Non sans astuce, il a fait valoir que lui, qui avait déjà appris à nager à des milliers de ses concitoyens, était l'homme prédestiné pour montrer comment il fallait « nager » dans la politique. — Dans une avenue près des Champs-Elysées, on pouvait lire l'affiche d'un candidat dont le programme ne manquait pas d'originalité. Il voyait surtout deux moyens pour remédier à la maladie de notre époque : 1º donner à l'Armée le droit de battre monnaie ; 2º accorder un siège d'office au Parle-

ment au « Prince Impérial », au « Dauphin » et au
« Primat des Gaules ». Sans doute voulait-il faire de
l'armée la première institution de l'Etat, et cela peut
se concevoir ; mais où prendrait-elle le métal pour frapper la monnaie, puisqu'il ne semblait pas s'agir du droit
de faire imprimer des billets de banque ? Et la deuxième grande réforme devait sans doute symboliser
l'union de toutes les forces vivantes de la nation seulement : « le Primat des Gaules » ? Qui est-ce ? Un de
ces littérateurs inoffensifs qui s'amusent à jouer « au
druide ? » Non ! C'est simplement l'archevêque de Lyon
qui porte ce titre. — Utilisant les nombreux panneaux
restés vierges, une association invitait les électeurs, dans
des affiches répandues à travers tout Paris, à voter
blanc, afin de prouver l'absurdité du système. Il y était
expliqué que plutôt que de faire voter dans les conditions actuelles il valait mieux faire tirer au sort un certain nombre de concitoyens, n'importe lesquels, qui
pourraient fort bien tenir le rôle de comparses au
Palais Bourbon. — Il y a des candidats qui sont
des exaltés : leur paroles trahissent le fanatisme ;
d'autres sont des idéalistes candides qui, après combien de luttes intérieures et sous la contrainte de
leur conscience, se sont résolus à sortir de leur
solitude : « Je suis tout seul. Aucun clan, aucun
groupe d'intérêts ne me soutient. Une vie faite de
probité est mon seul titre. Les habitants de la rue X
me connaissent bien. J'ai beaucoup réfléchi et j'ai
trouvé la racine de tous nos maux : le manque de sincérité. Seule une volonté pure et téméraire pourra
écraser l'hydre. Si mes concitoyens, dans ce beau quartier que nous chérissons tous, voulaient me donner
leurs voix... » En d'autres pays, les gens, en lisant des
affiches d'une telle naïveté, ricaneraient ; en France,
non. Ils lisent cela attentivement : « Mais oui ! il a
raison. C'est un idéaliste, quoi ! Malheureusement, la
vie... » Sur la place de l'Hôtel-de-Ville, au centre du

commerce, on pouvait lire une affiche soigneusement écrite en ronde — la pluie en avait déjà fait couler l'encre — dans laquelle une âme pure s'adressait aux hommes de bonne volonté pour leur expliquer, dans un français très beau et très solennel, que « tout le mal de notre époque venait de ce que les hommes s'étaient détournés de Jésus... » Je me suis longtemps tenu à côté pour observer les gens : ils arrivaient, pressés, parcouraient les lignes, étonnés, secouaient un peu la tête et continuaient, mais je n'ai vu personne sourire.

Après le premier tour du scrutin jusqu'au ballotage, la bataille des affiches atteint son comble. De petits candidats renoncent en faveur de grands — quelquefois contre espèces — en s'en vantant comme il convient. Ce sont des bordées d'insultes. Tout ce qu'on avait vu avant est dépassé. Ceux qui ont remporté la victoire au premier tour expriment leurs remerciements et renouvellent leur promesses ; ils parlent avec mépris de leurs adversaires que l'honnêteté des électeurs a « vomis ». D'autres, des vaincus, se voilent la face. Les idéalistes se consolent : « Mon cœur est gonflé de fierté : 135 citoyens se sont trouvés pour accorder leur confiance à un inconnu. De ces voix, une commission électorale partisane n'a voulu valoriser que 21. Qu'importe ! Inconnu de tous, j'avais voulu présenter des idées toutes neuves. Elles ont fait une impression profonde sur de nombreux électeurs. Cela seul me console et me donne la certitude que notre peuple ne périra pas... »

Un fait a caractérisé les grandes élections de 1936 : c'est le calme absolu de la lutte électorale. Plus la bataille des affiches faisait rage, plus les électeurs semblaient s'en désintéresser. Les jeux étaient faits et l'évolution intérieure était accomplie. Le peuple de France, convaincu que le passé était révolu et qu'une nouvelle ère devait surgir, était décidé à élire des hommes nouveaux. J'ai assisté à une réunion électorale de Marcel Déat, qui avait lieu sous le préau d'une école de Ménilmontant. Ce fut, il faut le dire, un plaisir de suivre l'exposé lumineux de cet homme remarquable. Il y eut des applaudissements, mais on sentait qu'il ne serait pas réélu, qu'on lui préférerait un communiste quelconque, homme sans culture et sans connaissances. Pourquoi ? Parce que Déat était un renégat qui avait quitté le parti socialiste (S.F.I.O.) et parce qu'il était un défenseur de la dévaluation. Il glissait prudemment sur cette question épineuse, mais cela ne lui servait à rien. Qu'est-ce qu'on a parlé de dévaluation depuis trois ans ! Pour les uns c'était la panacée, remède unique à tous les maux économiques ; pour les autres, le crime. Cent fois les journaux l'ont annoncée comme imminente. Pourquoi a-t-on si longtemps hésité à la faire ? Parce que, aux yeux du peuple, ce fut la « prime » pour les patriotes qui avaient expatrié leur fortune à temps. Ça, non ! Il est vrai que néanmoins la dévaluation a été acceptée quelques mois plus tard sans résistance, mais seulement parce que ce fut un gouvernement de front populaire qui l'a faite. Et en tout cas, au moment des élections, l'opinion publique était résolument contre la dévaluation.

Enfin, après le ballotage, les proclamations de victoire redoublent, mais aussi les hurlements de rage et de déception. Mais ce sont surtout les grandes promesses : l'âge d'or qui va venir. Durant une huitaine de jours, les gens s'arrêtent encore devant les panneaux, discutent un peu, mollement, et hochent la tête, jusqu'au jour où les employés municipaux arrivent, commencent doucement à gratter les papiers, à démonter les panneaux, à les charger enfin sur de grands camions qui les emportent vers le repos dans un dépôt, jusqu'à la prochaine campagne.

Vingt-sept mille panneaux ! quel tas !

XXI

LA GRÈVE SUR LE TAS

Au mois de mai 1936, on a pu assister à la naissance d'une des expressions toutes faites dont nous avons signalé à plusieurs reprises l'importance : « la grève sur le tas ». En peu de jours elle a acquis une popularité énorme ; elle est devenue un terme technique qui ne disparaîtra plus de la langue française. Qui l'a inventée ? On l'ignore. La question n'a même pas été posée et personne n'est encore venu faire valoir ses droits de paternité. Nous l'avons rencontrée pour la première fois dans le « Temps » du 28 mai ; elle y est mise entre guillemets, ce qui semble prouver qu'elle était neuve. Dans quelques années, un savant se mettra à fouiller tous les journaux et revues du mois de mai 1936 et des mois précédents pour trouver ses origines : il en fera un livre docte.

Si l'expression paraît être nouvelle, la chose qu'elle désigne ne l'est pas tout à fait. Sauf erreur, ce fut en Hongrie, il y a quelques années, que des ouvriers d'une mine de charbons descendirent dans le puits et déclarèrent de ne point en sortir avant que satisfaction soit donnée à leurs revendications. Depuis, des cas pareils se sont de temps en temps produits et toujours dans des mines.

L'expression est fort jolie : elle a une pointe d'humour. Ne fait-elle pas penser au tas d'or que le dragon de la légende garde, en s'asseyant dessus, l'entourant soigneusement de sa longue queue articulée et hérissée de pointes ? Tout juste s'il s'accorde le temps de faire de petites escapades pour ravir une vierge ;

après quoi il revient aussitôt s'asseoir sur son tas : c'est sa raison d'être.

Toutes ces machines dans les usines, toutes ces marchandises dans les rayons `des maisons de commerce forment la richesse, la vraie, du propriétaire : son tas d'or. Lui cependant ne peut s'asseoir dessus. En revanche, ses ouvriers et employés le peuvent fort bien, et ils disent : « Ce tas, il est en vérité à nous. Notre travail l'a créé. Nous avons un droit imprescriptible au fruit de notre travail. Asseyons-nous dessus puisqu'on ne veut pas nous donner notre dû. Nous verrons bien si l'on pourra nous en déloger. »

Et voilà le grand conflit ouvert entre le DROIT et la LOI.

Pour les Français, toute la vie en commun repose sur ces deux piliers : le Droit et la Loi. Le sentiment du Droit existe en chaque homme à priori : il reste dans son « droit » quand il suit le chemin « droit » que le sentiment inné lui indique ; mais ces chemins, tout en restant « droits », ne conduisent pas nécessairement dans le même sens : ils peuvent ou diverger ou se croiser. Alors la Loi intervient pour leur assurer une même direction, celle qui répond le mieux aux intérêts de la communauté. La Loi s'institue tuteur du Droit. Elle va plus loin et engendre toute une nouvelle forme du droit : le droit formel.

Il y a toujours inimitié latente entre le droit tout court, ou droit naturel, et le droit formel. Celui-ci, régi par les règles de la logique, s'éloigne forcément de la réalité vivante laquelle n'est jamais logique. En outre, création humaine, donc mortelle, le droit formel vieillit. Son antagoniste, le droit naturel, peut bien sommeiller longtemps et même tomber dans l'oubli : dès qu'il y a danger il se réveille.

Le Français Jean-Jacques Rousseau a été le grand apôtre du droit naturel. En Allemagne, Friedrich

Schiller, citoyen de la première République, en fut le propagateur. Son drame « Guillaume Tell » célèbre la victoire que le droit naturel « accroché, inaltérable, aux astres » remporte sur le droit formel.

Toute la Révolution de 1789 a été fondée sur le droit naturel, comme d'ailleurs toutes les révolutions ; elles n'ont pas d'autre justification. Une révolution qu'est-elle sinon la rectification du droit formel suranné en faveur du droit naturel ? Et le moyen pour obtenir cette rectification, toujours contraire aux lois, c'est l'ACTION DIRECTE. Elle se place comme troisième élément entre les piliers du DROIT et de la LOI : elle ne peut être qu'illégale.

Depuis la grande guerre, beaucoup de bons Français, et des meilleurs, auraient nié, s'ils avaient pu, l'existence d'un droit naturel. Voilà pourquoi : le Traité de Versailles avait été une dernière et grande victoire du droit formel. Pour que ses paragraphes pussent être exécutés, il fallait que le droit formel s'avérât plus fort que le droit naturel. Les gouvernants français l'ont clairement vu : un Poincaré employait toute son intelligence extraordinaire et toute son énergie à faire triompher le droit formel du traité : « Tel est le traité, tel vous l'avez signé : il fait la loi. Fiat justitia, pereat mundus. » Ses discours des dimanches étaient des chefs-d'œuvre de logique, mais ils ont fait un tort énorme à la France et l'admirateur le plus fervent de Poincaré n'osera plus les défendre aujourd'hui. Ce qui fut mortel au Traité de Versailles, c'est que ses créateurs ont eux-mêmes lésé deux principes fondamentaux du droit formel : l'un, que personne ne peut être en même temps accusateur et juge, et l'autre, qu'aucun débiteur ne peut être obligé au delà de son pouvoir : « ultra posse nemo obligatur ».

Dans cette France, devenue le fief du droit formel et d'où le droit naturel semblait banni, le droit naturel s'est réveillé tout d'un coup. Eh oui ! Des ouvriers, se réclamant de leurs droits imprescriptibles, occupèrent des usines et empêchèrent le propriétaire d'y pénétrer. Que cela était contraire à là loi, personne ne le contestera. On comprend fort bien la terreur de tous les possédants. Pour eux, cette action scélérate ébranlait les bases mêmes de la société. N'était-il donc pas assez dur que dans la politique extérieure le droit formel ait subi, depuis trois ans et dans un rythme accéléré, des défaites cuisantes ? Fallait-il qu'il en fût de même à l'intérieur de la France où la vie, malgré tout, était restée belle ?

Comment tout cela s'est-il passé ?

On a voulu y voir la main de Moscou. Que le communisme ait favorisé ce mouvement, cela est naturel ; qu'il l'ait déclenché, nous n'y croyons pas. Quand on a été témoin des événements, on n'a qu'à se souvenir comment ils ont évolué.

Après sa grande victoire électorale, le peuple français aurait voulu que le front populaire prît immédiatement le pouvoir. C'eût été naturel. Mais le chef désigné du gouvernement, Léon Blum, juriste avant tout, prit un véritable plaisir à épuiser la procédure. D'innombrables conciliabules furent tenus et bien qu'on gardât le silence, des rumeurs perçaient. Le peuple commença de s'impatienter. Dans la feuille même de Blum, le « Populaire », un des chefs socialistes, Marceau Pivert, publia un article : « Tout est possible. » Il y est dit : « Dans l'atmosphère de victoire, de confiance, de discipline qui s'étend sur le pays, oui ! tout est possible aux audacieux... Que le parti socialiste marche ! Qu'il entraîne ! Qu'il tranche ! Qu'il exécute ! Qu'il entreprenne ! et aucun obstacle ne lui résistera ! » Ainsi raisonnaient les masses. Elles n'avaient point oublié l'immense déception de 1932. La grande victoire serait-elle une fois de plus sabotée ? N'en sortirait-il

pas autre chose que des intrigues, des maquignonnages,
des marchés honteux destinés à satisfaire l'ambition de
gens qui brûlaient de jouer « au ministre » ou du moins
« au sous-secrétaire d'Etat » lequel, comme on sait, a le
droit de se faire appeler aussi « Monsieur le Ministre » ?

Et le peuple, impatient et méfiant, résolut de passer
à l'action directe.

Dire « le peuple résolut » est une façon de parler.
Plus exact serait de dire : « L'âme collective décida. »
En France, les agissements de l'âme collective de la
personne France sont plus faciles à discerner qu'ailleurs. En d'autres pays, les masses semblent peut-être
agir avec plus de cohésion et d'exactitude qu'en France,
mais elles le font en obéissant aux ordres de chefs
qu'elles se sont donnés. Cela n'est pas une action « collective » proprement dite : c'est de la discipline. Pour
qu'il y ait une véritable action collective, il faut que
les masses agissent simultanément, non pas sur un ordre
venu de l'extérieur, mais en obéissant à un ordre de
leur conscience personnelle laquelle l'a reçu de la
conscience collective. En France, — ce livre est écrit
pour le démontrer — cette conscience collective a
atteint un degré d'évolution que d'autres nations ne
connaissent pas : elle est devenue une personnalité. La
« personne France » vit dans les individus et ses cellules, exactement comme chacun de nous vit dans les
cellules de son corps. Celui-ci nous sert à réaliser nos
desseins ; il est l'outil de notre esprit. Quelque vaillant
que soit notre esprit, si le corps n'est pas à ses ordres
il reste impuissant. La nation française sert de la même
façon à la « personne France » pour atteindre ses buts,
et exactement comme notre ardente volonté ne réussit
pas toujours à vaincre la résistance des cellules inertes,
de cette « chair faible », la « personne France » se
heurte continuellement aux imperfections, à l'inertie, à
la mauvaise volonté même des individus, par le truche-

ment desquels elle vit et sans lesquels elle ne peut rien faire.

Donc, le moment venu, le peuple agit. Cela commença le 26 mai 1936, date historique. Les ouvriers de deux grandes usines de la région parisienne refusèrent de quitter les usines où ils étaient employés tant que leurs revendications n'auraient pas obtenu satisfaction. Aussitôt ce fut comme une traînée de poudre. Partout les ouvriers occupèrent les usines, à Paris d'abord, en province ensuite. Ces ouvriers ont-ils vraiment agi sur un mot d'ordre donné par quelque comité secret ? Cela pourrait paraître plausible s'ils avaient été syndiqués ; mais ils ne l'étaient point, tout au moins dans l'immense majorité. Et le mouvement s'étendit aussitôt aux grands magasins, aux banques, aux assurances, jusqu'au personnel de l'Opéra-Comique. Voudra-t-on prétendre que le ténor de l'Opéra-Comique ait obéi aux consignes de M. Jouhaux ou de M. Thorez ? Ce serait ridicule. Le personnel des banques et des assurances est tout ce qu'il y a de plus bourgeois. Non ! cela ne tient pas debout. La vérité est que le peuple de France, si uniforme dans la mentalité et jusque dans les milieux bourgeois, — l'ouvrier lui-même est « bourgeois » et le type « prolétaire » est inconnu en France — comprit en son cœur et en son âme qu'il fallait que « ça changeât » et que le moment était venu, afin que cela pût changer, de passer à l'action directe.

La France a connu dans toute son histoire des conflits entre ouvriers et patrons. Un des premiers de ces conflits, de dimensions formidables et de conséquences désastreuses, fut la révolte des compagnons de Provins en 1279. A ce moment, la ville de Provins, en Champagne, avait 80.000 habitants ; elle comptait 1.700 métiers de coutellerie, 3.000 métiers battants et 60.000 ouvriers en lainage et en cuir. La ville ayant été frappée de lourds impôts, les patrons essayèrent de les décharger sur les ouvriers. Le maire, outil des patrons, fit une ordonnance qui allongea d'une heure (non payée) la journée de travail. Les ouvriers se révoltèrent et tuèrent le maire. Une revanche terrible fut prise sur eux. Toute l'industrie fut ruinée et de nos jours Provins ne compte plus que 8.000 habitants, dont les habitations ne couvrent qu'une petite partie de l'enceinte. C'est une ville extrêmement curieuse, presque aux portes de Paris, avec ses remparts en ruines, ses églises, ses maisons gothiques et romanes, aux caves voûtées en ogives et le dédale des allées souterraines qui relient tous les points et dont la longueur atteint un total de près de cinquante kilomètres.

A Paris, quand les compagnons étaient mécontents, ils se réunissaient sur la grève, formant la rive de la Seine devant l'Hôtel de ville : ils « faisaient la grève ».

Faire la grève est un moyen efficace d'améliorer sa situation quand les affaires marchent bien. En temps de crise, c'est différent. Des entrepreneurs ne sont peut-être pas fâchés de fermer leurs usines espérant de pouvoir écouler leurs stocks, et, le moment de reprise venu, ils embauchent des chômeurs. Le 26 mai 1936, les dirigeants ouvriers des usines qui ont commencé la grève « sur le tas » ont déclaré : « Jusqu'à présent, lorsqu'ils n'obtenaient pas satisfaction, les grévistes quittaient l'usine. La direction pouvait avoir recours à des « jaunes ». Il s'ensuivait parfois des bagarres entre les grévistes et les ouvriers qui désiraient continuer à travailler. Hier, chaque ouvrier est resté à son poste et nul ne peut venir prendre sa place. » (Le « Temps » du 28-5-36.)

Tout cela se passa sans aucune violence. Citons encore le « Temps », observateur critique et non suspect de peindre les choses en rose :

« Au début de cet après-midi (27 mai), les ouvriers n'avaient pas encore quitté les bâtiments, qu'ils occupent de façon pacifique d'ailleurs.

« Tant à Issy-les-Moulineaux qu'à Saint-Ouen des scènes pittoresques se sont déroulées autour des usines, hier soir et ce matin, lors du ravitaillement des prisonniers volontaires, à travers les grilles et par-dessus les murs, par leurs femmes, leurs amis ou même les municipalités.

« Des « comités de sécurité » ont été constitués qui veillent à ce qu'aucune déprédation ne soit commise.

« Il convient également de signaler qu'à aucun moment le service d'ordre n'est intervenu. Il ne le ferait que si les directeurs faisaient appel à lui ou si l'ordre public était troublé. Or, ni la direction des établissements Nieuport, ni celle des établissements Lavalette n'ont demandé à la police d'intervenir et aucun incident grave n'a été signalé... »

A ce moment-là, le « Temps », organe du patronat, était encore de l'avis qu'il ne fallait pas « prendre trop au tragique » ces événements.

Dans les journées et semaines suivantes, l'aspect de Paris fut dominé par ces grilles fermées, derrière lesquelles étaient assises de charmantes jeunes filles occupées à tricoter, alors que d'autres dansaient aux sons d'un gramophone. Il y avait dans ces scènes quelque chose de touchant. Ce qui frappait le plus l'imagination, c'était la grève des grands magasins parce qu'ils sont situés au centre de la ville sur les grandes artères. Ces gentilles midinettes avaient si peu l'air bolchévique ! Elles se sentaient plutôt un peu rehaussées par le rôle qui leur était soudain échu, et aussi en même temps embarrassées. Eh quoi ! elles étaient devenues personnages importants malgré elles et il fallait tenir !

On restait ainsi jour et nuit dans les magasins et dans les usines. Les marchandises dans les rayons étaient soigneusement époussetées, les machines huilées et entretenues. Ne réclamait-on pas un droit de co-propriété ? La presse hostile au mouvement criait naturellement au scandale. Comment ! des jeunes filles de bonne famille étaient forcées de passer leurs nuits en compagnie de leurs collègues masculins ! Au nom de la morale on exigeait qu'il fût mis fin à une telle promiscuité. On parierait cependant que la vertu des jeunes filles n'a pas été pour cela compromise. Certes, on est plus libre en France sous beaucoup de rapports, mais en ce qui touche la famille on est plus sévère. Pour preuve, nous citons l'entrefilet d'un grand journal : « Lorsque la grève eut duré quelques jours, deux jeunes gens introduisirent en contrebande leurs petites amies ; mais le conseil des employés les expulsa aussitôt en donnant les raisons suivantes : « Qu'est-ce qui nous attendrait de la part de nos épouses le jour que nous rentrerions, si l'on savait qu'on a fait la noce ici ! Et on le saurait. »

Le dimanche, les familles venaient faire une visite aux prisonniers volontaires. La grille s'ouvrait un peu et laissait entrer les personnes qualifiées. Il fallait bien que le jeune papa pût voir la dent que bébé avait eue pendant son absence ! Quelles belles scènes de famille ! La France en est le pays par excellence.

Des quantités incroyables de laine furent transformées en ouvrages tricotés. Les Françaises ont la passion du tricotage. Elles le font d'une façon particulière qui paraît aux Allemandes aller contre la main. Dans les grands magasins la laine ne manquait pas ; mais on peut être sûr que tout se passait correctement. Une fiche était établie et payée, sinon de suite au plus tard lors de la prochaine paye. Pour les hommes, il était plus difficile de faire passer le temps ; aussi jouaient-ils aux cartes. Au début, les jeux de cartes manquaient parce que les bureaux de tabac des rues environnantes n'étaient pas préparés à cet assaut subit. Ceux qui étaient musiciens faisaient apporter leurs instruments et formaient de petits orchestres pour donner des concerts. On chantait des ballades, on improvisait des pièces de théâtre. Les Français ne sont jamais aussi heureux que lorsqu'ils peuvent improviser. De grands artistes d'ailleurs faisaient le tour des établissements et organisaient des concerts gratuits pour les grévistes.

Sur les devantures des grands magasins on avait collé les fiches de paye des vendeuses. Le public pouvait y lire ce qu'elles avaient de fixe et de guelte et ce qui leur était déduit pour la nourriture. On ne peut nier qu'elles gagnaient trop peu. Une jeune fille qui n'était pas aidée de sa famille ne pouvait vivre sans avoir un ami. Les directeurs n'ignoraient naturellement pas qu'une fille gentille ne briguait souvent un emploi de vendeuse que pour trouver par ce moyen un ami généreux.

Peu avant la grève « sur le tas », une journaliste avait voulu faire une enquête sur la situation des employés dans la « Nouveauté », dont les grands magasins font partie ; mais elle s'était heurtée à un mur de silence. Les employés, hommes et femmes, avaient refusé de donner des renseignements de crainte d'être renvoyés et, parce qu'ils n'étaient pas syndiqués, il n'existait aucune autre source d'information. Par bonheur, cette dame se rappela que Zola, dans son célèbre roman « Au Bonheur des Dames », avait dépeint, il y a une quarantaine d'années, la situation faite aux employés dans les grands magasins. Dieu sait où Zola avait puisé ses informations ! Peut-être d'une bonne amie ? En France, il est très difficile d'atteindre un but par la voie légale ou hiérarchique : on est certes partout reçu de la façon la plus aimable ; on est régalé de politesses et de promesses, mais rien n'est décidé si on n'a pas un ami à l'Hôtel de Ville, à la Chambre ou à la Préfecture de

Police, ou, mieux encore, une bonne amie dans les
« bureaux » : alors on a des chances de réussir. Si on
manque de relations, on s'adresse à un camarade : à
charge de revanche ! Mais oui ! Notre journaliste changea donc de tactique ; s'inspirant de Zola, elle posa des
questions précises auxquelles il fut plus facile d'obtenir
une réponse. A sa stupéfaction elle vit que presque rien
n'avait changé. Le grand mouvement social du XXᵉ
siècle n'avait pas réussi à entamer ces forteresses. Les
vendeuses continuaient à percevoir un fixe dérisoire et
la majeure partie de leur revenu était formée par la
guelte. Notons que cela est au fonds bien français :
chacun est payé selon le rendement de son travail et
ce n'est pas même nécessairement immoral. Seulement,
pour être employée dans les rayons importants où l'on
fait « du chiffre », il faut être jolie et aimable, et peut-
être pas seulement avec les clients.

Le hasard me fit connaître un jour une jeune fille
qui, par protection, avait obtenu une place de vendeuse
auxiliaire dans un grand bazar. Comme c'était avant
Noël, il fallait travailler dix-sept jours successifs sans
relâche. Pour salaire, elle n'avait aucun fixe, mais un
tant pour cent sur ses ventes. Aussitôt la fermeture, les
vendeuses présentaient à la caisse le relevé de leurs
fiches et après vérification touchaient leur dû. Pour
le patron, évidemment c'est l'idéal. La jeune fille ne
s'en plaignait nullement ; elle espérait, au contraire,
obtenir, plus tard, par son dévouement, un emploi fixe.
Admettons que le chef de rayon lui ait demandé comme
condition une petite complaisance : décidée qu'elle
était d'arriver coûte que coûte, elle n'aurait peut-être
pas su refuser.

Tandis que le personnel se tenait dans ses « ta-
nières », au dehors circulait le flot des curieux. Non
loin, se trouvaient quelques agents de police presque
invisibles et bons pères de famille : ils étaient de cœur

avec les grévistes. Les braves bourgeois amenaient leurs épouses pour contempler le spectacle. C'était du neuf qu'on n'avait pas encore vu. En somme, le public sympathisait avec les grévistes et même certaines personnes qui auraient pu faire quelques réserves, ne manquaient pas de déposer leur obole dans les troncs accrochés aux grilles. Les ouvriers et même les employés n'avaient aucune honte de mendier de la sorte ; l'idée même que c'était peu digne ne leur serait pas venue. Il y a là une tout autre conception que la conception allemande. La grande et jolie dame, au beau nom de France, s'est-elle gênée de permettre à un de ses cavaliers, Mister John D. Rockefeller junior d'Amérique, de payer les frais de restauration du Palais de Versailles, monument de « toutes les gloires de la France » ? Pas le moins du monde ! On confère gracieusement la grand'croix de la Légion d'honneur à Mister Rockefeller, on l'invite à un déjeuner exquis, à la fin duquel le ministre de l'Education Nationale lui fait un bel et spirituel discours, et Mr Rockefeller a tout lieu d'être flatté qu'on accepte qu'il règle, en revanche, la petite note de soixante millions de Francs.

Plus on apprend à connaître la France, plus on se rend compte qu'il ne faut jamais vouloir la mesurer avec l'aune à laquelle nous sommes habitués de nous servir. Précisément, cette grève « sur le tas » l'a démontré. En Belgique, pays très semblable à la France sous beaucoup de rapports, les employés d'un grand magasin ont voulu imiter l'exemple français. On leur a déclaré froidement que la police les expulserait avec des bombes lacrymogènes : ils ont renoncé à la grève. Voit-on cela en France ? Des gaz, qui pour l'imagination française sont le comble de la barbarie, lancés pour remporter une victoire sur de tendres jeunes filles ! La police ne s'y prêterait pas et il faudrait faire venir des Marocains ; ce serait alors la révolution. Dans ce pays,

on n'arrive à rien par la violence. Les patrons eux-
mêmes l'ont bien envisagé et, tout en désirant mettre
fin à ces grèves, ils ont supplié la police de ne point
user de la main-forte.

Voilà ce qui nous amène à dégager la morale de
l'histoire. En France, il faut toujours une morale à la
fin et dans notre cas, elle est double et elle est très
sérieuse :

    1° Un nouveau droit de propriété est en train de
       naître ;

    2° La violence comme moyen d'action est mise au
       ban.

Rappelons-nous que l'époque la plus brillante que la
France ait jamais connue, l'ère gothique, a été le fruit
d'un changement du concept de la propriété. Les villes
avaient appartenu aux princes, aux comtes, aux évêques,
de plein droit, exactement comme les usines appartiennent aux entrepreneurs. Les bourgeois n'avaient
qu'à obéir. Cependant, les villes étant devenues importantes, les populations nombreuses, ces bourgeois, se
sentant forts d'un droit naturel, avaient exigé de
prendre possession de leurs villes dont ils étaient les
forces vivantes. Les seigneurs, se réclamant de leur
titres légaux, avaient refusé. Ce fut la lutte et elle se
termina par la victoire des bourgeois. Cette victoire eut
pour conséquence la plus merveilleuse éclosion de
forces spirituelles et artistiques que le monde ait jamais
connue.

Au XII⁰ siècle, il s'est agi de l'émancipation des bourgeois ; de nos jours c'est l'émancipation des ouvriers
qui est le but. La différence est minime : jadis comme
à présent ce sont des « travailleurs » qui ne veulent
plus que le patron soit le seul bénéficiaire de leur travail. Ils ont le sentiment d'être des « esclaves » qu'on
fait travailler et qu'on nourrit en revanche et ils veulent
que « ça change ».

N'oublions pas non plus que tous les « bien pensants » de l'époque étaient contre l'émancipation des bourgeois et que l'Eglise la condamnait formellement. De nos jours l'Eglise est plus sage : non seulement elle considère un droit moral des ouvriers à une sorte de copropriété, mais elle les engage à s'organiser pour obtenir satisfaction. Elle condamne seulement les violences.

Le peuple français, il est vrai, est unanime à les abhorrer. Cela nous ramène à cette constatation faite antérieurement : que le peuple français a été plus profondément altéré par la doctrine chrétienne que tout autre peuple. « Heureux les hommes doux, car ils hériteront de la terre » et « Ceux qui prendront l'épée périront par l'épée », voilà des vérités auxquelles ce peuple en entier croit dans le fond de son âme. Au début du XIXᵉ siècle cependant, la France passait encore pour le trouble-paix européen : le Traité de Vienne de 1815 fut expressément conçu pour la contenir. Mais les temps ont changé.

En 1936, au congrès du Syndicat National des Instituteurs, — qui groupe 85.000 instituteurs de France et qui est connu pour son pacifisme intégral, — un orateur exigea que, dans le cas d'une nouvelle agression, la France n'opposât aucune résistance à l'envahisseur, non pas par lâcheté, mais dans la conviction que c'était le meilleur moyen de désarmer un adversaire. Evidemment c'est un sujet très délicat et discutable, et l'on aurait tort d'exagérer l'importance de la question incidente, malgré les applaudissements de la salle. Ce qui nous intéresse seulement, c'est de constater que les instituteurs français, la plupart ennemis jurés de l'Eglise, libres penseurs farouches, militants de la laïcisation intégrale, applaudissent à une sentence qui est prise dans le Sermon sur la montagne, c'est-à-dire : de ne pas résister au mal. Quel renversement curieux ! Il convenait de le signaler.

La grève « sur le tas », ce commencement d'action directe, a inauguré en France une époque nouvelle. Quelles en seront les conséquences ? Personne ne le sait. Et si les passions se réchauffent, sera-t-il toujours possible d'éviter les violences ? Espérons-le !

Quoi qu'il advienne, jamais le peuple français ne sombrera dans cette mer de haine qui noye l'Espagne dans le sang.

XXII

LE MENU PEUPLE

Il a été beaucoup question du menu peuple dans ce livre. Pourquoi ? Parce que ce sont les petites gens qui déterminent le caractère du peuple français, quoi qu'on en dise. La personne France ne nous apparaît point dans le costume d'une grande dame du XVIIIe siècle, aux jupes gonflées par la crinoline et avec une longue traîne ; elle n'est ni reine ni marquise, mais une bonne mère affectueuse, au cœur riche, à l'intelligence vive et prévoyante, au regard clair, qui chérit les petits comme les grands et ne donne point la préférence aux riches : au contraire, elle leur fait signe du doigt, afin qu'ils rentrent dans le rang et ne fassent pas d'extravagances.

Dans la France contemporaine, il semble devenu impossible que quelqu'un puisse jouer un rôle prépondérant sans avoir de profondes attaches dans le peuple, sans avoir « des paysans parmi ses ancêtres ». Tout autre se heurtera à la méfiance des masses, tout autre surtout commettra des fautes psychologiques. Pourquoi les Tardieu, les de La Roque ont-ils échoué ? Parce qu'ils ne sont pas du « peuple ». Et nous ne

sommes point sûrs si Léon Blum, qui n'est pas du
« peuple » non plus, échappera à la règle. Si en mai
1936 il avait connu l'âme du peuple, il aurait marché
carrément en avant. Bien des choses auraient eu un
autre aspect : l'histoire de la « grève sur le tas » nous
l'a enseigné. Aucune règle, cependant, sans exception.

Les petites gens en France sont parfaitement conscients du rôle qu'ils jouent, beaucoup plus qu'on ne
le croirait. Ils connaissent leur puissance et ils ont toujours peur que les « grands » ne les entraînent un jour
dans une aventure guerrière. De cela, décidément, ils
ne veulent plus rien savoir et ils s'y opposeront avec
la dernière énergie. Voilà sans doute la raison profonde qui les engage à ne point être épris de l'idée de
« l'Etat fort ». « On connaît cela, l'Etat fort, c'est la
guerre ! Mieux vaut qu'il soit un peu moins fort pour
qu'il oblige les dirigeants à chercher l'entente à
l'amiable avec les voisins. » C'est encore une des raisons qui les fait mesurer si chichement les deniers à
leur Etat. « Quand on tient les gouvernements à court
d'argent, ils sont forcés d'être économes. On a bien vu
comment les dix milliards, qui, en 1928, — grande
exception, — se trouvaient dans les caisses du Trésor,
ont été gaspillés ! Ceux qui étaient installés autour de
l'assiette au beurre se les sont partagés, voilà ! Et si le
budget est en déficit, tant pis ! La France, de ce chef,
n'en sera pas plus pauvre. »

Ainsi raisonnent les petites gens. C'est sans doute
une vue un peu courte, mais cela est bien « français »,
et surtout : personne n'y pourra rien changer.

* *

Les garçons de café sont un type spécial des petites
gens. En province, et même à Paris, on trouve de ces
vieux garçons, pères de familles, faisant leur service
peut-être depuis des dizaines d'années : ils sont devenus

inséparables de leur café. Ils y sont chez eux et cela
lèur donne de la dignité ; ils traitent les clients en
égaux. La servilité d'ailleurs ne va pas avec le caractère français. La pensée de ces gens peut se résumer
ainsi : « Je veux bien te servir, puisque c'est mon gagne-
pain, mais pour cela je ne suis pas moins que toi et tu
n'as aucun droit de me regarder de haut. »

* * *

Un soir, à Poitiers, je descendais du plateau calcaire,
sur lequel cette ville curieuse est étroitement entassée,
vers la gare. Des deux côtés de l'escalier, de tous les
joints du mur sortaient les tiges rampantes de cette
jolie petite plante qu'est la Linaria cymbalaria, si élégante avec son feuillage frêle et ses petites fleurs
labiées de couleur mauve. Un poète allemand, Heinrich
Seidel, en portait toujours des graines dans la poche
de son gilet pour les semer partout où il voyait un mur.
Dans l'Allemagne du Sud, cette plante est très répandue ; le château de Heidelberg en foisonne. J'en avais
mis une tige à la boutonnière.

Au café, le garçon me servant un « demi », entama
tout de suite une conversation à ce sujet. « Quelle drôle
de plante, dit-il. Vous pouvez l'arracher entièrement,
l'année prochaine elle aura repoussé. Elle croît dans le
béton même où il n'y a pas un brin de terre. » Le problème, évidemment, l'avait depuis longtemps occupé :
c'est un miracle pour lequel il n'a pas trouvé l'expli-
cation. Comment une plante peut-elle pousser en plein
béton, dans lequel elle ne trouve cependant ni où accrocher ces racines ni de quoi se nourrir ?

Tout en servant les autres clients, il revient continuer
cette conversation. Son collègue — l'un est long et
mince, l'autre trapu et gras — s'y intéresse également.

« Moi aussi, dis-je, j'ai un jardin en Allemagne. »
Ah ! en Allemagne ! Et les oreilles se dressent, comme

toujours, quand on parle d'Allemagne avec des gens du peuple. « Un jour, il m'a fallu soulever une pierre et j'ai trouvé au-dessous tout un coussin de racines minces et blanches entrelacées : c'était les racines de cette plante. (Personne n'en connaissait le nom français.) Elles y restent vivantes durant l'hiver et au printemps les pousses cherchent la lumière. Les plus petites fissures, à peine visibles, leur suffisent pour percer au jour. Alors on croit vraiment qu'elles sortent de la pierre. »

Ah voilà ! Comme c'est curieux ! Et tout le long de la soirée l'entretien se poursuivit. Les deux garçons sont mariés et ils ont des jardins tous les deux. Le premier, précisément, a dans le sien cette plante miraculeuse : chaque printemps, c'est le même étonnement de la voir surgir du béton. On a quelques plates-bandes avec des salades, des carottes, des radis, des poireaux, au milieux deux ou trois rosiers à haute tige, quelques dahlias, et le long des bordures des œilletts plumaires, des pieds-d'alouettes, du persil, de la civette. Il ne suffit pas que ce soit utile, la vue et le nez demandent aussi leur petite satisfaction. « Et comment faites-vous en Allemagne ? Et ceci ? et cela ? Connaît-on cela chez vous ? Mais c'est pareil comme chez nous ! Comme c'est drôle ! Au fond, si l'on savait la langue !... On est tous frères, mais on ne se comprend pas et c'est de cela que vient tout le malheur. »

* *

En 1928, j'ai passé quelques jours dans un tout petit hôtel de la Côte d'Azur. En réalité, ce n'était qu'un restaurant qui avait en outre deux ou trois chambres pour voyageurs. Pendant la semaine le calme y régnait, tout juste à l'heure du thé quelques promeneurs s'y arrêtaient. C'était un site fort agréable parce qu'on sortait de l'hôtel directement sur une terrasse qui donnait sur la mer. En général, dans cette région, il faut franchir la rue. Le dimanche, il y avait du monde. Dès le grand matin, le propriétaire arrivait de Marseille, où il avait un commerce, en apportant des provisions. A partir de onze heures, la grande terrasse, la salle à manger et les pièces adhérentes étaient pleines de gens de Marseille et de Toulon qui étaient venus, uniquement pour bien manger, car la cuisine et la cave étaient réputées. En semaine, il n'y avait que le gérant, mutilé de guerre, sa femme, qui faisait la cuisine, sa belle-mère et une servante.

Au premier repas, le gérant me voit hésiter devant la carte des vins. A ce moment je n'y connaissais encore rien. Devinant ma pensée, il me dit : « Prenez donc celui-là ! Il est très bon. Si vous ne videz pas la bouteille, on vous la gardera. » C'était la sorte la moins chère, à cinq francs la bouteille. « Pourquoi voulez-vous jeter l'argent par la fenêtre ? »

A côté, dans un cabinet particulier, il y avait un riche fabricant de savon de Marseille, arrivé dans une puissante auto avec une vedette de cinéma, célèbre à l'époque, selon les dires du gérant. Il avait commandé un repas de luxe. On alla chercher une langouste dans le vivier et la lui montra vivante, sur un grand plat d'argent. « Il a choisi pour cent vingt francs, rien que pour les vins ! » me chuchota le gérant en passant à la hâte, la figure rayonnante.

Dans les soirées, quand il n'y avait plus personne, nous jouions aux échecs. Dans la cheminée brûlait un petit feu de bois d'olivier. Les femmes tricotaient, la servante cousait des robes pour la poupée de sa fillette en pension chez la grand'mère. C'était dans les débuts de la radiophonie et les appareils n'obéissaient encore qu'à leurs caprices. Stuttgart était à peu près le seule poste qu'on pouvait prendre avec (mettons !) cinquante pour cent de chances. Un soir, le bouton étant tourné, l'appareil était cependant resté muet ; mais tout d'un coup on entendait des poésies en dialecte souabe. A ce moment et dans ce milieu, au bord de la Méditerrannée, ce fut proprement un miracle. Depuis, on est blasé.

* *

A Moulins, le rapide Bordeaux-Strasbourg avait trente-cinq minutes d'arrêt pour dîner. On servait la soupe. Mon vis-à-vis l'avait repoussée : « N'en veux pas ! » Sans rien dire, le garçon avait enlevé l'assiette. Pour le dessert on avait le choix entre du fromage et des cerises. Le contempteur de la soupe avait choisi le fromage, mais le garçon plaça en outre une petite assiette remplie de cerises devant lui : « Puisque Monsieur n'a pas eu de soupe ! » La probité ! Il ne faut pas qu'un voyageur, même peu poli, puisse se plaindre plus tard d'avoir eu un plat de moins.

Une fois, il me fallait changer de train, à Besançon, à trois heures du matin. La salle du buffet était bondée de monde composé de marchands forains. Les garçons vont et viennent ; ils sont au nombre de trois. Derrière le comptoir, le patron les surveille avec des yeux d'Argus. Chaque fois qu'un client a payé, le garçon vient jeter, d'un grand geste, le pourboire dans un vase d'argent placé devant le patron : cela donnait un petit tintement de cloche. Le geste du garçon voulait exprimer : « Là ! Regardez bien ! Je ne garde rien pour moi ! Tout va dans la caisse commune. »

Un lundi, je visitais une charmante petite ville de Normandie, une des plus jolies qu'il y ait, avec de vieilles maisons à charpente de bois, située sur le fleuve et surmontée d'un immense château médiéval en ruines. Le dimanche la foule des touristes afflue ; les autocars et les voitures particulières se succèdent. En semaine, il n'y va personne. Les prix sont en proportion : on ne mangeait pas à la carte, mais seulement à prix fixe à 18 francs, sans boisson.

Je me plaçais sur une belle terrasse avec la vue sur l'eau. La servante arrive, habillée de noir, avec des cheveux tressés : « Non ! dit-elle, on ne sert pas à la carte. » Il faut donc manger tout le menu. Comme boisson elle me recommande une bouteille de cidre mousseux, à 6 francs : il n'y avait pas de boisson au-dessous de ce prix. Comme je suis le seul convive, une conversation est vite entamée.

« Je suis pas du pays, me dit-elle. Je suis de la région de Montpellier et j'ai pris service ici pour l'été. (C'était une protestante, ne l'avais-je pas tout de suite deviné ?) Comment je m'y plais ? Pas du tout ! Ici vous ne pouvez vous fier à personne. On connaît cela, les Normands : Peut-être que si, peut-être que non. Jamais on ne vous donnera une réponse claire et sans équivoque. Et que les gens sont avares ! Mon Dieu ! Vous devriez venir chez nous, vous seriez accueilli comme un frère. Pendant quinze jours vous mangeriez chaque jour dans une autre famille et partout vous seriez le bienvenu. A côté de chez nous, il y a Aigues-Vives, vous savez, le pays du père Gastounet. Il possède encore sa propriété de vignes, merveilleuse je vous dis, avec tous les progrès de la technique. » Ainsi nous devisons pendant qu'elle va et vient pour me servir. Elle est heureuse d'avoir quelqu'un pour causer. La cuisine n'était pas mauvaise, le cidre très bon. Quand je lui raconte que je connais Nîmes et Aigues-Mortes, sa figure austère de huguenote s'éclaire comme d'un rayon de soleil.

Lorsque je demande à payer, elle m'apporte la note pliée sur une assiette et s'éloigne rapidement en disant :

« Vous serez effrayé. » Elle veut dire par là : « Bien entendu, je renonce au pourboire. » Elle ne revient pas. La note se chiffrait à 26 francs, y compris un café et un calvados.

* * *

Un jour, nous étions réunis, plusieurs amis et moi, sur la terrasse d'un café dans le midi de la France. Le patron se mit à raconter : « Nous sommes six frères, six. Ça fait du bruit, vous savez, six garçons. Notre père n'était qu'un petit commerçant. Nous n'avons jamais eu faim, mais après l'école, on nous dit : « Débrouille-toi ! » Naturellement, notre père nous procura à chacun un bon apprentissage. Aucun de nous n'a jamais été à la charge des parents. Chacun a fait son chemin, nous sommes tous mariés et avons des enfants. Tant que le vieux vivait, il a atteint plus de quatre-vingts ans, on s'est rencontré une fois par an, par un beau dimanche, à quelque joli endroit. Chacun arrivait avec sa famille dans sa voiture. Puis, après avoir bien mangé et bien bu, vous pensez si l'on avait des choses à se raconter ! La dernière fois nous étions trente-six. Alors quand je regardais le vieux parmi ses fils, petits-fils et petites-filles, et les belles-filles qui lui faisaient la cour, je me suis dit : « Quel orgueil qu'il doit avoir, le vieux ! Il doit se dire : C'est moi qui les ai faits tous ; c'est de mes reins qu'ils sont sortis ! Ils ne seraient pas là sans moi. On le voyait bien. C'est beau, hein ? Cela vaut la peine d'avoir vécu. »

* *

Un dimanche matin, j'allais de Paris à Laon. Le train n'avait que des premières et deuxièmes. J'avais pris place dans le premier compartiment de la première voiture qui était vide. Après un certain temps, le contrôleur, ayant fait son tour d'inspection, arrive, regarde

mon billet et me demande, en s'inclinant poliment, si
je lui permets qu'il prenne place dans mon compartiment. Peut-être ce compartiment était-il destiné pour
le service ? Il déploye un journal. Après avoir lu quelques instants, il sort un paquet de cigarettes, m'en offre
une et me demande la permission de fumer. Dans l'intervalle, le chef de train s'y était associé. Tous les deux
étaient d'une tenue parfaite, propre et coquette. On
approche de la région dévastée et on commence à parler de la guerre. Les Français du peuple parlent de la
guerre chaque fois qu'une occasion se présente : c'est
un sujet inépuisable. « Ah ! dit mon cheminot, il faudrait se mettre d'accord avec les Allemands (Il ne sait
pas que je suis Allemand), autrement nous - n'aurons
jamais une paix solide. Les peuples veulent tous la
paix, mais il y a les marchands de canon, puis la presse
qui ne veulent pas que la discorde cesse. (Je connais la
litanie.) Moi, j'ai des amis dans les régions qui étaient
occupées. Ils disent tous : Les Allemands n'étaient
point les barbares qu'on en a fait. On pouvait très bien
s'entendre avec eux. Qu'est-ce que vous voulez : à la
guerre comme la guerre. Pendant longtemps ils ont eu
un jeune artilleur en cantonnement ; dernièrement il
est revenu les voir. Il paraît que la joie a été grande
des deux côtés. »

Nous entrons dans une gare et les deux hommes s'en
vont.

* * *

La femme de chambre de l'hôtel parisien est de
Laon. On l'aurait cru jeune fille, mais elle est, avec ses
vingt ans, mariée depuis un an. Son mari fait son service militaire et ne vient que le mercredi soir et le
dimanche. Elle habite chez la belle-mère dans la banlieue. Chaque matin il faut se lever à cinq heures, partir à six heures moins le quart pour être à l'hôtel à sept

heures. On en repart à sept heures du soir pour être rentré à huit heures un quart. On a une heure pour déjeuner. On apporte son manger et on le fait rechauffer à la cuisine. Quelle vie dure ! Mais la jeune femme est toujours gaie ; elle fait son travail en chantant. Le soir en partant, quand elle est bien fatiguée. elle met un peu de poudre de riz et de rouge pour paraître fraîche. C'est une blonde aux yeux bleus, de pure race nordique.

« Si vous êtes de Laon, alors vous avez vu la guerre ? » — « Ah ! j'étais trop petite ! » — « Il ne vous reste pas de souvenir ? » — « Si ! un seul : que les soldats allemands m'ont bercée sur leur genoux. »

*
*

A Reims, à Pâques 1936, on mange dans un restaurant qui est plein de monde. Il n'y a plus qu'une place à une table où une femme, d'apparence paysanne, est assise avec son petit garçon. On commence à causer et la femme raconte qu'elle habite la campagne et qu'elle est venue conduire son garçon au théâtre qu'il n'a encore jamais vu.

« Qu'est-ce que c'est que tout ce monde avec des insignes à la boutonnière ? » demanda-t-elle. — « C'est un congrès d'Anciens Combattants. » — « Ah ! les Anciens Combattants devraient bien veiller à ce qu'il n'y ait plus de guerre ! Quel malheur ! J'ai vu tout cela de mes propres yeux. Mes parents avaient une ferme du côté de Craonne. Pour une jeune fille, c'était terrible ! Eh bien ! voulez-vous que je vous dise toute ma pensée ? Il faudrait s'entendre avec l'Allemagne. Je me méfie profondément des Anglais ; ils jouent de ruse avec nous. Par contre, les Allemands je les connais ! car, Monsieur, si les soldats allemands n'avaient pas

partagé leur pain avec nous, nous serions morts de
faim ! »

Elle ne se doutait pas que j'étais Allemand.

* * *

Si l'on essaye d'isoler ce qui différencie la France
d'autres pays, on revient toujours à cette constatation
que tout en France est plus humain qu'ailleurs. Autant
vers le côté du bien que vers le côté du mal, les hommes
s'éloignent moins de la base humaine.

A Rouen, on avait trouvé dans la cave d'un restaurant le cadavre d'une femme, enfermé dans une caisse
qu'un client avait déposée il y avait des semaines.
Chose curieuse, aucune mauvaise odeur ne s'était fait
sentir. Etait-ce donc le cadavre d'une sainte ? Qui a
bien lu son Dostoyevski sait qu'il est le propre des
saints de ne pas répandre de mauvaise odeur après la
mort. Il est vrai qu'il s'agissait d'une femme de mœurs
légères, mais qui osera porter un jugement ? Ce sont
les rats qui avaient fait découvrir le crime : ils avaient
rongé les planches de la caisse. La police se mit à la
recherche de l'assassin et, après quelques jours, le
trouva, à moitié affamé, dans une meule de blé. Quand
les gendarmes lui reprochèrent son crime, il s'affaissa
et dit : « J'ai déshonoré mes enfants. » Sa première
pensée alla vers ses enfants.

A Paris, dans un café louche près des fortifications,
on jouait avec des cartes truquées. La maîtresse du
cafetier, belle femme, attirait les mâles et dans l'arrière-
boutique on leur faisait perdre leur argent. Un facteur,
— Dieu sait si les facteurs sont le type des braves
gens ! — un facteur, dans une minute de faiblesse,
avait ainsi perdu deux cents francs. Dans son désespoir, il alla chercher un revolver et s'en retourna au
café pour exiger qu'on lui rende son argent. On lui rit

au nez ! « Pensez-vous ? ici l'argent entre, mais on n'en a jamais vu sortir ! » lui répondit le patron. Notre facteur l'abattit de deux coups de revolver. Le gros homme tomba raide et voici quelles furent les dernières paroles adressées à sa maîtresse : « Dis à Maman que je l'ai toujours bien aimée, et toi aussi je t'aime bien ! » Puis il mourut.

A la gare Saint-Lazare, un de mes amis demanda son chemin à un chauffeur de taxi. Autrefois les cochers de fiacre se fâchaient quand on leur posait semblables questions. Les chauffeurs de taxi sont plus polis, tout en étant très à gauche. Celui-ci décrivit à mon ami le chemin à prendre : « Vous continuez cette rue, puis vous arriverez à une place ; de là il faudra prendre la deuxième rue à droite. » Arrivé à la place, mon ami regarde autour de lui pour chercher la rue. Quelqu'un lui fait signe d'une auto : « Ici ! ici ! » C'était le chauffeur. Il avait eu le temps et il avait suivi son interlocuteur pour veiller à ce qu'il ne s'égarât pas.

Ainsi est fait le peuple de France : sociable, accueillant, gai, modeste, pacifique, humain. Pour qui le connaît, la plus terrible des tragédies est celle qui a voulu que nos deux peuples soient condamnés à se combattre depuis des siècles. Ils sont pourtant prédestinés à établir le règne de la Paix en Europe.

Quand on l'a compris et qu'on a mûrement réfléchi aux conséquences qui en découleraient, on ne peut que travailler pour la réconciliation des peuples français et allemand.

POSTFACE

AU LECTEUR FRANÇAIS

Quand, à la fin de l'année 1935, ce livre parut en Allemagne, des critiques français se demandèrent quel accueil il y recevrait et si l'on n'en pourrait pas tirer quelque éclaircissement sur l'état d'âme des Allemands à l'égard de la France et quelque mesure de leur volonté de réconciliation.

Avant même de répondre à cette question, disons, pour mettre toutes choses au point et dissiper une erreur, qu'il n'y a pas à proprement parler en Allemagne de censure des livres à paraître. Chacun est libre de faire imprimer ce que bon lui semble et le fait que certains éditeurs, afin d'éviter la saisie d'un ouvrage, en soumettent spontanément le manuscrit à l'examen des autorités ne change rien à l'affaire ; cela pour dire ici que le livre « Lebendiges Frankreich » fut édité et publié sans avis préalable de qui que ce soit.

Je crois devoir souligner le fait, parce que je sais que la première réaction de certains Français devant mon livre fut de s'écrier : « Ah ! voilà l'ouvrage d'un agent de M. Hitler, sans quoi « Il » n'aurait pas laissé paraître un livre pareil ! » D'autres y voulurent découvrir la main de M. Goebbels, ministre de la propagande, désireux d'endormir les Français en les flattant. C'est me faire trop d'honneur. Il y a là quelque naïveté, sinon quelque malice.

On peut dire sans crainte d'être désavoué que le lecteur allemand a fait à ce livre un accueil sympathique, que le lecteur fût critique littéraire ou appartînt au grand public. Dès les premiers jours, la « Gazette de Cologne », qui conserve son rang de grand journal, lui

consacra un article de première page signé d'un critique
réputé, et quasi enthousiaste. En quinze jours, treize
cents exemplaires se vendaient, bien que la publication
ait été faite trop tard pour la vente de Noël et du
nouvel an, résultat fort satisfaisant pour un ouvrage
de prix assez élevé et dont l'auteur était inconnu du
public. N'est-ce pas dire que le public allemand s'intéresse vraiment au problème franco-allemand et qu'il
accepte avec empressement tout ce qui semble lui promettre de le guider dans le dédale d'une si complexe
affaire ?

Assez tardivement, les adversaires se mirent en
branle et donnèrent de la voix, et ce fut moins la presse
du « Parti » qui attaqua le livre que certains journalistes ralliés, anciens libéraux, trop zélés à servir ; mais,
chose curieuse, leurs critiques profitèrent au livre et il
se trouva que des articles franchement malveillants
excitèrent la curiosité des lecteurs, qui se firent
acheteurs.

La discussion suscitée par la publication du livre fut
vive. En quelques semaines, une centaine de comptes-
rendus paraissaient, dont une vingtaine réticents et
quelques-uns haineux, regrettable exception. Signalons,
ce qui ne laisse pas d'être significatif, que le livre fut
mieux jugé par la presse des régions frontières, Sarre,
pays rhénans, Silésie, qu'en Bavière par exemple.
L'accueil des journaux de langue allemande du Luxembourg, d'Alsace et de Lorraine fut chaleureux.

Les autorités du « Parti » — que les Français s'en
étonnent, mais c'est ainsi — ne commencèrent à s'intéresser à l'ouvrage qu'alors que déjà la première édition, qui avait été tirée à 4.000 exemplaires, était
épuisée. Il y eut quelques flottements en haut lieu ;
mais, je dois à la vérité de dire que la « Parteiamtliche
Prüfungskommission », seule autorité officielle en la
matière, fit preuve d'une bonne volonté et d'un désir

de compréhension indubitables. Et c'est ainsi qu'en
novembre dernier a pu paraître une seconde édition de
3.000 exemplaires, dont la moitié avait été vendue à la
fin de l'année.

De nombreuses lettres de lecteurs appartenant à
toutes les couches sociales et à tous les pays, souvent
émouvantes, ne cessent de parvenir à l'auteur.

Il ne serait pas sans intérêt pour le public français
de connaître les reproches qui furent faits au livre
« Lebendiges Frankreich ».

Le reproche qui revient le plus souvent est celui d'un
« amour aveugle » de la France. En toute sincérité, je
ne le pense pas justifié, à aucun égard et surtout pas du
point de vue psychologique. S'il est vrai que la passion
amoureuse peut aveugler un homme durant un certain
temps, il n'en est pas moins vrai qu'elle ne dure que
son temps, après quoi elle se transforme infailliblement
soit en un amour solide et conscient, soit en indifférence, soit en aversion. Or, je soutiendrai que l'amour
en soi ne rend aucunement aveugle, mais au contraire
clairvoyant, comme l'a fort bien vu et dit Marcel
BRION dans son compte-rendu de l'édition allemande
aux « Nouvelles Littéraires ».

Me permettrai-je d'ajouter que je n'ignore point ce
que c'est qu'aimer un pays passionnément, aveugle-
ment ? C'est ainsi que j'aimais l'Allemagne durant ma
jeunesse. Né de parents souabes au pays des Sudètes,
sur la limite des langues, l'esprit et le cœur bouleversés
par les premières luttes ardentes entre Allemands et
Tchèques, j'ai chéri la grande patrie allemande comme
on chérirait une « maîtresse divine », un astre limpide
et étincelant. Je l'ai « recherchée » de toutes les forces
de mon âme, comme l'Iphigénie de Goethe s'en allait,
le long des côtes barbares, à la recherche du pays grec,
le regard perdu au loin. Et quand je vois mettre en

doute mon amour de la patrie ou la sincérité de mon
« Deutschtum », j'ai bien le droit de sourire.

* * *

La grande expérience de ma vie aura été d'avoir,
jeune encore, compris qu'au-dessous de tout et à la
source de tout, il n'y a que la force unique de l'amour,
dont l'amour de sexe à sexe n'est qu'un des aspects.
C'est l'amour qui procrée tout ce qui croît et se meut
sur terre et toute vie s'éteindrait au moment où l'amour
cesserait de la nourrir. Force non point abstraite, mais
concrète ; réelle sinon matérielle ; intelligible, palpable
en quelque sorte ; avide de se mettre au service de ceux
des hommes qui en connaissent le fin et dernier mot.
Deux forces existent sur le plan physique, permettant
de se former une idée de l'amour : la gravitation et
l'électricité. La première ne nous a pas encore livré
son secret. Tout en sachant la mesurer, nous ignorons
complètement de quelle façon elle agit. C'est pourtant
elle qui empêche le monde de se désagréger. Il ne viendra à l'idée de personne de vouloir la nier parce qu'elle
reste entourée d'un mystère absolu. Quant à l'électricité, nous en connaissons au moins les outils dont elle
se sert pour agir : ions, électrons, positrons. Nous savons qu'elle les lance dans l'espace avec une vitesse
vertigineuse, en traçant des ondes, et que ces ondes
peuvent être réunies en courants, dont nous nous ser-
vons sur une échelle très vaste. Nous avons appris à
transformer d'autres forces en rayons et courants
électriques. Mais là encore, le véritable secret nous
échappe.

L'amour, d'un côté, agit comme la gravitation en
exerçant une attraction souvent irrésistible ; de l'autre
côté il émet, comme l'électricité, des rayons pouvant
former des courants puissants. Tout être vivant est, au
moins durant un certain temps, un émetteur de radia-

tions d'amour. Evidemment la capacité de ces émet-
teurs varie dans une large mesure. Il existe, cependant.
depuis toujours des hommes qui réussissent à créer
autour d'eux un puissant champ d'un amour aucune·
ment sensuel, une atmosphère dans laquelle les esprits
s'apaisent et le mal devient impuissant. De tels
hommes, au milieu de la haine ou de l'indifférence et
sans en être touchés, altérés ou blessés, transforment
tout ce qui entre en contact avec eux, remplissant une
fonction de « catalysateurs ». Chacun de nous en connaît. Ce sont des précurseurs ; le rôle qu'ils tiennent
inconsciemment, il s'agit de le jouer consciemment,
volontairement. Quiconque a la moindre expérience de
ces choses sait que, plus on dépense d'amour, plus on
devient capable d'en « produire ». Produire ? Disons :
Puiser et faire rayonner. L'amour, comme toutes les
forces spirituelles dont il a été tant de fois question
dans ce livre, ne peut agir que par le truchement
d'hommes. Pareil à la vapeur sous pression, il cherche
partout des issues afin d'agir, en se détendant. L'homme
qui permet à l'amour d'agir à travers lui acquiert peu
à peu une capacité toujours grandissante.

Les mille forces de l'électricité, immenses, illimitées,
incalculables, sont devenues nos esclaves et un enfant
peut les déchaîner. Il n'y a pas même cent ans, on
aurait ri au nez de qui aurait voulu le prédire. Evidemment, on ne déclenchera jamais les forces de l'amour
en tournant un commutateur ; il n'est cependant pas
téméraire de prétendre que le temps approche où un
nombre grandissant d'hommes auront appris à s'en servir sciemment ; elles se soumettent à la volonté et ne
demandent pas mieux que de le faire ; voilà qui est
essentiel et importe d'abord. Et ce sont là vérités et
réalités qui n'ont rien à voir avec un idéalisme confus
et romantique.

Surtout, il n'existe pas, pour combattre et vaincre la haine, d'autre force que l'amour ; devant ses rayons et devant eux seuls, la haine pâlit et se meurt. Ce livre est une tentative modeste, mais entreprise en connaissance de cause : de projeter un petit faisceau, fait de rayons d'amour, sur un terrain où jusqu'à maintenant la haine a été maîtresse. Ce livre n'a pas d'autre ambition.

* *

Certains critiques bienveillants ont cependant blâmé une indulgence, à leur sens exagérée, envers les défauts du caractère français. Il n'est pas jusqu'à des Français qui n'aient cru devoir trouver « la mariée trop belle ». Il n'échappera pas au lecteur attentif que je n'ai celé aucun de ces défauts ; j'ai même apporté un soin particulier à n'en pas oublier. Seulement, j'en ai parlé avec ménagement et à dessein. Ce livre a été écrit tout autant à l'adresse des Allemands qu'à celle des Français. Aux Allemands, il veut montrer le côté humain des Français, leurs forces vivantes et impérissables, nées du sol, et que l'étranger n'aperçoit pas. Aux Français, il essaie de prouver qu'un étranger, fût-ce un Allemand, peut comprendre leur fameuse « mentalité », laquelle jaillit de leurs origines paysannes. Pour y arriver, point n'était besoin, ni indispensable, d'appuyer sur les défauts des Français. Chaque peuple, comme chaque individu, connaît fort bien ses propres défauts, beaucoup mieux qu'on a coutume de le penser ; mais il ne souffre guère que d'autres lui mettent le nez dessus. Mon voisin, avec lequel je suis brouillé depuis longtemps, croirait-il à la volonté de réconciliation que j'affiche, si je me faisais un malin plaisir d'étaler ses imperfections afin de donner plus de lustre à mes qualités ? Cela est vrai aussi bien pour les Allemands que pour les Français.

Le grand écueil que doit éviter l'auteur d'un livre comme celui-ci, c'est de se faire louer dans un pays et condamner dans l'autre, de telle sorte que le bien fait d'un côté soit annulé par le mal surgi de l'autre. C'est beaucoup moins facile qu'on ne le pense. Il faut qu'un tel ouvrage apporte aux deux camps la preuve entière de sa bonne foi, sous peine de manquer son but.

A tout prendre, c'est un portrait, et, d'un portrait, on exige avant tout que la personne s'y reconnaisse ; autrement, on peut être sûr qu'il est manqué. Un bon portrait doit faire ressortir ce qu'il y a d'essentiel, voire d'éternel, dans le visage. On a le droit de le « styliser ». Le portraitiste a la faculté de négliger, comme accessoires à l'effort de véracité, les imperfections légères, souvent passagères, et qui, tôt ou tard, s'effaceront devant l'éclat du noyau central.

* * *

Que quelques mots me soient encore permis pour dire pourquoi j'ai voulu essayer de présenter moi-même ce livre en français.

L'édition allemande est d'un style très simple, sans fioritures, ni fleurs de rhétorique. La matière s'offrait avec une telle abondance, presque à profusion, qu'elle dispensait de tout artifice de langage. J'ai cru, j'ai osé croire, qu'il ne serait pas impossible de faire la même chose en français, honnêtement et sans prétention littéraire aucune. Gageure ? Que ma bonne volonté plaide pour moi...

J'ai une très grande dette envers la langue française, accoucheuse de vérités. L'avouerai-je, j'ai peu lu ; j'ai plutôt tendu l'oreille et j'ai, pour employer la parole de Luther « regardé à la gueule des gens ». J'ai eu la chance d'entrer en contact personnel avec un grand nombre de Français éminents et j'essaie de me conformer à l'usage si limpide qu'ils font de leur propre langue : imitation modeste et docile.

Et puis, je me suis promené au milieu de la vie vivante des Français. Les éclaircissements dont j'avais besoin, je les ai trouvés dans les journaux, miroirs de la vie qui passe, banale, incohérente, hétéroclite, changeante et turbulente, et par là même bien vivante.

Enfin, je me suis adressé au dictionnaire ; c'est incroyable, ce qu'on peut tirer du petit Larousse !

Une autre raison m'a poussé à risquer l'aventure. Depuis 1935, les choses de France ont évolué ; il fallait en tenir compte. Un traducteur n'aurait pu le faire. Il sembla donc plus simple de tout récrire en français. Ce qui en est sorti n'est donc pas une traduction proprement dite ; et certains chapitres, ajoutés à la deuxième partie, ont été conçus en français.

Je m'excuse grandement auprès du lecteur de tout ce qu'il rencontrera dans mon français d'imperfections de tous genres ; je m'excuse de même des répétitions qui pourront choquer le lecteur qui lira le livre d'un bout à l'autre, d'une seule traite. Cette sorte de lecteurs est peut-être rare, quand il s'agit de tels livres ; mais, chaque chapitre étant un peu un tout indépendant, cela ira bien, même ainsi. D'ailleurs, la seconde partie est comme la réplique illustrée de la première. Dans le caractère français, certains traits percent : amour de la paix, goût de la bonne vie avec bonne chère. A taire cela dans une esquisse quand on l'a placé dans l'autre, on risquerait de fausser l'image ; mieux vaut s'accommoder de l'inconvénient qu'il y a à se répéter ; et, pour garder les proportions, ne convenait-il pas de faire large place aux traits saillants ?

J'ai à cœur de rendre grâce aux amis qui n'ont cessé de m'encourager et de m'aider, à Henri PICHOT, particulièrement, qui a assisté à la gestation et à la nais-

sance de ce livre. Je remercie à nouveau tout spéciale-
ment mon ami Georges FELIX, de Bergerac, à qui je
dois beaucoup de connaissances utiles et qui, en plus,
a bien voulu se charger de la fastidieuse besogne des
corrections.

A Paris, en janvier mil neuf cent trente-sept.

Paul DISTELBARTH.

REGISTRE ALPHABÉTIQUE

A

Abondance, I 320; II 269/275.
Académie Française, I 95/96, 102, 205, 217, 276; II 221/222.
Action Directe, I 347; II 288/290.
« L'Action Française », I 232.
Adulte, I 18, 159, 316; II 163, 173.
Age de bronze et de fer, I 39, 67.
Age de pierre, I 65/66; II 146/147, 199, 205/207.
Agriculture, I 32/48; II 117.
Aigues-Mortes, I 48/54, 63; II 80, 135, 306.
Aigues-Vives, I 48; II 306.
Ailes Brisées, I 325.
Aisne, II 187.
Alagnon, II 149.
Alain, II 128.
Albi, Albigeois, I 149/150, 210, 273; II 88, 108/109.
Alleud, Franc I 40, 446. .
Alliance Démocratique, I 227.
Allier, II 133, 149.
Alpes, I 236, 400, 434; II 38/40, 125.
Alsace, I 110, 213; II 39, 100, 102, 170/171.
Altruisme, I 57, 207.
Ambert, II 141.
Ame Collective, I 13, 118, 220; II 173, 290.
Américanisme, I 240, 417; II 91, 271/272.
Amicales (A.M.A.C.), I 324, 331; II 43.
« L'Ami du Peuple », I 229.
Amiens, I 148; II 6, 267.
Amitié, I 184, 201, 206/208, 219, 244, 287, 398, 421.
Amour, force spirituelle, I 16, 158, 168, 250; II 35, 47, 314/316.
Anciens Combattants (A.C.), I 78, 196, 199, 203, 238/241, 252,
    254, 258, 271, 302, 315, 318, 321/366, 395/397, 408, 460;
    II 6/14, 18, 19/35, 38/44, 51/58, 258, 309.
Ancien Régime, I 299/300, 319, 392, 404.
Angoulême, I 42, 177; II 107.

Annales, Université des I 259.
Anticapitalisme, I 169/170, 202, 294/297, 459.
Anticléricalisme, I 159, 202; II 280.
Antifascisme, I 293, 299, 364.
Antimilitarisme, I 202, 292, 301/302; II 315, 459.
A. R. A. C., I 341.
Arbres, Arboriculture, I 35/36, 377; II 194.
Arcachon, I 217; II 86, 89, 215.
Architecture, I 126/155, 171/183.
    (voir aussi Gothique, Roman, etc.)
Argent, rôle de l', I 295/296, 324, 407/408; II 121/122, 275/276.
Argent sur Sauldre, II 183/188.
Argentat, II 149.
Argenteuil, II 90.
Arles, II 235.
Armagnacs, I 363.
Armement, Industrie de l' I 347.
Art culinaire, (voir Cuisine).
Artisans, Artisanat, I 205, 260, 415/416; II 171, 226/227.
Arts et Métiers, Conservatoire I 259; II 241.
    —   , Ecole Centrale des I 275.
Arve, (affl. du Rhône) I 195.
Arvers, Poète, II 232.
Aspirations, I 289, 309, 317/318, 367/368; II 171.
Associations, I 237, 323/341.
Assolement biennal, I 39; II 72.
    —   triennal, I 39/40, 74.
Assurances Sociales, I 202, 208.
Attachement au Sol, I 25, 44, 73, 208/219, 307, 317; II 168.
« L'Aube », I 229, 232.
Auberges, II 184, 191/192, 201/202.
Aubusson, II 190.
Autobus, Autocar, I 386; II 132/133, 150, 152, 174.
Automobile, Automobilisme, I 24, 42, 48, 282, 387, 442; II 184,
    239/242.
Autun, I 136/137, 143; II 124.
Auvergnats, Auvergne, I 27, 135/136, 143, 214, 218, 434, 442;
    II 87, 93, 145/160, 171, 216.
Auxerre, II 160, 166/169.
Avallon, I 143, 152, 215.
Avarice, I 403, 407/410; II 21, 306.
Aversion contre le mécanique, I 208, 240, 282, 302, 440.
Aversion contre le nombre, I 240, 279, 324.
Aveyron, Aveyronnais, I 210, 217; II 107/108 (voir aussi
    Rouergue).
Aviation, II 239/247, 266.
Avignon, I 61/62, 388; II 38, 80.
Avocats, I 271, 274.

B

Bach, Jean Sébastien I 259, 317; II 50 161/162.
Bainville, Jacques I 312/313.
Balzac, Honoré de I 235; II 199, 229.
Bandol, I 418.
Banlieue, I 164, 440, 442, 458; II 62, 126.
Banques, Banquiers I 117, 202/205.
Banque de France, I 170, 224, 352, 408, 423; II 222.
Barbusse, Henri I 341; II 187.
Barrages, I 47, 271.
Barrès, Maurice I 355.
Barthelémy, Joseph I 123, 184; II 21, 128.
Bartholomé, (Sculpteur) II 210.
Barthou, Léon I 207, 320; II 162.
Bas de Laine, I 296, 398, 407; II 118.
Basques, I 90, 101; II 22, 171.
Bastille, II 224, 227.
Bâtards, I 70, 77.
Baudelaire, II 232.
Baudot, De I 173.
Baudrillart, Cardinal I 161, 275.
Bayonne, I 426; II 250.
Béarn, I 214; II 91.
Beaucaire I 50; II 212.
Beauce, I 26, 162; II 193.
Beaujolais, I 212; II 104, 138.
Beaumarchais, II 162.
Beauvais, I 151.
Beethoven, I 313, 317; II 50, 161, 222.
Bègue, dit Magloire I 454.
Belleville, I 454; II 208, 217, 228.
Bergerac, I 388/389.
Bergson, Henri I 175, 275.
Bernard, Léon I 212.
Berri, I 218.
Berthelot, Philippe I 125, 207.
Besançon, II 305.
Besson, Philibert I 286.
Béton Armé, I 172/175.
Béziers, I 210; II 235.
« Bien élever les gosses », I 58, 191, 394; II 17.
Bienveillance, I 82, 203, 254; II 9, 30.
Bienvenue, I 432.
Bistrots, II 104.
Blériot, II 243.
Blum, Léon I 233, 234, 280, 292, 294, 354; II 223, 289, 301.
Boieldieu, I 188.
Boileau, I 100, 246; II 225.
Boncour, Paul I 98, 272.

Bon Sens Naturel, I 203, 241, 243, 248, 258, 262, 294, 310.
Bordeaux, I 217, 264; II 6, 72, 98, 105.
Bort-les-Orgues, II 149/150.
Boschot, Adolphe II 222/223.
Bossuet, I 91, 450.
Boucher, Hélène II 248.
Bouisson, Fernand I 224; II 245.
Bourbonnais, I 32/33, 81/82; II 154.
Bourgeois, Bourgeoisie, I 64, 70, 72, 112, 118/119, 185, 266, 268, 292, 305, 374, 392, 406/408; II 61, 135/136, 171, 230, 249, 267, 280, 291, 297/298.
Bourges, I 27, 33, 72, 148.
Bourgogne, Bourguignons, I 78, 111, 136, 150, 196/198, 214, 252, 363; II 24, 70, 85, 87, 95, 98, 100, 123/125, 146, 166.
Bourrage de Crâne, I 231, 237, 239, 263; II 48.
Bouvines, I 112/116, 120.
Boy-scouts, I 388.
Braconnage, I 27, 271, 286; II 187.
Bresse, I 213; II 86.
Bretagne, Breton, I 79, 111, 211, 213/214, 218, 291; II 22, 39, 71/84, 90.
Briand, Aristide I 244, 280, 318/320, 355; II 27, 46.
Brillat-Savarin, II 91.
Brinon, Ferdinand de I 269.
Brion, Marcel II 314.
Broglie, Ducs de I 206.
Brunoy, II 90, 210.
Buffet de gare, I 444; II 305.
Buré, I 229.
Buttes Chaumont, II 210.
Byzantin, Art I 137/138, 152; II 165.

C

Caen, I 78; II 81, 86.
Cafés, I 245/246, 453.
« Café du Commerce », I 205, 235, 246/247.
« Cahier de l'U. F. », I 238.
Caillaux, Joseph I 123, 411.
Calvados, I 285.
Calvin, Calvinisme I 61, 117; II 199 (voir Protestantisme).
Camaraderie, I 287, 398 (voir Amitié).
Camelots du Roy, I 340, 349; II 62/64, 220, 250, 252, 262.
Canada, II 73, 162.
« Le Canard Enchaîné », I 231.
« Candide », I 231.
Cantal, II 116, 156/157, 206.
Capet, Hugues — Capétiens, I 63, 111/112, 299/300, 304/305; II 77.

Capitalisme, Capitalistes, I 117, 168/169, 223, 237, 294/297, 335, 347/348; II 127.

Capy, Marcelle II 5.

Caractère Français, I 30/31, 44/45, 158/159, 184/219, 302, 331, 404/410, 425/426, 442; II 114/115, 126/129, 137/138, 156, 158/159, 185, 218/220, 239, 277, 301, 311, 317/318.

Carcassonne, I 51, 62/64; II 80, 135.

Carnac, I 67.

Carte du Combattant, I 335/336.

Cartels de la Paix, I 252/253; II 5/9, 62/63.

Cartier, Jacques II 73.

Cathédrales I 24, 129/155, 168, 375, 380/381, 403; II 109/110, 118, 143/144, 154, 165/166, 169, 249.

Catholicisme, Catholiques, I 232, 342, 390; II 128, 281 (voir Eglise et Christianisme).

Celtes, Celtique, I 87, 90; II 72 (voir Gaulois).

César, I 43, 209; II 72.

Cévennes, I 169.

Chaix, Indicateur I 439, 491; II 181/182.

Chambertin, I 202, 254; II 16, 186.

Chambon sur Couze, II 147, 155/156, 216.

Chambord, II 189.

Chambre des Députés, voir Députés et Palais Bourbon.

Chamfrault, I 252/253; II 9, 18.

Champ magnétique, I 59, 98, 203, 312, 412, 449.

Champagne, II 244, 291/292.

Chant, Chansons II 162/165.

Chantiers du Cardinal, I 162/165, 179.

Charabia, II 147, 171.

Charentes, II 87.

Charges vénales, I 119.

Charlemagne, I 68/69, 89, 111.

Charles V, II 227.

Charles le Gros, I 111.
— le Simple, I 111.
— le Téméraire, I 450; II 16, 166.

Charles-Quint, I 300, 401.

Charonnes, I 454; II 217.

Chartres, I 129/132, 146/154, 161/162, 183; II 59, 195, 212.

Chasse, I 27, 212, 295.

Chateaudun, II 193.

Chateauneuf-sur-Cher, I 28.

Chaudesaignes, II 149.

Chauffeurs de Taxi, I 282, 384; II 311.

Chavez, Géo II 243.

Chemins de fer, I 23, 193, 370, 435/446; II 140/141, 150, 175/192.

Cher (rivière), I 27, 32, 34; II 189, 193.

Chevalerie, Chevaliers, I 116, 379; II 32, 235/237, 243.

Chiappe, Jean II 208, 249/250, 262.

Chômage, I 395/398; II 67, 271/274, 292.

Chorales, II 164/174.

Christianisme, I 74, 112/113, 126/183, 268, 403/404; II 47, 201, 299.

C.I.A.M.A.C., I 357/361.

Cisterciens, Citeaux, I 150.

Citroën, I 240.

Civilisation, I 26, 180, 198, 281, 302, 308, 311, 351, 367/380, 383, 386; II 17, 202.

Civilisation française, I 377/379; II 25/26.

— romaine (latine), I 74, 268, 378.

Clain, II 191.

Clans, I 342, 398, 460.

Clarté, besoin de I 57/58, 86, 126, 311.

Clemenceau, Georges I 100, 226, 229, 323; II 65/66.

Clergé, I 75, 119, 128, 170, 457.

Clermont-Ferrand, I 150, 264, 266; II 133, 151/155.

Clignancourt, I 162/163.

Clocher, Amour du I 73, 206.

Clos, I 60, 266, 303/304, 311; II 17.

Clos-Vougeot, I 303; II 180.

Club des Cent Kilos, II 23, 214.

— — Sans-Club, II 191/192, 202.

— du faubourg, I 260.

Cluny, I 128, 133, 150, 177, 379.

Collectivité, I 147/148, 171, 180, 220, 340, 373/375, 395, 435, 448; II 125, 234, 249, 277, 290.

Collège de France, I 259.

Comédie Française, I 212, 453.

Commentry, I 33; II 137.

Commerce, I 205, 235, 418/430.

Commis-Voyageurs, I 235,236, 247, 422.

Communal, Communes, I 114, 148, 180.

Commune de 1871, I 393/394, 399, 454, 456, 459.

Communes, Emancipation des I 64, 70, 109, 113/116, 120, 148, 374, 379.

Communisme, Communistes, I -180, 228, 230, 232, 293/294, 297, 299, 340/341, 406/408; II 262, 280, 289.

Confédération Générale du Travail, C.G.T. (voir aussi Syndicats) I 228, 232, 252, 409; II 62.

Confédération Nationale des A. C., I 338/340, 349/354.

Conférences, I 250/255, 259/261.

Congrès, I 249, 258, 333/334.

Conseil d'Etat, II 212, 278.

Conseillers Généraux, I 216, 272, 289.

Conseillers Municipaux, I 249, 272.

Contes de Fées, I 273; II 34/35, 120, 167/168.

Continuité, I 205/206, 210.

Contradiction, I 245, 248, 256; II 11.

« Coopérateurs », I 238.

Coopération, Coopératives, I 208 (v. Mutualité et Entr'aide).
Copains, I 201, 207.
Corneille, Pierre I 79, 91.
Corporations, I 118, 123, 233, 415/417; II 230.
Corrèze, II 182.
Cosne s/Loire, II 188.
Côte d'Azur, I 24, 214; II 145, 210, 303.
Côte d'Or, II 15.
Coty, François I 229.
Courtoisie, I 379; II 32.
Coutellerie, II 132, 135, 138.
Craonne, II 309.
Creuse, I 207, 214/217; II 189/190, 212, 270.
Crise économique, I 205, 353, 417, 449; II 122/123, 263/276, 292.
Croisades, I 48/49, 69, 114/115, 118, 306; II 131, 140, 151, 237.
Croix de feu, I 72, 225, 269, 340/341, 349, 352; II 62/64, 220, 281.
« La Croix », I 229.
Crozant, II 190.
Cudenet, Gabriel I 283.
Cugnot, II 241/242.
Cuisine, I 197, 218; II 14/15, 85/125, 185/186, 201/207.
Culture, I 127, 180, 198, 300, 308, 367/380, 448; II 18, 163, 183, 201/202.
Curés, I 270, 274.
Cyclisme, II 239/241.

D

Daladier, Edouard I 230, 349; II 249.
Danton, I 125.
Daudet, Alphonse I 409.
Dauphiné, I 159; II 38.
Dautry, Raoul I 445.
Davout, Maréchal I 302.
Déat, Marcel I 233, 275, 280, 283, 411; II 285.
Débrouillard, I 265, 267.
Déflation, I 224, 353.
Démocratie, I 299, 307, 319, 329; II 47.
« La Dépêche », I 230, 236, 408.
Députés, I 206, 216, 224, 251, 265/268, 283/288, 334; II 121.
Déroulède, Paul I 355.
Désarmement, I 253; II 6.
Destinée, I 221, 412/413; II 19.
Détroyat, Michel II 245/246.
Dévaluation, I 234; II 285.
Dévigne, Roger II 223.
Dictionnaires, I 91, 94, 96/97, 99 (voir aussi Larousse).
Dieu, I 157/158, 221, 289.

Dijon, I 150, 190, 252, 266, 436/438, 450; II 5, 19, 24, 86, 164, 176.
Diplomates, Diplomatie, I 283, 308, 365; II 46.
Discipline, I 281/283, 318, 332, 340/341, 366, 376, 383/388, 406, 410, 425, 445; II 21/22, 28, 290.
Discussion, I 242/248, 251, 260.
Dolet, Etienne I 452.
Dolmeus, I 67; II 194.
Dordogne, I 264; II 148, 165.
Dore (affl. de l'Allier), II 139/141.
Doret, Marcel II 245.
Dorgelès, Roland II 12.
Dorgères, I 269.
Douaumont, II 47/49.
Doumergue, Gaston I 48, 169, 349, 353; II 306.
Dreux, I 183, 211; II 206, 216.
Dreyfus, Affaire I 158, 370, 390/391.
Droit à la Paresse, II 222.
— à la Réparation, I 335, 344.
— à la Vie, I 346/350, 392/398, 413, 461; II 49, 58, 273/275.
— au Travail, I 392/398.
— Formel, II 287/289.
— Naturel, II 287/289.
Droits de l'Homme, I 119; II 212.
Droite, Droitiers, I 223, 251, 267, 278/280, 289/294, 297/298, 319, 337, 345, 350; II 280.
Drôme, Départ. I 159.
Duboin, Jacques I 395; II 263/276.
Duels, II 228/229.
Duhamel, Georges I 58, 94, 158, 455.
   (voir Salavin) II 162, 222.
Durance, II 38.
Dynamisme, I 75/76, 154; II 243.

E

« L'Echo de Paris », I 232/233, 289, 348; II 222.
Ecoles, Grandes, I 161, 274/277.
« L'Ecole Libératrice », I 238.
Economie, I 199/206, 332, 393/398, 414; II 120/122 (v. Crise).
Economie Familiale, I 199/206.
Education, I 58, 163, 191/193, 242, 387.
Eguzon, II 190.
Egalité, I 72, 113, 117, 382, 389, 398, 402; II 44.
Eglise Romaine, (voir aussi Catholicisme et Christianisme) I 73, 113/114, 128, 156/169, 177/179, 211, 268, 274, 291, 374, 403; II 74, 82, 109, 140, 234, 299.
Eiffel, Ingénieur II 151.
Eiffel, Tour II 195, 258, 260, 262.

Electeurs, Elections, I 234, 270, 273/288, 293, 297, 336, 340, 342, 353; II 36, 128, 247, 277/286, 289.
Electricité, I 47, 271; II 315/316.
Elites, I 13, 113/114, 225, 277, 298, 308/309, 320, 355, 362, 370, 380, 390, 401, 446/449; II 249.
Eloquence, I 74, 255/258.
Empereurs Allemands, Empire Germanique, I 48, 109, 112, 115/116, 300, 305, 307; II 140.
Empire, Premier I 171,173, 352.
—   Second I 162, 269, 352; II 76 (voir aussi Napoléon I et III).
Entr'aide, I 57, 207/208, 398; II 137.
Epinal, Images d' I 393.
Equilibre, I 41, 46, 75, 135, 139, 141, 343, 367, 380/382, 387, 406; II 121, 168, 221, 247.
« L'Ere Nouvelle », I 232.
Esprit Combattant, I 327/328, 331.
Etat, I 208, 397, 405.
Etat Fort, I 307; II 301.
Etat, (Ch. d. f.) 435, 440/442, 445/446.
Etat-Major, I 370, 390; II 47.
Europe, I 59, 73, 345, 355, 363, 371, 400/402; II 67.
Evêchés, Evêques, I 73, 128, 209; II 201.

F

Fades, Viaduc de II 151.
Fagots, I 433/434; II 96/97.
Famille, I 163, 184/206, 208, 219, 244; II 99/100, 294.
Farman, (Aviateur) II 243.
Fascisme, (voir Antifascisme) I 180, 225, 276, 293, 299, 320, 341, 364, 413.
Féodalité, I 40, 379, 392.
Fête Nationale, II 32, 36/45.
Feuilles d'Opinion, I 229.
F.I.D.A.C., I 356, 361.
Fidélité, I 204/205, 214, 236, 420, 425.
« Le Figaro », I 229.
Flandin, Pierre Etienne I 224, 347/348.
Flaubert, Gustave I 208.
Foch, Maréchal I 126.
Focsa, François I 246.
Foi, I 158, 203, 260, 272, 414; II 35, 59.
Foires, II 183, 212/213.
Fonctionnaires, I 438; II 171.
Fontainebleau, I 186.
F.O.P., I 338.
Forces collectives (voir collectivité).
—   spirituelles, I 158, 166, 173, 220, 223, 412, 430.
Forêts, I 28, 433; II 154, 157.

Franche-Comté, I 110.
Franchise, I 201, 203, 259, 365.
France-Allemagne, I 16 19/20, 240, 248, 250, 301/321, 337, 357/364, 400/402;, II 24/27, 65/68, 170/174.
France, Anatole I 345.
François, Ier I 259, 300, 452; II 73, 189.
Francs, I 25, 44, 68/69, 74/75, 90, 110, 127, 209, 268; II 22, 170.
Francs-Maçons, I 272, 390; II 280.
Franklin-Bouillon, I 337.
Fraternité, I 367, 382, 398/400, 402; II 41, 44.
Fresques, I 179/180, 217; II 191, 194.
Fromages, II 115, 205/207, 215/216.
Front Populaire, I 72, 293/294, 341, 353, 407; II 48, 58, 127, 285, 289.

G

Galanterie, I 379; II 32.
Gamelin, Général I 125.
Gap, II 36/45, 100.
Garabit, Viaduc de II 151.
Garagistes, I 265, 270.
Garçons de Café, II 301/303, 305.
Garde Républicaine, II 253, 257, 259/261.
— Mobile, II 253, 257, 260/261.
Garonne, I 150, 236; II 90, 128.
Gartempe, I 217; II 191.
Gascons, Gascogne, II 22, 90, 125.
Gauches, Partis de I 223, 251, 278/280, 291/294, 298, 336, 391; II 6, 36, 280.
Gaule, Gaulois, I 25, 39, 43/44, 63, 67/68, 72/73, 82, 87, 111, 127, 209, 268, 305, 430; II 71/72. 205.
Gendarme, I 285.
Générosité, I 408 (voir Idées Généreuses).
Genève, I 357, 401.
Genevoix, Maurice II 187.
Gérard, Gaston I 266/267.
Gers, I 214, 216.
Gervais, André I 239, 327, 344.
Gevrey-Chambertin, I 254; II 15.
Gironde, Girondins, I 216.
Gloire, I 72, 308, 344, 355, 370; II 25, 137.
Gobineau, I 413.
Gœthe, I 100, 120, 243, 279, 300, 305, 317, 372; II 166, 221.
Goncourt, II 232.
Gothique, Art I 49, 62, 115, 126/155, 171/178, 210, 259, 375, 379/381, 403, 417; II 82, 153, 193/199, 230, 249, 266, 292, 298.
Gounod, II 161.
Goy Jean, I 337.
Grammaire, I 91, 94.

Grands Magasins, I 428/429; II 293/296.
Gravereaux, II 125, 128/129.
Grenoble, II 38, 40, 44, 212.
Grétry, I 188.
Grèves, II 286/301.
« Gringoire », I 231.
Gruyn des Bordes, II 225.
Guelte, II 295.
Guerre, I 202/203, 321/323, 370; II 12/13, 29, 39, 46, 48, 65/66, 104, 237/238, 249, 275, 301.
Guerre Civile, I 76, 297.
—   de Cent Ans, I 219.
—   de Trente Ans, I 300; II 76.
Guerres de Religion, I 219.
Guerre de 1866, I 314.
—   de 1870/71, I 121, 314.
—   de 1914/1918, I 121, 160, 310, 315, 321/322, 343/344, 370; II 159, 308/310.
Guesde, Jules II 126.
Gueules Cassées, I 325/326; II 16.
Guillaume le Breton, I 132.
Guillotine, I 453.

H

Haine, II 29/30, 35, 317.
Halévy, David I 269.
Halles, Les I 418.
Harpagon, I 409.
Hasard, I 412/413.
Haussmann, Baron I 431.
Hautparleurs, II 20, 50/53.
Haxo, rue I 457; II 208.
Hebdomadaires, I 230/231, 345.
Henri IV, I 18, 28, 185, 453; II 91, 200, 229/232.
Hérault, (Dép.) II 90.
Herboristes, I 273.
Hérisson, I 33.
Hermant, Abel I 96.
Herriot, Edouard I 234, 275, 280/281, 359/360, 364, 457.
Histoire, I 109/126, 211, 304, 312, 344, 369.
—   du Travail, I 259.
Historiographie, I 115. 123, 125; II 261.
» L'Homme Enchaîné », « L'Homme Libre », I 229.
Honneur, I 72, 355, 374.
Horaires, I 440/442; II 175, 181/182.
Hospitalité, I 184/187; II 306.
Hugo, Victor I 185, 317, 399.
Huguenots, I 51, 388; II 306 (voir Calvinisme et Protestantisme).

Huîtres, I 217; II 86, 89, 191, 215.
Humanité, I 59, 345/346, 368.
« L'Humanité », I 228, 232.
Hypocrisie, I 368; II 185.

I

Idéal guerrier, I 72, 369/370, 379, 404.
— paysan, I 72, 369/371, 379, 402/405.
Idéaux, I 297, 303, 320, 389, 410; II 17, 27, 137.
Idées, I 45, 135, 255/256, 279, 342, 353, 367, 393/398, 405/410,
    412, 430; II 29, 49, 127, 280.
Idées abstraites, I 74, 88, 101, 203, 242, 367.
— chrétiennes (voir Christianisme).
— Forces, I 403, 412/413.
— générales, I 59, 101.
— généreuses (nobles), I 298, 367/412; II 44.
Ile-de-France, I 25, 145, 150, 433, 458; II 146, 235.
Ile de la Cité, I 178, 452; II 227.
Ile Saint-Louis, II 220/232.
Impérialisme, I 301/307, 401.
Impôts, I 385, 389, 405, 410; II 121.
Improvisation, I 324; II 295.
Individu, Individualisme, I 15, 57, 83, 147, 180, 279, 302, 389;
    II 55, 277.
Indre, II 189, 193.
Inflation, I 219, 234.
Instincts, I 220, 239, 311, 374, 382, 406; II 159.
Institut Catholique, I 161, 165.
Instituteurs, I 159, 205, 238, 251, 345; II 266, 299.
Internationale, L' I 299.
« L'Intransigeant », I 232.
Invasions, Peur des I 111, 310.
Isle (affl. de la Dordogne), I 264.
Issy-les-Moulineaux, II 293.

J

Jachère, I 37.
Jacobins, II 126.
Jardillier, Robert I 266/267; II 11, 164.
Jardin, Jardiner, I 24, 248, 303, 368/370; II 126, 303.
Jaurès, Jean I 275, 280, 391; II 29, 126, 138.
Jeanne d'Arc, I 116, 167.
Jeune République, I 254.
Jeunesses Républicaines, I 261; II 263/276.
Jeu, I 190, 257, 382, 411; II 277.
Joie de Vivre, I 82, 295, 351, 410, 417, 430; II 107, 168, 185,
    211.

Jouhaux, Léon I 233; II 62/63, 69/70, 291.
« Le Jour », I 232.
« Le Journal », I 232.
« Le Journal de Rouen », II 69.
Journalistes, I 219, 224/225, 231, 251, 283, 364; II 295.
Jouvenel, Henri de I 364.
Jura, I 169, 214, 434.
Jussieu, I 205.
Justice, I 59, 74, 158, 367/368, 389/391, 399.
Justice Sociale, I 72, 345/346, 349/350, 389/398, 402/403, 405.

K

Kayser, Jacques II 11.
Kerillis, Henri de I 289, 348; II 222.

L

La Bourboule, II 152/153.
La Chaise-Dieu, II 142.
La Charité-sur-Loire, I 137, 143; II 60.
La Courneuve, I 182.
Ladoumègue, II 236.
Lafargue, II 222.
La Fontaine, I 123, 394, 448.
La Fouchardière, I 233.
Laïcisme, I 156; II 299.
Lair, M., II 266.
Lancelot, I 96.
Langeac, II 149.
Langogne, II 145, 149.
Langres, II 107.
Languedoc (pays), II 109.
Langue analytique, I 84, 92.
— maternelle, I 87; II 171.
— naturelle, I 90.
— synthétique, I 84, 92.
— du théâtre, I 107.
— allemande, I 84, 91, 93/94, 99, 242; II 171, 235.
— celtique, I 87, 90; II 71.
— d'oc, I 27; II 235.
— française, I 84/109, 157, 242, 393, 412; II 98, 235, 318.
— francque, I 87, 112.
— latine, I 74, 84, 87, 268.
Laon, I 143/144, 148; II 107, 196, 307/308.
La Rochelle, II 191.
La Rocque, I 225, 269, 289, 309; II 300.
Larousse, I 94, 273, 400; II 319.
Latins, Latinité, I 80, 310, 403; II 201 (voir aussi Romains
  et Langues).

Lausanne, Conférence de I 280, 358/360; II 26, 67.
Laussel, Vénus de II 146.
Lautier, I 207, 229.
Lauzun, Hôtel de II 225, 232.
Laval (Bretagne), I 211.
Laval, Pierre I 224, 353; II 47.
La Villette, I 215, 420.
Law, Banque de I 420; II 251.
Lebecq, I 349.
Le Blanc, II 183/184, 189/190.
Le Creuzot, II 124.
Légion d'honneur, I 325/326.
Légion étrangère, II 32, 92.
Le Grau du Roi, I 54/60; II 412.
Le Hâvre, I 441.
Le Lioran, II 151, 156/157.
Le Mont-Dore, II 153/154.
Lenôtre, Architecte I 26.
Lenotre, Historien I 123.
Le Puy, I 138; II 132, 139, 142/145. .
Le Raincy, I 174/175, 178, 181/182.
Les Eyzies, I 65.
Le Touquet, II 26, 28.
L'Hay-les-Roses, II 125/132.
Liberté, I 59, 72, 117, 282, 292, 367, 382/389, 398, 402/403,
    405, 453/454; II 44, 136. ˉ
« La Liberté », I 232, 314.
Libres Penseurs, I 127, 156/157, 164; II 128, 299.
Ligue des A. C. pacifistes, I 338; II 8, 10, 69.
    — des Droits de l'Homme, I 252, 254, 271; II 6.
    — du Droit à la Vie, I 395; II 276.
Ligues fascistes, I 297, 299, 302, 341, 388; II 220.
Lille, II 6.
Limagne, I 265; II 133, 154.
Limoges, Limousin, I 42, 149, 213, 216, 444; II 31, 35.
Lisieux, II 81.
Littérature, I 19, 97, 230/231, 308, 310, 369; II 187, 190, 229,
    244/245.
Livradois, II 141.
Locomotives, I 193/194; II 178/180, 242.
Locutions, I 346/348, 392/393; II 220/222, 232.
Logique, I 74, 118, 131, 150, 239, 256, 380/381, 411, 446; II 288.
Loi, I 374/375; II 281/282, 287/288.
Loir (rivière), II 193/200.
Loire, I 24, 27, 217, 219, 290, 342, 408, 457; II 28, 30, 145,
    146, 148, 170, 189, 192/193.
Lotissements, II 229/230.
Loucheur, I 309.

Louis IX (Saint-Louis), I 48, 390, 452.
— XI, I 452.
— XIV, I 97, 110, 171, 206, 344, 378, 401, 451; II 90, 162, 167, 225.
Louis XV, I 222, 312, 416, 451; II 91, 99.
— XVI, I 123, 308, 313, 416, 452; II 252.
Louis-Philippe, II 76.
Louvre, Grands Magasins du I 429.
— Palais du I 451, 453; II 227.
Luchaire, Jean I 230.
Ludovisiens, II 223.
Luther, Martin I 169, 300, 313; II 140, 318.
Lutte des classes, I 292, 294; II 138.
— électorale, I 256/257; II 279/285.
Luxembourg, Luxembourgeois, II 169/172.
Lyon, I 216, 436, 439; II 38, 44, 85, 283.
— gare de, II 176, 181.

M

Machinisme, I 395/397; II 270/273.
Madelin, Louis I 125.
Magot, I 296, 408; II 33/34, 121.
Maine, II 193.
Maires, I 205, 216, 235, 251, 253, 272, 289.
Maisons-Alfort, I 161, 178.
Maîtres du Monde, I 221.
Majorité, Principe de la I 281, 374/375, 379, 383.
Marais Poitevin, II 190/191.
Marat, I 229.
Marcel, Etienne I 459; II 227.
Marchands de Canons, I 253, 292, 346; II 230, 308.
Marchands de l'Eau, II 226/227.
Marchés, II 183, 208/220.
Marennes, II 86, 191, 215.
« Marianne », I 231.
Marin, Louis I 279.
Marne, I 25.
— Bataille de la I 161, 167.
Marseillaise, I 299; II 259.
Marseille, I 48, 56, 76, 193, 418; II 38, 44, 86, 304.
Martin, Gaston I 123.
Marx, Karl, Marxisme, I 57, 202, 293/294, 342, 361, 391/392, 407; II 137/138.
Massif Central, I 25; II 19, 125, 148/151, 156.
Matérialisme, I 158, 166.
Mathématiciens, Mathématiques, I 275, 324, 438/441.
« Le Matin », I 226.
Matriarcat, I 188/190.
Mauvais Œil, I 185.

Mazarin, Cardinal II 162.

Meaux, I 183.

Médecins, I 271/274; II 266/267.

Méditerrahnée, I 23, 48, 56, 418; II 71, 87, 304/305.

Méfiance, I 124, 252, 270, 316, 361/362, 404/407; II 36, 48, 66, 68.

Mémoire, I 242, 429.

Menhirs, I 67; II 71.

Ménilmontant, I 454; II 208/220, 228, 285.

Mercenaires, I 301/302, 306.

Mesure, I 282, 367, 380/382.

Métayer, Député II 62, 69.

Métissage, I 72/77.

Métropolitain, I 58, 171, 216, 386, 431/433; II 210, 246, 251, 258, 276.

Meuse, I 419; II 182.

Michelet, Jules I 13, 313.

Midinettes, II 293/294.

Militarisme, I 301/303.

Millau, II 108, 114.

Millevaches, Plateau de II 189.

Miracles, I 166/167.

Mirauchaux, I 365.

Mistral, Frédéric I 214.

Mode, II 197, 200.

Modérés, I 223, 277.

Modestie, I 203/204.

Moi Collectif, I 14, 220; II 163.

Moines, Monacal, I 128, 133, 148; II 195.

Moissac, I 152.

Molière, I 91, 409; II 225.

Monarchie, I 75, 209, 222, 268 (voir Rois).

Monnier, I 171.

Montalambert, I 370.

Mont-Beuvron, II 124.

Mont-Blanc, I 195.

Montesquieu, II 48.

Montesson, II 90.

Montferrand, II 153.

Montfort-l'Amáury, I 210.

Montherlant, Henri de I 447.

Montlhéry, II 90.

Montluçon, I 27, 34, 42.

Montmartre, I 162, 184; II 213, 228.

Montparnasse, I 184; II 187.

Montpellier, I 57, 60, 388; II 306.

Montreuil, II 90.

Mont-Saint-Michel, I 59, 129.

Monts-Dôme, I 35, 264; II 133.

Monts-Dore, I 35, 264; II 133, 150/156.

Monuments aux Morts, II 136/137.

Morand, Paul I 212; II 126.
Morienval, I 143.
Morvan, I 214/215.
Mosaïque, I 181.
Moulins (Allier), I 81.
Moyen-Age, I 48, 89, 143/144, 154, 156, 173, 180, 375, 415/416, 456; II 118, 135/136, 228, 231, 233/237.
Mozart, II 161, 222.
Murat (Cantal), II 149.
Mur des Fédérés, I 399, 455; II 208.
Muret, Député II 43.
Musique, II 160/174.
Musset, Alfred de I 246, 453; II 210.
Musulman, Art I 138; II 144.
« Mutilés et Réformés », I 338.
Mutualité, I 208, 235; II 137 (voir Entr'aide).

N

Naissances, I 32, 189.
Napoléon Ier, I 121, 125, 156, 219, 284, 302, 306/308, 344, 370, 401, 453, 455; II 76, 255.
Napoléon III, I 307, 344, 401, 456; II 210.
Narbonne, I 292.
Nation, National, I 116, 120, 121, 126, 304/306, 317, 333, 343, 356, 381, 393, 435; II 27, 280.
Nature, Naturel, I 212, 295, 332; II 126, 158.
Necker, I 169.
Néologismes, I 92.
Néosocialistes, I 283.
Neussargues, II 150.
Neuvic, II 182/183.
Nevers, I 115, 137, 145; II 122.
Nîmes, I 54, 60/61, 170, 388; II 306.
Noblesse, I 68/69, 75, 112, 114, 119, 146, 266/269, 284, 457; II 228, 232.
Normaliens, Normale, Ecole, I 275/276, 308.
Normands, Normandie, I 25, 78, 79, 89, 110, 112, 116, 132, 139. 155, 214, 302, 445; II 22, 59, 67, 86/87, 125, 134, 215, 305/306.
Notables, I 47, 209, 265/273, 284, 291, 293, 460.
Notariat, I 119, 206, 216; II 119.
Notre-Dame de Paris, I 150, 156, 452; II 225.
« Notre France », I 239.
« Notre Temps », I 230.
« Nouveauté, La » I 420/422; II 295.
« Nouvelles Littéraires », II 314.
Noyon, I 143.
Nozières, Violette I 58.
Nuits St-Georges, I 200, 202.

O

« L'Œuvre », I 229, 232, 338; II 27, 263.
Officiers Ministeriels, I 119.
Oise, I 25.
Opéra Comique, II 291.
Opinion Publique, I 219/263, 309, 347, 388, 397.
Or (métal), I 296, 407; II 33/34, 122.
Orchestres d'Amateurs, II 161/174.
«L'Ordre », I 229, 232.
Ordre Sacré, I 372, 383.
Orléans, I 27; II 187, 192.
Ormésson, Wladimir d' I 233, 269.
Ouvriers, I 72, 163, 185, 211/214, 260, 266, 292, 297, 333; II
171, 289/291, 297/298.

P

Pacifismes, Pacifistes, I 238, 294, 302, 307, 340, 361; II 7/9,
39.
Pactomanie, I 375.
Painlevé, Paul I 207; II 266.
Paix, I 16, 59, 72, 197, 203, 241, 248, 253, 268, 288, 314, 318/
319, 354, 362, 367/371, 399/403, 405, 459; .II 5, 18, 23, 30,
36, 45/46, 63, 124, 166, 249, 308, 311.
Palais Bourbon, I 278, 287, 348; II 253, 260, 283.
Palavas, I 60.
Papier, fabrication de II 139/140.
Papin, Denys II 242.
« Paris-Midi », I 232.
« Paris-Soir », I 232.
Parlement, Parlementaire, I 224, 242, 272, 274, 277/281, 283/
294, 299, 337, 349; II 61, 251 (voir Palais Bourbon et
Députés).
Parti, Feuilles de I 230.
Partis Politiques, I 249, 277/281, 290/294, 342/343, 363, 393,
408.
Partis, Noms de I 290; II 280.
—   Programmes de I 290/291, 461.
Passé Vivant, I 21/64, 268, 308, 353, 414, 416, 446; II 37, 109,
135/136, 167.
Passions, I 373/374; II 277.
Patrie, I 307, 333, 345, 356; II 48, 281 (voir Petite Patrie).
« La Patrie Humaine », I 345.
Patriotes, Patriotisme, I 306, 345, 355/356, 391, 458; II 39,
254.
Pax Romana, I 39, 68, 378.

Paysans, Paysannerie, I 31, 45/48, 68/72, 77, 111/113, 119/120, 212, 241, 270, 296, 305, 333, 342, 369/371, 392, 402, 405/ 407, 460; II 28/29, 67, 111, 114, 120/122, 155, 158/160, 205/207, 237, 240.

Paysage Français, I 25, 34/35; II 158/159.

Pêche, Pêcheurs, I 54/57, 187, 201, 207, 212, 295, 412, 418/419; II 73/79, 168, 186.

Péguy, Charles I 161, 275.

Pelletan, Camille I 281, 283; II 222.

Père de Famille, I 195, 266, 344; II 21, 261, 280, 296, 301.

Père Lachaise, I 399, 454; II 208/210.

Père-et-Mère, II 18.

Périgueux, Périgord, I 132, 138, 179, 218, 264, 444; II 86/88, 125, 146, 165.

Périodiques, I 230/231.

Perrault, Charles II 168.

Perret, frères I 173/175.

Personnalité, I 160, 220/221, 229, 233, 255, 257, 279, 316, II 137.

Personne France, I 5, 11. 13, 19, 24, 78, 81, 97, 109, 117, 157, 172, 175, 198, 206, 220. 249, 251, 298, 316, 331, 393, 410, 435, 442, 447, 460; II 35, 125, 152, 244, 290, 300.

Personnification, I 235; II 137.

Pertinax, I 233.

Pesanteur, I 133/145, 272, 380; II 31.

Petite Patrie, I 73, 184, 214, 219, 266, 284/285, 293, 326, 345.

« Le Petit Dauphinois », I 236.

« Le Petit Parisien », I 232.

« Le Peuple », I 228, 232.

Peuple, I 10, 68/70, 77, 111, 119, 223, 241, 283/290, 298/299, 301, 303, 307, 309, 314, 336/337, 343, 354, 356, 362/363, 371, 390, 392, 404, 447, 459/460; II 29/30, 37/38, 41/42, 46/48, 70, 73, 126, 218/219, 237, 248, 251, 282/285, 290/291, 300/311.

Pfeiffer, Edouard I 278.

Philippe le Hardi, I 49, 63, 69.

Pichot, Henri I 7, 13, 330/331, 334, 338, 349, 357, 359; II 25/ 27, 58, 319.

Pie XI, I 219/220.

Piot, Jean II 160.

Pithiviers, I 147; II 206.

Pivert, Marceau II 289.

Planter ses Choux, I 212, 295.

Plomb du Cantal, I 156/157.

P. L. M., I 418, 439; II 141, 178.

P.O.-Midi, II 90, 183, 190.

Poésie, I 105/107, 379.

Poincaré, Raymond I 207, 320, 391; II 65, 288.

Poitiers, I 129, 134, 152; II 107, 190, 302.

Police, I 195, 282, 387; II 219, 252/261, 296.

Politesse, I 22, 374, 376.
Politique Extérieure, I 124, 298/321, 354/366; II 45.
· · · —   Intérieure, I 47, 263/298, 342/354.
Pommard, II 124, 186.
Poncet, François I 275, 308.
« Le Populaire », I 228, 232; II 126, 289.
Pouilly-sur-Loire, I 29.
Pouvoir d'Achat, I 395; II 270/271.
Prasles, Duc de II 92.
Préfets, I 284/285.
Presse, I 202, 219/241, 261/263, 340, 347, 351, 363, 388, 391,
    407; II 38, 48, 254, 261, 308.
Presse Combattante, I 238/325.
Presse de Province, I 236.
Prince, Conseiller I 123, 227, 391; II 247.
Principes, I 23, 351.
Probité, I 425/429; II 30.
Production, I 411/418.
Prométhée, I 409.
Propriété, Propriétaires, I 271, 292, 294, 318; II 127, 289/294,
    298.
Protestants, Protestantisme, I 169/170, 342; II 32, 191, 306.
    (voir Calvinisme).
Provence, Provençaux, I 110, 214; II 22, 71, 85, 90, 143.
Provinciaux à Paris, I 215/219.
Provins, II 198, 291/292.
Provisoire, Rôle du I 43. 156.
Prud'hommes, I 249.
Psichari, Ernest I 165.
Puëch, Denys II 117.
Puissances d'Argent, I 346/348, 363, 392/394.
Puy-de-Dôme, II 138, 151/152.
Puy-de-Sancy, II 147, 154/156.
Pyrénées, I 216, 400.

Q.

Quatorze Juillet, I 348; II 32, 36/45, 224.
Queyras, Vallée du I 37.

R

Races, I 64/84, 317.
Race autochthone, I 43, 72, 76, 83, 369, 457; II 22, 206/207.
Racine, I 91, 246; II 225.
Radicalisme, Radicaux-Socialistes, I 202, 278/281, 290/294,
    299, 336, 342, 345, 407/408, 457/458; II 36/37, 128, 250, 280.
Raison, Rationalisme, I 106, 118, 156/158, 223, 235, 239, 253,
    272, 373, 381, 411/446; II 89.

Rambouillet, I 211.

Rameau, I 450; II 50.

Rationalisation, I 23, 102, 253, 411/446; II 68, 89/91, 214.

Réaction, Réactionnaires, I 291, 293, 320.

Réforme de Cluny, I 128, 379.

Réforme de Luther, I 110, 300; II 140, 163.

Reîtres, I 301.

Religion, Religiosité, I 113, 127/128, 133, 155/170, 368, 403, 408; II 47, 58, 114.

Religion Chrétienne (voir Christianisme).

— Naturelle, I 119, 156.

Renaissance, I 140, 171, 173, 259, 375, 380; II 118, 131, 153, 189, 197, 199, 231.

Renard, Georges I 259.

Réparation, Principe de la I 335, 344.

Réparations de Guerre, I 335; II 68.

Reportages, I 226/227.

République, Républicains, I 299, 307/308, 319.

République, Troisième I 269, 352, 457; II 266.

« La République », I 208, 229, 233, 278, 411.

République des Camarades, I 287.

— des Combattants, I 396,402.

Réseau Routier, I 23, 430/434; II 242.

Réserves, II 121/122, 244, 267.

Restif de la Bretonne, II 224.

Réunions Publiques, I 248/249; II 59/70.

Revanche, II 66.

Revues Littéraires, I 230.

Révolution de 1789, I 73, 109, 118/121, 156, 177, 209, 268, 284, 290, 304, 306, 313, 352, 370, 372, 389, 392/393, 401/402, 413, 417, 449, 453; II 61, 163, 224/225.

Rhône, I 23, 51, 110; II 38.

Richelieu, Cardinal I 95, 110, 300.

Rivière, Ministre II 57.

Rivollet, Georges I 339, 349.

Robespierre, I 453.

Roche, Emile I 208, 233.

Rodez, II 107/118, 123, 182.

Rodin, I 153.

Rois, Royauté, I 111/116, 290, 306, 389/390, 451; II 201, 228, 236.

Rolland, Romain I 347, 452; II 162.

Rome, I 33, 56, 114, 364, 378, 448.

Romains, I 25, 39, 44, 63, 67, 72/74, 87, 110, 127, 131, 172, 209, 268, 284, 403, 430; II 205, 226, 234.

Romains, Jules I 366, 454.

Roman, Art I 126/155, 171/177, 215, 217, 343, 379/380; II 82, 143, 153, 165, 167, 191, 193/196, 208, 266, 292.

Romantisme, I 367; II 135, 143.

Romorantin, II 189.

Ronsard, II 195, 199.
Roquefort, II 98, 108, 115, 205.
Roses, Culture des II 125/132.
Rothschild, I 170.
Roturiers, I 69, 115, 146; II 228.
Rouen, I 187; II 6, 59/70, 81, 310.
Rouergue, Rouergats, I 161, 210; II 108, 114 (voir Aveyron).
Roule-Toujours, I 228.
Rousseau, Jean-Jacques I 246, 453; II 287.
Roussillon, II 90.
Routine, I 414.
Rouvier, I 314.
Royal, Royauté (voir Rois).
Royalistes, I 232, 348 (voir Action Française et Camelots du Roy).
Royat, II 152.
Rude, I 450.
Rythme, I 41; II 7, 156, 158.

Saint

Saint Aignan, I 273.
— Amand-Montrond, I 28.
— Barthélemy, La I 453.
— Cloud, I 186.
— Denis, I 142/143, 152/154, 175, 182; II 140.
— Emilion, I 264.
— Etienne (Loire), II 123.
— Flour, II 149, 150.
— Germain-l'Auxerrois, I 453.
— Germain des Prés, I 68.
— Germain en Laye, I 67, 186, 440; II 91.
— Jacques de Compostelle, II 144.
— Louis (voir Louis IX).
— Malo, II 73/85, 135.
— Nectaire, I 136/137; II 152, 155, 215.
— Ouen, II 293.
— Remi, I 127.
— Savin, I 217; II 191.
Sainte Beuve, I 185.

S

Sainteté des Traités, I 351.
Salavin, I 192; II 106 (voir Georges Duhamel).
Salbris s/Sauldre, II 189.
Salers, II 149.
Salons politiques, I 224, 246, 447.
Sancerre, I 29, 219.

Sand, Georges II 190.

Sangnier, Marc I 253, 267; II 5.

Saône, I 23.

Sarabezoles, Sculpteur I 181.

Sarraut, Albert I 353.

— Maurice I 236.

Savoie, Savoyards, I 79, 195, 214; II 22, 216.

Scandales, I 226/227, 297, 332, 348/349, 425.

Scepticisme, I 258, 318, 362, 401, 403.

Schiller, Friedrich I 313, 371/372, 398; II 57, 159, 287.

Schubert, Franz II 161, 222.

Sculpture, I 134, 151/154, 180/181, 215, 382; II 117.

Section Française de l'Internationale Ouvrière, I 228, 232, 254, 277, 292, 388; II 285 (voir Socialistes).

Sécurité, I 72, 124, 248, 295, 407.

Seigneurs, I 69, 114/115, 211, 374, 390, 405; II 298.

Seignobos, I 84.

Seine, I 23, 25; II 166, 194.

« Semaine du Combattant », I 338.

Sénat, Sénateurs, I 216, 265/266, 272, 279, 286, 334.

Sens, I 72, 143.

Serfs, I 119, 281.

Serment de la Paix, II 53, 54, 58.

S.F.I.O. (voir Section Française).

Siècle, neuvième I 128; II 167.

— dixième, I 128, 129.

— onzième, I 157, 374, 456; II 195.

— douzième I 109, 120, 157, 173, 182, 374/375, 456; II 249, 298.

— treizième I 50, 69, 133, 157, 375; II 266.

— quatorzième I 119, 133; II 82.

— quinzième I 97; II 140.

— seizième I 97, 211; II 118, 199, 225, 229/231, 264.

— dix-septième I 13, 97, 109, 123, 370, 448; II 200.

— dix-huitième I 109, 117, 119, 157, 308, 314, 370, 416, 448; II 101, 232, 251, 300.

— dix-neuvième I 13, 166, 171, 183, 191, 342, 390, 415, 417, 448, 455; II 162, 195, 226, 229, 299.

— vingtième I 133, 192, 417; II 73, 229.

Siegfried, André I 159; II 267.

Sincérité, I 176, 201, 203, 250, 254; II 25, 42.

« La Sirène », II 160, 169/172.

Six Février, I 122, 293, 298, 340, 348, 355, 388, 404, 454; II 245, 249/263.

Socialisme, Socialiste, I 57, 202, 207, 228, 230, 265/267, 278/280, 290/294, 299, 317, 336, 342, 388, 391, 407/408, 458; II 280, 285, 289 (voir S.F.I.O.).

Société des Nations (S.D.N.), I 318, 361, 363, 401/402; II 40, 47.

Sologne, I 27; II 187/189, 191.

Sorbonne, I 165, 212, 259, 377, 449; II 106.
Sorciers, I 273; II 35.
Sorel, Georges I 276, 413.
Sort Jeté, I 185, 273.
Spécialisation, I 414/415.
Speicher, Georges II 236.
Sport, II 233/249.
Stavisky, I 123, 176, 227, 229, 348, 425; II 247, 250, 262.
Style, I 171/177, 416.
Suger, I 144, 146, 152.
Sully, I 18, 28; II 229/230.
Syndicats, Syndicalisme, I 180, 249, 254 (voir C.G.T.).
Syndicats d'Initiatives (Essi), II 81, 203.
Syntaxe, I 84, 104, 108.
Système Métrique, I 417.

T

Tarascon, I 409; II 212.
Tardes, viaduc de la I 34.
Tardieu, André I 234, 266/267, 289; II 38, 300.
Tarn, II 108/109.
Tartarin de Tarascon, I 409.
Télégraphie sans Fil (T.S.F.), I 102, 166, 244; II 54, 126, 304.
Templiers, II 229.
Temps, concept du I 20, 29; II 37.
« Le Temps », I 78, 96, 228, 232/233, 261, 365; II 183, 286, 292/293.
Terre-Neuve, Terreneuvas, II 71/85.
Théâtre, II 264/265.
Thésaurisation, I 296; II 33, 121.
Thiers (Puy-de-Dôme), I 235; II 132/139, 145, 231.
Thomas, Albert I 357.
Thorez, Maurice I 163; II 291.
Tillier, Claude II 229.
Timidité, I 240; II 29, 114.
Tolérance, I 159, 211.
Toulon, I 214; II 304.
Toulouse, I 51, 156, 364; II 100, 108, 210.
Tour de France, I 42, 193; II 239/240.
Tournon, Paul I 179, 181.
Tradition, I 299, 308/309, 315, 370, 401, 416, 445; II 45/48.
Trafic, I 430/446.
Travail, Concept du I 117.
« La Tribune des Fonctionnaires », I 238.
Trinquer, I 29, 254; II 16.
Tronçay, Forêt de I 28, 434/435.
Troyes, I 142, 183.
Truyère, II 151.
Tulle, I 265.

U

Ulm, rue d' I 161, 274/275.
Union Fédérale d'A. C. (U. F.), I 238/240, 328/337, 349/354, 356, 364/365, 395/396; II 24/27, 40, 258.
Union Nationale d'A. C. (U. N. C.), I 238, 336/337, 349/350, 354; II 258.
U. R. D. (Union Républ. Démocratique), I 279, 291.
Uniforme, I 373/374, 384.
Ussel (Corrège), II 182/183.

V

Vacances, I 214.
Vacher de Lapouge, I 413.
Valmy, I 120.
« Vendémiaire », I 231/232.
Vendôme, II 192/208.
« Vendredi », I 231.
Verdier, Cardinal I 161/162, 179; II 114.
Verdun, I 303, 419; II 45/59, 240.
Versailles, I 451; II 201, 297.
    —   Traité de I 17, 125, 317, 335, 358; II 38, 45/46, 65, 288.
Vézelay, I 114, 136/137, 139, 152; II 107.
Vézère, I 64, 66, 264.
Veuves de guerre, I 352; II 18.
Viaducs, I 23, 34; II 108, 139, 151.
Viaur, Viaduc du II 108.
Vichy, I 33, 171, 334, 354; II 26, 28, 132.
Vic-sur-Cère, II 151.
Victoire, I 323; II 136, 137.
Victoire de soi-même, I 373.
Vienne (Rivière), I 217; II 191.
Vignerons, I 292, 342; II 113.
Villemomble, I 181.
Villes Impériales, I 48, 300; II 136, 201.
Vincennes, I 186, 348, 390; II 245/246.
Vins, Viticulture, I 118, 202, 212, 217/219; II 33, 92/93, 98, 105, 124, 188.
Violence, II 47/48, 298/300.
Visage Français, I 79/83.
Vitraux, I 64, 142, 175, 178, 211.
Viviani, I 125.
Vol humain, I 133, 145; II 174, 243 (voir aviation).
« La Volonté », I 229/230.
Volonté du Peuple, I 223/224, 263, 291, 297, 309, 315, 319, 347, 354, 460; II 41, 45/48, 301.
Volonté, forces de la I 74; II 239.

Voltaire, I 91, 125, 246, 370, 413.
Vosne-Romanée, II 17.
Vosges, I 434; II 125.
Voûtes, I 130/144, 171; II 144, 197/198.
Voyages, II 174/192.

W

Wagner, Richard I 13, 317; II 50, 161/162, 164, 222.
Wagon-lit, I 24, 339, 443; II 178.
—   -restaurant, I 443; II 7, 110.
Waldeck-Rousseau, I 281.
Weygand, Général I 309.

Y

Yonne, II 166, 169.
Iquem, château d' II 105.

Z

Zola, Emile II 295/296.

ERRATA

Tome I

Page 453, avant-dernière ligne, lisez « de la » au lieu de « du ».

Tome II

Page 91, 18° ligne, lisez « Brillat Savarin » au lieu de « Grillat, Savarin ».

Page 162, 3° ligne, lisez « Barthou » au lieu de « Bourgeois ».

TABLE DES MATIÈRES

Ire PARTIE : LA PERSONNE FRANCE

Préfaces de Henri Pichot :
Au lecteur français 5
Au lecteur allemand 9
Introduction 13

LE VISAGE DE LA FRANCE

I. LE PASSÉ VIVANT
a) L'Espace et le Temps 21
b) Agriculture Eternelle 32
c) Rêve du Moyen Age 48

II. ÉLÉMENTS LE LA NATION ET FORCES ÉDUCATRICES
a) Les Races 64
b) L'Influence de la Langue sur la Formation du Génie Français 84
c) Le Rôle de l'Histoire 109

III. LA LUTTE AVEC L'ANGE
a) Architecture Romane et Gothique 126
b) La Situation Religieuse Actuelle 155
c) Vers une nouvelle Architecture Religieuse 171

IV. FAMILLE, AMITIÉ, PETITE PATRIE

    a) La Vie en Famille 184

    b) La Famille Noyau Economique 199

    c) L'Amitié et l'Amour du Clocher 206

V. L'OPINION PUBLIQUE

    a) La Parole Imprimée 219

    b) La Parole Vivante 241

VI. LES FORCES DE LA POLITIQUE

    a) Politique Intérieure 263

    b) Politique Extérieure 298

VII. LES ANCIENS COMBATTANTS

    a) Leur Caractère et leurs Organisations.. 321

    b) Le Rôle des Anciens Combattants dans
       la Politique Intérieure 342

    c) Leur Action Extérieure 354

VIII. LES IDÉES GÉNÉREUSES

    a) Civilisation et Culture ; Mesure et Equi-
       libre 367

    b) Liberté — Egalité — Fraternité 382

    c) Le Plomb dans les Ailes 403

IX. LA FRANCE PATRIE DE LA RATIONALI-
SATION

    a) Production et Distribution des Mar-
       chandises 411

    b) L'Organisation du Trafic 430

X. ET PARIS ? 446

IIme PARTIE : IMAGES DE FRANCE

I.	Premier Contact	5
II.	Congrès d'Anciens Combattants	19
III.	Fête Nationale à Gap	36
IV.	La Veillée de Verdun	45
V.	Psychologie de Réunion publique	59
VI.	Le Pardon des Terre-Neuvas	71
VII.	La Cuisine française	85
VIII.	Dîner à Rodez	107
IX.	Visite à l'Hay-les-Roses	125
X.	De Thiers au Puy	132
XI.	Images d'Auvergne	145
XII.	Concours de Musique à Auxerre et le Soixantième Anniversaire de « La Sirène »	160
XIII.	Voyage imaginaire	174
XIV.	Petite Ville de Province	192
XV.	Jour de Marché à Ménilmontant	208
XVI.	L'Ile enchantée	220
XVII.	Compte-rendu sportif	233
XVIII.	Révolte à Paris	242
XIX.	Jeunesses Républicaines	263
XX.	Elections Françaises	277
XXI.	La Grève sur le Tas	286
XXII.	Le Menu Peuple	300
Postface : Au lecteur français		312
Registre alphabétique		321

Lightning Source UK Ltd.
Milton Keynes UK
UKHW022008140119
335570UK00011B/397/P